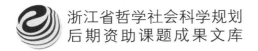
浙江省哲学社会科学规划
后期资助课题成果文库

黄溍年谱

Chronicle of Huang Jin

何晓东　著

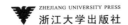
ZHEJIANG UNIVERSITY PRESS
浙江大学出版社

图书在版编目（CIP）数据

黄溍年谱／何晓东著. —杭州：浙江大学出版社，
2020.12

ISBN 978-7-308-20824-6

Ⅰ.①黄… Ⅱ.①何… Ⅲ.①黄溍(1277—1357)—
年谱 Ⅳ.①K825.6

中国版本图书馆 CIP 数据核字(2020)第 236223 号

黄溍年谱

何晓东　著

责任编辑	徐凯凯
责任校对	李瑞雪
书名题写	金鉴才
封面设计	项梦怡
出版发行	浙江大学出版社
	（杭州市天目山路 148 号　邮政编码 310007）
	（网址：http://www.zjupress.com）
排　　版	杭州中大图文设计有限公司
印　　刷	浙江省邮电印刷股份有限公司
开　　本	710mm×1000mm　1/16
印　　张	15
字　　数	278 千
版印次	2020 年 12 月第 1 版　2020 年 12 月第 1 次印刷
书　　号	ISBN 978-7-308-20824-6
定　　价	68.00 元

黄滔年谱

明彦

黄溍（1277—1357）

（图版出自金华丛书本《黄文献集》）

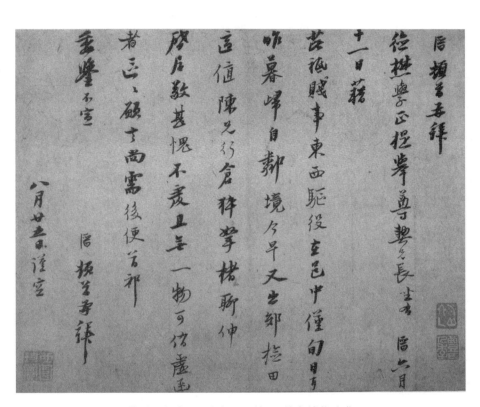

黄潜　行书《六月十一日帖》　故宫博物院藏

先生落拓不羈放情物表肆筆成章皆直寫其胸中
之商春江靜波秋山俊峯不足為喻也吾儕錄之從
俗浮湛與先生相去遠甚而欲強加品評正如盲人說
象知其鼻者謂象如杵知其牙者謂象如蘆菔根
一語不契便成聚訟豈不可駭先生泉下一哂也就元
統二年七月二十八日黃溍書

黄溍　楷书《跋袁静春杂诗》　上海博物馆藏

温公作通鑑書晉永昌元年事視此尤為詳備此特其初藁耳
而作字方整不為縱逸之態真敬慎無所苟如此宜其十有九年
始克成書歟今之文人類以敏捷為高貴輕揚而賤持重使温
公復生未必能與之相追逐也展玩之餘惟有捲卷太息而已
至正元季夏四月二十三日後學黄溍書

黄溍　楷书《跋温故通鉴草》　国家图书馆藏

黄潜　《梅花书屋图》　台北故宫博物院藏

城南齋記

城南齋者常熟錢君伯廣息游藏脩之
所也伯廣早從其鄉先達尚書干先生
游先生之甥婺源也嘗得晦菴朱子手
書城南二十詠而寶愛之未嘗輒以示
人卒乃謂朱子之伯廣之居東偏在其
州之南歸而自歸而又居子之為華山
刻二十詠之詩置諸齋中以烏至于金華山
之夏先生嗣子求記夫士君子之為
中伯廣愛介其之依然而可謂有所依然
以學政事者聞當世為一代鉅儒而依仕文
志者笑惟先生顯擢薦科而依仕文
乎古之人以求聖賢之道則其有所
而為子弟之間所得之多可知矣先
而授受之間實人皆是也今伯廣之
後世所同尊而其由之雖天下
讀其書者者夫人皆是也然能真知其道
而實踐之者幾何人我於伯廣之知而表顯之若親觀其道
之又可知已夫何則於先生之傳道知而不敢虛求
光儀而即表其道知而上求
墨之又可知已則朱子之傳而不敢虛求
之之賜然則伯廣之墨藏脩於是詩曰高
先生子之息墨藏脩於是詩曰高
朱子之賜然則伯廣而無媿乎詩曰又
齋也其殆庶幾俯仰不媿乎屋漏子於
山仰止景行行止此伯廣之志也又曰
相在尔室尚不媿于屋漏子於
廣者不其以此歟復故為伯廣尚或曰子言
好而先生之請也堅故為伯廣尚或曰予言
嗟乎先生不可作矣伯廣黃晉或曰予言
而有警於五月甲子金華黃晉記

黃溍　楷书《跋朱熹城南唱和诗卷》　故宫博物院藏

宋制文臣光禄大夫武臣節度使以上薨當定諡者皆太常博士
議之考功郎中覆之方以上于朝而隨勒銘與初欲推恐不師之
庄始有賜諡經令中書舍人行詞給告太學考功家不與焉
由是雖得諡者亦授以爲此流道求其非故事而申明
之濬此中通詔特命者並經有司議定取旨勒曾之官止
中書舍人回卿卿之請而賜諡其議於太常震於考功省
爾近制劉公揚震美雄書嶺之詞
俗告爲輕重載劉公自嘉熙戊戌託寘故壬寅凡雨與考功真
除貟外郎不知此議作於何時今之右方達白重備以更考其
歲月以補曾公列傳之闕可也前史官黃溍記

黄溍　行书《跋曾巩谥议稿》　故宫博物院藏

前　言

　　黄溍(1277—1357),字晋卿,婺州义乌(今浙江义乌)人,书斋号曰损斋。曾祖黄梦炎,南宋进士,仕至行太常丞兼枢密院编修官。祖堮,父铸,俱以荫补官,为地方缙绅。黄溍博学工文辞,延祐二年(1315)登进士第,授台州路宁海县丞。后迁两浙都转运盐铁使司石堰西场监运。泰定元年(1324),升为诸暨州判官。至顺二年(1331)因荐入京为应奉翰林文字,同知制诰,兼国史院编修,后转国子博士。元统六年(1340),外补江浙等处儒学提举。至正八年(1348),除翰林直学士、知制诰同修国史、同知经筵事。至正十年(1350)回义乌,优游田里。至正十七年(1357),卒于义乌绣湖私第。追封江夏郡公,谥曰"文献"。

　　黄溍天资介特,清白为治。史称其"清风高洁,如冰壶玉尺,纤尘弗污"。"溍之学,博极天下之书,而约之于至精,剖析经史疑难,及古今因革制度名物之属,旁引曲证,多先儒所未发。文辞布置谨严,援据精切,俯仰雍容,不大声色,譬之澄湖不波,一碧万顷,鱼鳖蛟龙,潜伏不动,而渊然之光,自不可犯。"《元史》将他同柳贯、虞集、揭傒斯并称为"儒林四杰"。著有《金华黄先生文集》四十三卷、《日损斋初稿》三十三卷、《义乌志》七卷、《日损斋笔记》一卷。

　　据《洞门黄氏宗谱》记载,黄庭坚系黄溍九世祖黄昉之从子。黄溍七世祖黄琳,娶宋名将宗泽之从妹,由浦阳(今浙江浦江)迁义乌,由此黄氏与义乌望族宗氏结为姻缘。黄琳子黄中辅(黄溍六世祖),赤诚爱国,崇尚气节。时秦桧柄国,诬害忠良,粉饰太平,不思北进,黄中辅于京师临安太平楼题句"快磨三尺,欲斩佞臣头",为世人所重。此外,黄中辅长女嫁喻良能(南宋"乌伤四子"之一)父亲喻葆光,黄氏与喻氏一族亦成为姻亲关系。黄溍祖父黄堮无后,曾祖黄梦炎将丁应复儿子过继于黄堮,其便为黄溍父亲黄铸,而丁应复夫人(黄铸亲生母亲)便是黄梦炎姐姐之女。

　　黄溍博学好文,转益多师。八至十岁师从傅肖说、王炎泽,而后来傅肖说曾从孙傅藻成为黄溍门生;王炎泽亦称南稜先生,"溍自总角,忝预弟子列"。后来,王炎泽之孙明代大儒王祎拜黄溍为师。黄溍十六岁时求学于刘应龟,刘应龟系黄溍曾祖黄梦炎之外孙,与黄溍为表叔侄关系,曾任月泉书院山长。黄溍《绣川二妙集序》中有记:"自卯岁侍先生杖屦,而知爱先生之诗。"刘应龟对黄溍的文辞十分赞赏,并期以厚望。刘应龟逝后,黄溍汇编《山南先生集》并作序,可见两人之师生情谊十分深厚。

名儒孙潼发、方凤等也曾为黄溍之师。孙潼发古貌野服,高谈雄辩。方凤为《月泉吟诗社》创立者,在婺州名望颇高,黄溍受他们影响较深。

黄溍交游广泛,与赵孟頫、邓文原、程钜夫、仇远、刘汶、杨载、叶谨翁、吴思齐、马祖常、吾丘衍、杨维桢、龚开、周密、白珽、刘濩等名家大儒均有往来。

元代著名书画家赵孟頫对黄溍评价:"东阳黄君晋卿博学而善属文,示予文稿。读之使人不能去手,其用意深切而立言雅健,杂之古书中未易辨也。予爱之敬之,适有以吉日、癸巳石鼓二周刻见遗者,欣然曰:'是可与晋卿之文并观者邪?'"

黄溍与杨维桢交往甚密。至正七年(1347),黄溍应召赴京,杨维桢将《三史正统辩》交与黄溍,望能引荐。但黄溍出于与杨维桢是"同乡""门下大生"之虑,为避"朋党"之嫌,没有举荐。此后杨维桢怀着极度遗憾之情,写下《金华先生避党辩》。但后来黄溍还是在杨维桢《复古诗集》(章琬编)中,为其诗歌作评点。杨维桢敬重黄溍这位亦师亦友的前辈,至正十七年(1357),黄溍去世,杨维桢撰《故翰林侍讲学士金华先生墓志铭》,高度评价黄溍之为人及学术成就。

黄溍二十五岁时受叶谨翁之荐,举教官;二十七岁,举宪吏,不久便隐退。皇庆二年(1313),元仁宗下诏恢复科举。此为黄溍人生的一大转折点,次年其以《太极赋》折服考官,获得乡试第三名。延祐二年(1315)三月七日,黄溍参加廷试,中进士,授将仕郎、台州路宁海县丞。后转任到石堰盐场监运、诸暨判官,其为官兢兢业业、克己奉公,为百姓所称颂。

黄溍曾三度入翰林。至顺二年(1331),黄溍受同年、监察御史马公祖常之荐,入为翰林文字、同知制诰、兼国史院编修,进阶儒林郎。"一身万人中,敢不思努力!"黄溍满怀着激情与希望进京,可他到京城不满一年,家父去世,便回乡服丧。至元元年(1335),黄溍除服,转任承直郎、国子博士,他第二次入翰林。黄溍作为朱熹理学之正传,深受儒家思想影响,希望有朝一日凭着真才实学实现抱负。但是事实并非如此,再加上他又不愿干谒逢迎,特别是家中母亲年高,他便提出不再远宦,自请外补,就任江浙等处儒学提举。黄溍重视教育,加上他在文坛声誉很高,求文者络绎不绝。

至正六年(1346)冬,黄溍由朵尔直班等大臣举荐受召,重回翰林院。次年出发抵京。门生王祎、陈基一同北上。两年后,退归故里。

"坐阅人间六十年,始知我命不由天。千江一月无分照,枝北枝南影自偏。"在第三次入翰林期间,黄溍的学术思想基本形成,回望自己官宦一生,甚是感慨。

黄溍是文学家、诗人。他一生创作诗文宏富,于文学思想上之"师心""任气"等观点对明代文学创作和文学批评都有着先导作用,形成了清新俊朗、情真雅健、冲淡简远之诗歌艺术风格。元代顾瑛《草堂雅集》、明代曹学佺《石仓历代诗选》等诗集都汇辑了其诸多诗歌。据现代学者杨镰统计分析,黄溍是"历来人们最熟悉、概见率最高的元诗人"之一。

黄溍是理学家、史学家,也是书画家。他"雅善真草书,人有得其片幅者,必藏弄以为荣"。书法"笔札峻逸,类薛嗣通",可谓温润平和、法度严谨、气韵醇厚。山水之作,近取松雪,远接李唐、夏珪。他三入翰林,又为江浙儒学提举,有元一代之重要人物均可在其文辞中得知,有补正《元史》《宋史》之用。

黄溍是教育家,对造就人才起到了关键作用。临海陈基、瑞安高明,婺州宋濂、金涓、王祎、傅藻、郑铉、朱廉等均为其高徒,影响深远。

黄溍为人清心寡欲、平易近人;为官清风高洁、纤尘不污;为文博采众长、融通至精;为艺遗形取意、神融笔畅;为师克己复礼,身正为范;为史剖析疑难、旁证曲印。

明方孝孺以姚燧、虞集、黄溍、欧阳玄为元文之代表,"晋卿谨慎有礼,故其文守局遵度,考据切当,不放而密"。贝琼《清江贝先生文集》卷二八《潜溪先生宋文公集序》中云:"文献公之不失准绳,卑不可隆,而高不可抑也。"

宋濂为黄溍所作《〈日损斋笔记〉序》中指出,"金华侍讲黄公溍,以文辞冠于一时,藏诸金匮,勒于乐石,既已播厥中外;晚又出其绪余,随笔志之,号曰《日损斋笔记》",日损斋即黄溍斋名。《老子》第四十八章云:"为学日益,为道日损。损之又损,以至于无为,无为而无不为。取天下常以无事,及其有事,不足以取天下。"黄溍择取"日损"一语,显示其对"道"的绎求。为学以博闻多识为上,故须日广见闻,以求增益;而为道则须直探本根、执要返本,以简为高。此乃黄溍毕生追求之理想,亦为其一生清风高洁、淡雅简远之真实写照。

凡　例

本年谱搜集黄溍生平事迹、师友交游、学术渊源等相关史料，试图理清黄溍生平行迹，并加以考辨，对史传错误或历来论述欠详等问题作以解释和补正。

一、本谱包括时事、事迹、编年诗、编年文四项。

二、首列时事，记当年朝政变化、国内外大事及与谱主相关的事项。

三、次列事迹，考述谱主之家世、生平、仕宦、著述及交游等。其交游者之事迹，例于首次出现时略加考述，其暂不可考者，则从阙疑之义。

四、次列编年诗、编年文，编列其系年作品。凡原文署具体时间者，概不赘述。

五、为避冗赘，宋濂撰《故翰林侍讲学士中奉大夫知制诰同修国史同知经筵事金华黄先生行状》（《宋学士全集》卷二十五，金华丛书本）简称《行状》，危素撰《大元故翰林侍讲学士中奉大夫知制诰同修国史同知经筵事赠中奉大夫江西等处行中书省参知政事护军追封江夏郡公谥文献黄公神道碑》（《黄文献集》卷十二附录，金华丛书本）简称《神道碑》，杨维桢《故翰林侍讲学士金华黄先生墓志铭》（《东维子集》卷二十四，四库全书本》）简称《墓志铭》。

六、本谱引录的黄溍诗文主要依据《金华黄先生文集》（四部丛刊本，简称"本集"）、《黄文献集》（金华丛书本）、《文献集》（四库全书本）、《黄溍全集》（王颋点校，天津古籍出版社，2008年）。

七、本谱所引用之古代文献，在第一次出现时注明版本信息，并标注"下同"；后文出现相同文献时，则不再注明版本信息，特此说明。

目　录

黄溍家族世系

黄溍,字晋卿,婺州义乌人。元代"儒林四杰"之一。

元代著名儒学名臣,与揭傒斯、虞集、柳贯并称"儒林四杰"。黄溍生于至元十四年(1277),卒于至正十七年(1357)。

《元史》卷一百八十一《黄溍传》:"黄溍,字晋卿,婺州义乌人。……同郡柳贯、吴莱,皆浦阳人。贯字道传,器局凝定,端严若神。尝受性理之学于兰溪金履祥,必见诸躬行,自幼至老,好学不倦。凡《六经》、百氏、兵刑、律历、数术、方技、异教外书,靡所不通。作文沉郁春容,涵肆演迤,人多传诵之。始用察举为江山县儒学教谕,仕至翰林待制。与溍及临川虞集、豫章揭傒斯齐名,人号为儒林四杰。"(中华书局标点本,下同)

危素撰《大元故翰林侍讲学士、中奉大夫、知制诰同修国史,同知经筵、赠中奉大夫、江西等处行中书省参知政事、护军,追封江夏郡公,谥文献黄公神道碑》(《黄文献集》卷十二附录,金华丛书本,下同;以下简称《神道碑》):"公讳溍,字晋卿,姓黄氏,世居婺。"(亦见《日损斋笔记》附录,四库全书本,下同)

黄氏为婺州望族,宋代著名文学家、书法家黄庭坚为黄溍九世祖昉之从子。

九世祖　黄昉,字明仲。由江西分宁与从兄黄晌迁居浦江。仕都统刺卫上将军,殿前都统使金事,枢密院事,赠武训伯。妻于氏。生一子景珪。黄昉系黄庭坚之叔父。(《洞门黄氏宗谱》卷六,民国丁丑[1937]重修本,下同)

《行状》:"黄为婺名族,至宋太史公庭坚,望族尤著。太史之从父昉生景珪,俱来浦江。"(亦见《宋学士全集》卷二十五,金华丛书本,下同)

《金华黄先生文集》(以下简称"本集",四部丛刊本,下同)卷四十《八世祖墓重建石表记》:"府君父讳昉,字明仲。母于氏。"

本集卷一九《族谱图序》云:"惟婺之黄氏,由金华徙越之剡,洪之分宁。丰城,信之弋阳,江陵之监利,为五大族。而某之九世祖、八世祖,仍居婺之浦江。旧谱以为自分宁来归……昔太史公庭坚,自序本出于金华，而其谱止及于分宁，七世以上，皆略弗著，盖慎之也。"

据光绪五年(1879)木活字本《黄氏五族总谱》世系图："黄赡生元绩、元吉。元吉生中理、中顺、中雅，中理生润、滋、湜、淳、涣，湜生襄、昭、庶、廉、昉，淳生褒、康、向。"其中黄庶即黄庭坚之父，按此人物之间关系，黄昉是黄庭坚叔父。

八世祖 黄景珪，字叔宝。居浦江。官居金吾卫上将军、殿前卷帘使。妻朱氏。

本集卷四○《八世祖墓重建石表记》："宋黄府君讳景珪，字叔宝。婺之浦江人，溍八世祖也……夫人朱氏。"

七世祖 黄琳(？—1119)，字世珍。娶宗忠简公(宗泽)从妹，"生三子，玑、益、中辅"。始由浦江徙义乌。

《行状》："景珪生琳，娶忠简宗公泽之女弟，始迁于义乌。"

本集卷四○《八世祖墓重建石表记》："讳琳，娶宗忠简公泽之女弟，始家于义乌，是为溍七世祖。"

宗颖《宋故黄夫人宗氏墓志铭》："黄君讳琳，字世珍，名族后，尚气节，有才能，因以夫人归……世珍死先夫人三十有四年。夫人婺居，诸孤未冠，教养得毋道。享年八十五，卒之日精爽不乱，……生子三人，玑、益、中辅，率能自立。二女，长适喻葆光，次适荣州文学杨永言。"(《洞门黄氏宗谱》卷四)

七世祖妣宗氏(1069—1153)，京城留守兼开封府尹、赠观文殿学士忠简公(宗泽)之从妹。

本集卷三○《先世墓志铭》："右墓志铭二通：前铭，黄夫人宗氏，于溍为七世妣，实故京城留守兼开封尹、赠观文殿学士忠简公泽之从妹。作铭者，夫人之侄颖，忠简子也。忠简……作铭者，公之甥喻良能……乌伤四君子。"详述黄氏先世与义乌宗氏、喻氏及龙川陈亮之密切关系。宗氏"识量浑厚，柔嘉处己，举族钟爱"。

六世祖 黄中辅(1111—1187)，字槐卿，号细高，为黄琳第三子。隐居弗仕，以文学行义知名。转运使荐于朝，将授以官，命垂下而卒。黄溍搜访其诗文与乐府，编为《居士公乐府》三卷，五千余言。有"快磨三尺，欲斩佞人头"名词痛斥秦桧。原配孙氏，继室于氏。

本集卷四○《八世祖重建石表记》："孙三人，讳伯曰玑，仲曰益，其季讳中辅，则溍之六世祖也。"

《行状》："琳生中辅，力学尚气节，当秦桧柄国，士有议己者，辄捕杀,尤奋然题乐府太平楼上,有'剑欲斩佞臣头'之语,人至今诵之。晚以转运使荐,当得官,命垂下而卒。"

《洞门黄氏宗谱》卷六之《细高居士黄公墓志铭》:"元配孙氏,继室于氏。男三人,昭祖、绍祖、扬祖,皆业儒。女四人……"

《桂隐先生小传》:"尚气节,不务为苟合。绍兴中,秦桧柄国,和议既成,日使士大夫歌诵太平中兴之美,闻言其奸者辄捕杀之。众咸缩颈,独奋不顾,作乐府题太平楼,有'快磨三尺,欲斩倭人头'之语,几蹈不测之祸。晚岁,屏居山园,号细高,名其斋曰'转拙'。桧死,久之,转运使乃上其行义于朝,将授以官,未命而卒。"(《黄文献集》卷一一,金华丛书本,下同)

五世祖 黄绍祖,字伯远,娶刘氏,生四子,伯谨、伯信、伯恭、伯纪。为六世祖中辅次子,亦隐弗仕。

本集卷四〇《八世祖墓重建石表记》:"讳绍祖者,于溍为五世祖。"
本集卷四〇《先祖墓铭石表记》:"曾祖绍祖,复隐弗仕。"

高祖 黄伯信(1170—1242),字成之。以子贵,累膺赠典。娶宗氏(1178—1269),生四子,梦炎、焱、焕、荧。

本集卷四〇《八世祖墓重建石表记》:"讳伯信者,于溍为四世祖,累赠朝散郎。朝散公有三子:长讳梦炎,朝散大夫、行太常丞兼枢密院编修官,兼权左曹郎官,以朝请大夫致仕。次忠翊郎、权安庆府望江县令焱;次太学生荧。"

本集卷二二《记高祖墓表后》:"子男四人,长讳梦炎,即户部公,是为溍之曾祖……"

本集卷四十《先祖墓铭石表记》:"祖讳伯信,迪功郎,累赠朝散郎。妣宗氏,忠简四世诸孙女,累封安人。"

妻宗氏,为忠简公四世诸孙女后于高祖伯信二十七年卒,年九十二。

曾祖 黄梦炎(1203—1272),字子旸,号桂隐。高祖伯信长子,宋淳祐十年(1250)进士。仕至朝散大夫、行太常丞、兼枢密院编修官兼权左曹郎官,以朝请大夫致仕。

《行状》:"曾祖梦炎,淳祐十年进士,仕至朝散大夫、行太常丞、兼枢密院编修官、兼权左曹郎官,以朝请大夫致仕。"(传记见崇祯《义乌县志》卷十四"人物传")

黄梦炎于宋咸淳八年(1272)卒,年七十。黄梦炎长子垓由夫人陈氏出;次垏,方氏出,为黄溍祖父。一女,适刘景辰,长子应龟为太学内舍生。后以黄溍三弟黄浩为后。黄溍少年曾从刘应龟学。

祖 黄墧(1240—1304),曾祖梦炎次子,母方氏。以进纳恩补承节郎。累赠嘉议大夫、礼部尚书、上轻车都尉,追封江夏郡侯。夫人东阳徐氏。

《行状》:"祖墧,方出也,以进纳恩补承节郎,入国朝弗仕,今累赠嘉议大夫、礼部尚书、上轻车都尉,追封江夏郡侯。"

据本集卷四〇《先祖墓铭石表记》所载,黄墧生于嘉熙四年(1240)六月二十四日,大德八年(1304)五月二十四日卒,追封江夏郡伯,年六十五。至正七年(1347)十月,追赠中顺大夫、礼部侍郎、上骑都尉。至正八年(1348)十二月,追赠嘉议大夫夏郡侯。妻东阳徐氏,卒于元大德七年(1303)八月二十四日,追封江夏夫人,年六十。

祖妣徐氏(1244—1303),徐彬之女,追封江夏郡夫人。徐彬与黄梦炎曾为同僚。

《行状》:"妣徐氏,淳祐七年进士、奉议郎、两淮宣抚大使司干办公事彬之女;今追封江夏郡夫人。"

本集卷四〇《先祖墓志铭石表记》:"生于淳祐四年八月一日,卒于今大德七年八月二十四日,享年六十。

父黄铸(1257—1331),字希颜,丁应复子,过继于黄氏。累赠中奉大夫、江浙等处行中书省参知政事,追封江夏郡公。生五子:溍、溥、浩、淇、滋。浩出继刘应龟为后。滋出继为黄梦炎长子黄垓之子颐后。女三人。

《行状》:"父铸,以朝请府君遗泽补将仕郎;今累赠中奉大夫、江浙等处行中书省参知政事、护军,追封江夏郡公。"

本集卷四〇《先祖墓铭石表记》:"孙男五:长即溍;次溥;次浩,为朝请公长女之子刘应龟。后更名鼎;次淇;次滋,为朝请公长男。垓之子颐后。女三:适贾师夔、刘咸生、刘拱辰。"

本集卷四〇《先考墓志铭后记二首(其一)》:"初,朝请府君之姊,适从事郎、昭庆军节度掌书记王公图金,嘉熙戊戌进士,有女,作配于儒林郎、两浙西路提举常平茶盐司干办公事丁应复,实生我先君。"

本集卷四〇《先祖墓志铭石表记》:"公以疾废,夫人安于命,分育我先人为子,以保其世业,三从之义,靡所缺亏。"

祖父黄墧少以疾废。曾祖黄梦炎见儒林郎、两浙西路提举、常平茶盐司干办公事丁应复第四子而奇之,遂命以为黄墧之后,名为铸,即为黄溍之生父;生母王氏,为从事郎、昭庆军节度掌书记王图金与黄梦炎姐姐之女。以黄梦炎遗泽补将仕郎。宋亡,遂绝意仕进。后五十年(1326),乃以恩受封,终于从仕郎、温州路乐清县尹。至顺二年(1331)

卒。至正元年(1341)十月,追赠奉政大夫、秘书监丞、骑都尉(一作骁骑尉),追封义乌县子。至正五年(1345)三月,追赠中顺大夫、同太常礼仪院事、上骑都尉,追封江夏郡伯。后加赠集贤直学士、亚中大夫、轻车都尉,追封江夏郡侯;再加赠中奉大夫、江浙等处行中书省参知政事、护军,追封江夏郡公。

又见《柳待制文集》卷二十《元故追封从仕郎、温州路乐清县尹黄公行状》。

母童氏(1256—1343),承信郎、监嘉兴府鲍郎盐场伯永女,追封江夏郡夫人。至正三年(1343)六月二十三日卒,年八十八。

《行状》:"妣童氏,承信郎、监嘉兴府鲍郎盐场伯永女,今追封江夏郡夫人。"

本集卷四〇《先祖墓志铭后记(二首)》:"以宝祐四年六月十九日生,先夫人年二十,归于先君,后先君十二年卒,至正三年六月二十三日也,享年八十有八。"

夫人王氏(? —1356),王困金之曾孙王桂之女。累封江夏郡夫人。

《行状》:"娶王氏,嘉熙二年甲科进士、从事郎、昭庆军节度掌书记困金之曾孙,文林郎、监沿江制置副使、司造船场沂之孙,将仕郎桂之女。今累封江夏郡夫人,先一年卒。"

《神道碑》:"公娶王氏,累封江夏郡夫人。"

本集卷四〇《先祖墓志铭后记(二首)》:"溍之妇王氏,昭庆书记公曾孙女,亦自宜人加封义乌县君。"

子梓,字仲恭,绍兴路同知余姚州事。

本集卷四〇《先祖墓志铭后记(二首)》:"孙男梼,已卒。梓,国子学生,今用荫赴吏部铨。"

《行状》:"子男一人:梓,用荫入官,初授忠显校尉、绍兴路同知余姚州事。"

乌斯道《嘉兴学正李君文衍(世昌)墓志铭》(《春草斋集》卷文五,四库全书本):"元至正间,金华黄文献公以其子同知余姚州事来就养,余往谒见。"

《神道碑》:"子男一人,梓也,杭州路同知海盐州事。"

崇祯《义乌县志》卷十"人物表":黄梓,国子生,以父溍荫授显忠校尉、绍兴路余姚州同知。

按:徐永明《元代至明初婺州作家群研究·黄溍年谱》(中国社会科学出版社,2005年,第198页)考证,此处应为危素误记。宋濂作有《送黄仲恭赴官余姚序》(《宋文宪公全集》卷四十四），王祎作有《赠别黄仲恭同知之官余姚》(《王忠文公集》卷一）可证。

女清，适惠州学正陈克让。

《行状》："女一人，适惠州学正陈克让。"

本集卷四〇《先祖墓志铭后记》(二首)："女嫁惠州学正陈克让者，亦已卒。"

按：陈克让，陈尧道（字景传，号山堂，月泉吟社第八名）子，义乌人。

孙黄瑄、黄琛、黄瑭、黄珣。

《神道碑》："孙男四人：瑄、琛、瑭、珣。"

本集卷四〇《先祖墓志铭后记（二首）》(其一)："曾孙男又三：璋、瑞、瑄。女一。"

本集卷四〇《先祖墓志铭后记（二首）》(其二)："曾孙男又三：琛、瑭、城。女二。"

世 系 表

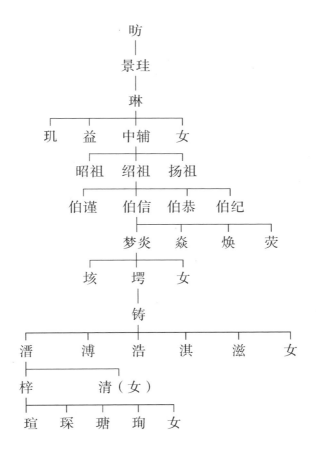

黄 溍 年 谱

元世祖忽必烈至元十四年丁丑(1277) 一岁

时事

正月,元召嗣汉天师张宗演至大都,领江南诸道教。文天祥移军漳州。

二月,元廷任命河西僧人杨琏真伽为江南释教总统。

三月,文天祥收复梅州。

四月,张德兴起兵抗元。

八月,元李恒攻文天祥于兴国(今江西),文败走循州。

十一月,元兵取广州,宋帝奔井澳,陈宜中遁入占城。

十二月,鲜于枢赴任。

初置江南行御史台于扬州。

本年,名家、师友等:

　　许衡(1209—1281)六十九岁;贾似道(1213—1275)六十五岁;方回(1227—1305)、王恽(1227—1304)、牟巘(1227—1311)五十一岁;金履祥(1232—1303)、周密(1232—1298)四十六岁;姚燧(1238—1313)四十岁;方凤(1241—1322)三十七岁;鲜于枢(1246—1302)三十二岁;牟应龙(1247—1324)三十一岁;高克恭(1248—1310)三十岁;程钜夫(1249—1318)二十九岁。

　　赵孟𫖯(1254—1322)二十四岁;邓文原(1258—1328)二十岁;袁桷(1266—1327)十二岁;龚璛(1266—1311)十二岁;吾衍(1268—1311)十岁;黄公望(1269—1354)九岁;柳贯(1270—1342)八岁;张养浩(1270—1329)、许谦(1270—1337)八岁;杨载(1271—1323)七岁;虞集(1272—1348)六岁;范梈(1272—1330)六岁;欧阳玄(1273—1357)五岁;揭傒斯(1274—1344)四岁。

　　陆九渊(1139—1193)卒八十四年;朱熹(1130—1200)卒七十七年;

杨万里(1127—1206)卒七十一年；辛弃疾(1140—1207)卒七十年；陆游(1125—1210)卒六十七年；姜夔(约 1155—1221)卒五十六年；成吉思汗(1162—1227)卒五十年。

事迹

十月一日，生于婺州路义乌(今浙江义乌)，传其母梦大星坠怀且妊二十四月。

《行状》："夫人妊先生时，梦大星煜煜然坠于怀，历二十四月，以至元十四年冬十月一日始生。"

《神道碑》："公之在妊二十四月，始生，母梦大星煜煜然坠于怀。"

生而俊异。

《元史》卷一百八十一"黄溍传"："生而俊异，比成童，授以《诗》《书》，不一月成诵。"

周密任义乌县令。

崇祯《义乌县志》卷八"官师"载："钱塘人，景炎间，任年未详。"

吴衡照《莲子居词话》卷四："草窗景炎间宰稠州。"稠州，即义乌。

周密(1232—1298)，字公谨，号草窗，又号四水潜夫、弁阳老人、华不注山人。祖籍济南，流寓吴兴(今浙江湖州)。入元不仕。著有《齐东野语》《武林旧事》《癸辛杂识》《志雅堂杂钞》等。善书画音律，能诗，好藏书。其词远祖清真，近法姜夔，风格清雅秀润，与吴文英并称"二窗"，词集名《蘋洲渔笛谱》《草窗词》。赵孟頫传世名画《鹊华秋色图》便是为周密而作。大德二年(1298)，黄溍曾于钱塘谒见周密。

元世祖忽必烈至元十五年戊寅(1278)　二岁

时事

正月，元兵破重庆，俘宋制置使张珏。

四月，宋端宗崩，卫王昺即位，年八岁。

五月，改元祥兴。

六月，宋帝迁驻崖山，元廷以张弘范为都元帅，将兵入闽、广。

十二月，元兵袭执文天祥于广东海丰五坡岭，文天祥兵败被俘。

是年，胡助、钱良佑、王艮、陈樵生。

事迹

黄溍由祖母抚育。

> 《行状》:"甫晬,即自免乳,徐夫人抱而育之。"

> 《黄文献集》卷七下《书东阳徐氏族谱后记》:"溍生未晬,遽自免乳,去母氏之侧,而荷祖妣之扶育教诲者二十年。"

> 《行状》:"妣徐氏,淳祐七年进士、奉议郎、两淮宣抚大使司干办公事彬之女,今追封江夏郡夫人。"

> 按:徐氏(1244—1303),徐彬之女,追封江夏郡夫人。徐彬与黄溍曾祖黄梦炎曾为同僚。

元世祖忽必烈至元十六年己卯(1279) 三岁

时事

正月,元将张弘范由潮阳港乘舟入海,率兵至崖山,张世杰力战,张弘范命文天祥招降,文天祥书《过零丁洋诗》拒之。

二月,宋元激战于崖山,宋败。陆秀夫负帝昺蹈海,宋亡。

七月,西南八番附元。

十月,元军执文天祥至大都,劝降而不屈。

事迹

父黄铸绝意仕进。

> 本集卷四《先祖墓铭石表记》:"用朝请公遗译,补将仕郎。宋亡,遂绝意仕进。"

马祖常生。

> 马祖常(1279—1338),字伯庸,光州(今河南潢川)人。元代著名诗人。延祐二年(1315)进士,授应奉翰林文字,拜监察御史。仁宗时,铁木迭儿为丞相,专权用事,马祖常率同列劾奏其十罪,因而累遭贬黜。自元英宗硕德八剌朝至顺帝朝,其历任翰林直学士、礼部尚书、参议中书省事、江南行台中丞、御史中丞、枢密副使等职。马祖常多与江南文人交好,虞集、柳贯等人皆受其荐举。谥文贞,有《石田文集》十五卷。见《元史》卷一百四十三。

> 黄溍于至顺元年(1330)受马祖常之荐,应奉翰林文字转国子博士。

元世祖忽必烈至元十七年庚辰（1280） 四岁

时事

正月,高丽国王遣使来贺,兼奉岁贡。

八月,元军征日本。

十一月,郭守敬等上《授时历》,颁行天下。

吴镇、郭畀生,张弘范(1238—1280)、姚枢(1203—1280)卒。

事迹

比成童,授以《诗》《书》,不一月成诵。

> 《行状》:"比成童,不妄踰户阈,授以《诗》《书》,不一月皆成诵。"

元世祖忽必烈至元十八年辛巳（1281） 五岁

时事

二月,元廷发兵征日本。七月遇风,全军覆没。

十月,元廷降诏谕安南国。

李存、宋本生。

许衡(1209—1281)卒。

事迹

元代名医义乌朱震亨生。

> 朱震亨(1281—1358),字彦修,婺州义乌(今浙江义乌)人,号丹溪,人尊称为丹溪翁或丹溪先生。朱氏因医术高明,誉之为"朱一贴""朱半仙",为"滋阴派"创始人。与刘完素、张从正、李东垣列为"金元四大家",在中国医学史上占有重要地位。弟子众多,方书广传,著有《格致余论》《局方发挥》《丹溪心法》《金匮钩玄》《素问纠略》《本草衍义补遗》《伤寒论辨》《外科精要发挥》等。
>
> 黄溍曾为朱震亨之舅父兼岳父戚象祖作墓志铭。

元世祖忽必烈至元十九年壬午（1282） 六岁

时事

二月，元廷申严汉人军器之禁。

三月，王著、高和尚等合谋杀平章政事阿合马。

程钜夫上陈五事，多采纳行之。其初下江南，遇赵孟頫，劝其出仕，赵不愿。

诏开海运。

十二月九日，文天祥抗元不屈，遇害于大都柴市。

元世祖忽必烈至元二十年癸未（1283） 七岁

时事

正月，元军再征日本。

李衎在江浙行省任职，举荐白珽为太平路学正。

鲜于枢在东平为"左卫"。

欧阳玄生。

事迹

是年，张雨、吴师道生。

张雨（1283—1350）①，字伯雨，号贞居，又号句曲外史。旧名张泽之，又名张嗣真。钱塘（浙江杭州）人。博学多闻，善谈名理。擅诗文、书法、绘画，清新流丽。年二十弃家为道士，居茅山，道名嗣真。有《黄晋卿提举、徐明初主簿偕游南屏，以"白头想见江南"，得想字南字》《奉次黄提举卅韵送陈性初天台省觐》《明静院夕佳楼晋卿秘监、绝宗法师同赋》《桂花下约黄秘监饮》《和黄晋卿提举忆旧诗》；黄溍则有《过伯雨会元外式公刘君衍卿》《次韵伯雨腊月八日雪中同登来鹤亭》等诗作。又黄溍曾为其《师友集》作序。

吴师道（1283—1344），字正传，婺州兰溪（今浙江兰溪）人。至治元年（1321）进士，授高邮县丞，调宁国路录事，迁池州建德县尹。召为国

---

① 张雨生卒年说法不一，本年谱采用肖燕翼《张雨生卒年考——兼谈三件元人作品的辨伪》（《故宫博物院院刊》，1998年第1期）中的考证结论。

子助教,寻升博士。少与许谦同师金履祥。与黄溍、柳贯、吴莱等往来唱和。以奉议大夫、礼部郎中致仕。著有《易诗书杂说》《春秋胡传附辨》《战国策校注》《敬乡录》及文集二十卷。有《和黄晋卿效古五首》《追和黄晋卿北山纪游八首》《寄黄晋卿》《答黄晋卿约游金华三洞不果》《寄黄晋卿》《和黄晋卿北山纪游韵》《寄叶审言并简晋卿》《和黄晋卿客杭见寄》《次韵黄晋卿清明游北山十首》《至大庚戌黄君晋卿客杭,与邓善之翰林、黄松瀑尊师、儒鲁山上人会集赋诗。今至正辛巳,晋卿提举儒学,与张伯雨尊师、高丽式上人会,再和前诗,上人至京,以卷相示,因写往年所和重赋一章》等诗作。至正六年(1346)黄溍为吴师道文集作序。

元世祖忽必烈至元二十一年甲申(1284) 八岁

时事

正月,建都王、乌蒙及金齿十二处俱降。

二月,邕州、宾州、梧州、衡州等地相继发生起义。

八月,占城入贡。

十一月,复以安童为中书右丞相,卢世荣为右丞。

是年,杨琏真伽挖掘南宋诸帝陵墓。

鲜于枢自扬州迁江淮行省来治于杭州,改江浙行省,至杭重装颜真卿《祭侄文稿》。

事迹

是年入学,师从傅肖说。

　　本集卷二二《跋傅氏所受诰命》:"溍八岁入学,受书于傅先生。后七十年,乃辱与先生从孙(傅)藻游,因获观其先世所被诰命。……先生名肖说,字商佐云。"

　　《杜门傅氏宗谱》(民国丁亥[1947]重修本,下同)卷一,黄溍作序:"溍之师庐陵傅先生商佐,启沃乎溍者良多,讵敢忘其所自。"

　　傅肖说(1195—1290),又名金城,字商佐,义乌杜门(今属浙江义乌大陈镇)人。黄溍门生傅藻为其从孙(见《杜门傅氏宗谱》卷六上)。

元世祖忽必烈至元二十二年乙酉（1285）　九岁

时事

五月，汴梁、东昌、广平等地旱。元军入安南。

七月，敕秘书监修《大元一统志》。

九月，难民自实两淮荒池，免税三年。

十二月，太子真金薨。

赵孟頫与袁桷相见于杭州，赵出示《脱靴图》《返棹图》。

事迹

张起岩生。

张起岩（1285—1353）字梦臣，号华峰、真逸。历城（今山东济南）人。博学有文，精于典籍，工诗，善篆隶。延祐二年（1315）中进士第一名。初任州县官，后升集贤修撰，累迁监察御史。至顺年间，拜礼部尚书，转中书参议，迁翰林侍讲。至元三年（1337）出为江南行台侍御史，入中台，转燕南廉访使，任中抑制豪强，政声显著。至正元年（1341）升江南行台御史中丞，入为翰林承旨，诏修辽、金、宋三史，任总裁官。欧阳玄作《张公先世碑》。《元史》卷一八二有传。与黄溍为同年进士。

元世祖忽必烈至元二十三年丙戌（1286）　十岁

时事

正月，帝以日本孤远岛夷，重困民力，罢征日本。

二月，太史院上《授时历经》《历议》，藏于翰林国史院。

二月，召陈俨、萧㪺、虞应龙入京，编地理书。

三月，诏程钜夫江南访贤，叶李、赵孟頫等应召至大都。

事迹

十月十五日，义乌县令吴渭延致方凤、谢翱、吴思齐，在浦阳创办月泉吟社，以"春日田园杂兴"为题向江浙各地发帖征诗。十年后黄溍执弟子礼于方凤。

本集卷一四《重修月泉书院记》："浦江县北有泉,出仙华山之阳,而发于县西二里,视月之盈虚以为消长,号曰月泉。宋政和癸巳(1113),知县孙侯潮始疏为曲池,筑亭其上。咸淳丙寅(1266),知县王侯霖龙因构精舍于亭之西北,祠先圣、先贤其中,以为诸生讲学之所。逮入国朝,乃畀书院额。"此月泉书院当即月泉吟社结社之所。

吴渭,字清翁,号潜斋,宋末曾官义乌令。吴渭《誓诗坛文》云:"月泉旧社,久寨诗锦之华。"其致月泉吟社征诗第一名罗公福启亦云:"月泉旧社,久盟湖海之交。"吴渭在征诗启示言:"本社预于小春月望命题,至正月望日收卷,月终结局。请诸处吟社用好纸楷书,以便誉副,而免于差并。"

元世祖忽必烈至元二十四年丁亥(1287)　十一岁

时事

闰二月,元廷复置尚书省,以桑哥铁木儿为平章政事。初置国子监,立国学监管,隶集贤院。生员百二十人,蒙古、汉人各半。设江南各路儒学提举司。

春,程钜夫还朝,向元世祖举荐在江南搜访之"遗佚"。

三月,更造至元宝钞颁行天下。

六月,江浙大水。

是年,鲜于枢任三司史掾。

婺州柳分司、处州詹老鹞、温州林雄等起事,先后被镇压。

张翥、许有壬生。

事迹

正月十五,月泉吟社"春日田园杂兴"征诗结束,共收到 2735 份诗稿。三月三日揭晓,280 位诗人入围。

《四库全书总目》卷一八七《月泉吟社诗》提要:"(征)赋《春日田园杂兴诗》,限五七言律体。以岁前十月分题,次岁上元收卷,凡收二千七百三十五卷。延致方凤、谢翱、吴思齐评其甲乙,凡选二百八十人,以三月三日揭榜。"(中华书局,1997年,第 2625 页)刘应龟(山南先生)列第五、陈尧道第八、白珽第十八、仇远第四十四。

元世祖忽必烈至元二十五年戊子(1288) 十二岁

时事

七月,广东董贤举等起义。

立学校二万四千四百余所。

十月,免儒户杂徭。

十月九日,鲜于枢再跋《祭侄文稿》,称之"天下行书第二,余家法书第一"。

事迹

约是年,师从王炎泽。

> 本集卷三三《南稜先生(王炎泽)墓志铭》:"潛自总角忝预弟子列。"
>
> 王炎泽(1253—1332),字威仲,义乌人。历任东阳、常山教谕,石峡书院山长。以善教称,学者尊之为南稜先生。"少嗜书,稍长治,举子业有声乡邦。""待人一本于诚,言论磊落,无所隐蔽,莫不敬服。"为文简质而主于理,诗极浑厚而间出奇语,不屑以雕刻求工,著有《南稜类稿》二十卷。王炎泽系理学家义乌叶由庚之外孙。长子良玉常山教谕,次子良珉义乌训导。孙王祎拜黄潛为师。(崇祯《义乌县志》卷十二"人物传")

元世祖忽必烈至元二十六年己丑(1289) 十三岁

时事

二月,浙江台州杨镇龙起义,称大兴国皇帝,年号安定。

江南各族人民起义凡四百余处。

周密作《志雅堂杂钞》。

鲜于枢跋《定武兰亭五字损本》。

事迹

作《吊诸葛武侯》文,受刘公应龟所赞,师从之。

> 《墓志铭》曰:"年十三,属文,作《吊诸葛武侯》文,为乡先生刘公应龟所奇,因留受业。"

刘应龟(1244—1307),字元益,号山南,义乌人。宋太学博士弟子员。至元二十八年(1291)任义乌县教谕,调月泉书院山长,改杭州路学正。黄溍撰有《山南先生述》介绍刘应龟世系言行,且曰:"溍惟我曾祖左曹府君,以文章家知名当世,先生以外孙,实得其学。顾溍之蒙鄙劣弱,犹幸弗失身负贩技巧之列,以陨先业者,先生教也。"(本集卷三;崇祯《义乌县志》卷十二"人物传")

刘应龟著有《梦稿》六卷、《痴稿》六卷、《听雨留稿》八卷,黄溍合之为《山南先生集》二十卷,且撰《山南先生集后记》加以评述。刘应龟系黄溍曾祖黄梦炎之外孙,与黄溍为表叔侄关系。黄溍受学刘应龟最久,受其影响最深。

元世祖忽必烈至元二十七年庚寅(1290) 十四岁

时事

二月,江西华大老、黄大老等攻乐昌诸郡。

七月,江西霖雨,赣、吉、袁、瑞、建昌等地水皆溢,龙兴城没。

八月,武平地震。

邓文原应征为杭州路儒学正。

谢翱作《登西台恸哭记》。

柯九思生。

事迹

东平王俣按察属部修浦江月泉书院。

本集卷一四《重修月泉书院》:"至元庚寅,提刑按察副使王公俣行部,尝一新之。"

王俣,字朋益,东平人。

八月二十四日,奉议大夫、大名路滑州知州、骁骑尉王思孝卒。

本集卷三五《赠奉议大夫、大名路滑州知州、骁骑尉,追封白马具子王府君(思孝)墓志铭》云,王思孝卒后若干年,其子王大有官升五品,父母追封,王大有奉状请黄溍作铭。

王思孝(1223—1290),字移忠,大名路滑州(今属河北省)人。

约是年,避兵乱于县北黄檗山净居寺旁之民家。

本集卷一一《净居寺记》:"予儿时避兵山旁民家,屡往憩焉。"

　　黄檗山，义乌县北，净居寺坐落于黄檗山南麓。据明代李鹤鸣《文庙（县学）》载："义乌县治西北百九十步，有曰古稠，盖自黄檗山延南来而结于此，前瞰绣湖，四山宫环，胜绝一邑，为唐稠州故处，故命焉。"文中所谓"四山宫环"，即指东鸡鸣山、南青岩山、西香山、北黄檗山。

元世祖忽必烈至元二十八年辛卯（1291）　十五岁

时事

正月，右丞相桑哥罢。罢江南漕运司。

正月，周密《齐东野语》成，戴表元为之作序。

五月，颁《至元新格》。

八月，平阳地震，辽阳诸路连岁荒。

罢尚书省，复改中书省。

事迹

刘应龟任义乌教谕，得先生之赏识，"成童业山南刘氏"。

　　本集卷三《山南先生（刘应龟）述》："居久之，会使者行部，知先生贤，强起以主教乡邑，先生始幡然，出山即席。于是，至元二十有八年矣。"

　　崇祯《义乌县志》卷十九"编类"《补订黄文献公集序》："成童业山南刘氏。"崇祯《义乌县志》卷十四"人物传"有记。

叶谨翁举教官。

　　本集卷三三《叶审言（谨翁）墓志铭》："至元、元贞间，部使者振举学校，悉延致前代遗老，以主教事，一时英俊之士，咸立下风。惟审言夙负材望，以弱冠之年，与之并登于师席，众皆美慕焉。"

　　叶谨翁（1272—1346），字审言，号赘翁，又号曲全道人，金华人。理学家叶邦曾孙。举教官，历浦江、义乌二县教谕，衢州明正书院山长，吉水州学教授，调晋江县主簿，改婺州路司狱。授温州路瑞安同知致仕。性明达，好读书，诗文和易平实。"由家传之端绪，溯儒先之源委，卓然自立。许谦、柳贯、张枢、黄溍咸乐与为友。"（《两浙名贤录》卷二"瑞安州同知叶审言谨翁"，明天启刻本）有《曲全集》《四勿斋稿》若干卷。

　　事见黄溍《叶审言墓志铭》（《黄文献集》卷九下）、《明正书院》（本集卷八)、《赠叶审言别》(《黄文献集》卷一)和《送叶审言诗后序》(《黄文献集》卷五)。《吴礼部集》卷七有《寄叶审言并简晋卿》,卷一四有《送叶审言巡简序》,卷一六有《潘观我所作叶审言字辞跋》,卷一七有《跋审言所藏晋唐石刻》。

按:教谕是学官名。宋代除宗学、律学、医学、武学等置教授传授学业外,各路的州、县学均置教学官名。宋代于京师所设小学和武学中始置教谕。元、明、清县学皆置教谕,掌文庙祭祀,教育所属生员。《明史·职官志四》:"儒学。府,教授一人,训导四人;州,学正一人,训导三人;县,教谕一人,训导二人。教授、学正、教谕,掌教诲所属生员,训导佐之。"

十五岁能文,文辞展露其思想文风,语词清雅有见地。

本集卷三《上宪使书》云:"仆生而寒身微,赖家世遗绪,不失身于农、工、商、贾之列。幼而知书,年十五六,而能属文,时之钜工宿学,皆幸而与之进,莫不玩其华,而望其实也。仆于是忽然以疑,释然以悟,尽弃俗学之陋,而务极其业于力之所至。凡圣贤精神心术之妙,古今废兴治忽之由,固当窃窥之,而未始敢以为有得也。"

正月三日,方逢辰(蛟峰先生)卒。

本集卷三《蛟峰先生阡表》:"公卒于至元二十八年正月三日,享年七十有一,以三十年三月二十九日葬于县西之安溪。"

方逢辰(1221—1291),字君锡,淳安(今浙江淳安)人,宋淳祐十年(1250)进士。累官兵部侍郎,国史修撰。德祐初,召为礼部尚书,不拜。授徒讲学,人称蛟峰先生。有《孝经章句》一卷、《易外传图说》五卷、《尚书释传》四卷、《中庸大学释传》三卷及《格物入门》一卷。

元世祖忽必烈至元二十九年壬辰(1292) 十六岁

时事

二月,发兵征爪哇。

三月,程钜夫、姚燧、王恽等九名儒士,应召至上都。

六月,平江、湖州、常州等路大水。

鲜于枢出任江浙行省都事。

是年,张养浩入京师,献书于平章政事不忽木,被辟为礼部曹掾。

事迹

得刘应龟赏识，师从其学。

本集卷一八《绣川二妙集序》："予年复后于二君，而于先生位中表子侄行，自卯岁侍先生杖屦，而知爱先生之诗。"

《行状》："迨学为文，下笔顷刻数百言，尝著《吊诸葛武侯辞》，前太学内舍刘君应龟，朝请府君之外孙也，见而叹曰：'吾乡以文辞鸣者，喻叔奇兄弟尔，是子稍加工，不其与之抗衡乎？'因留受业。"

按：喻良能（1120—？），字叔奇，婺州义乌（今浙江义乌）人，人称香山先生。排行第二，长兄良倚，弟良显、良材、良弼。绍兴二十七年（1157）进士，历任广德县尉、鄱阳县丞、国子监主簿等职。历迁工部郎中、太常寺丞，出知处州，寻以朝请大夫致仕。官至兵部郎中、工部郎官。后人因此称他出生地为"郎官里"。著《诸经讲义》《家帚编》《忠义传》二十卷，诗文《香山集》三十四卷，收入《永乐大典》。

结识孙潼发（盘峰先生），参陪于杖屦之末。

本集卷三《盘峰先生墓表》："溍年十六七，即参陪于杖屦之末。先生古貌野服，高谈雄辩，四座尽倾。每语当世事及前代故实，亹亹不倦。然喜汲引后进，有如溍之无所肖似，犹不以凡子见遇，每折行辈，以相倾下。"

孙潼发（1244—1310），字帝锡，一字君文，别号盘峰。桐庐人。咸淳四年（1268）进士，曾任衢州军事判官，"蜀名卿史公绳祖侨寓是邦，先生暇日辄相与研究先儒性理之学，为士者往往闻其绪言，而有所开悟"。宋亡后不仕，以古人风节自期。《宋元学案》将其收入"北山四先生学案"。孙潼发在程钜夫求贤、留梦炎举荐之下，能够秉持气节，此给黄溍留下深刻印象，"人臣之义，莫易明于死节，莫难明于去国，而屈辱用晦者，亦所难辨。宋之亡也，先生不在其位，而未始行乎患难；不降其志，而卒以明哲保身，从容于出处去就之际，而不至于屈辱，其善用晦者欤？盖人之难能，亦非人之所难辨也。是用因其迹，以推其心之所存，论次而表显之，庶百世之下，有观感而兴起者焉"。（本集卷三〇《盘峰先生墓表》）黄溍有七律《送孙君文判官丈归桐庐》（本集卷二）。

元世祖忽必烈至元三十年癸巳(1293) 十七岁

时事

五月,浙西大水。

七月,开通惠河。

八月,敕放爪哇出征军归家。

十月,禁江南州郡以乞养子转相贩鬻。

事迹

穷昼夜而观《书苑菁华》。

> 本集卷一六《法书类要序》:"予年十七八时,尝得所谓《书苑菁华》者,穷昼夜而观之,因取其所不录而杂出于史氏、百家之言者,次第以为临池拾遗记。"

> 按:《书苑菁华》为南宋陈思编著的书法理论总集,共有二十卷。收集宋以前书法理论 160 篇,共分书法、书势、书状、书体、书旨、书品、书评等 32 类,存有大批珍贵资料。

是年,理学家刘因(梦吉)卒。

> 刘因(1249—1293),字梦吉,原名刘骃,字梦骥,雄州容城(今河北徐水县)人。喜诸葛亮"静以修身"之语,题居室为"静修"。由不忽木举荐于朝,至元十九年(1282)擢承德郎、右赞善大夫,以母病辞归。至元二十八年(1291)又再次征召,仍不受职。延祐年间追封容城郡公,谥号"文靖"。曾自选诗集《丁亥集》,今已佚。有《静修集》,今存二十二卷本、二十八卷本、十二卷本等不同版本。另有《四书集义精要》二十八卷。黄溍于弱冠时便手抄其《丁亥集》,悉能成诵。苏天爵曾作《静修先生刘公墓表》(《滋溪文稿》卷八,四库全书本,下同)。

元世祖忽必烈至元三十一年甲午(1294) 十八岁

时事

正月,元世祖崩(1215—1294),皇孙铁穆耳在上都即位,是为成宗。诏令崇奉孔子。

事迹

苏天爵生。

苏天爵(1294—1352),字伯修,号滋溪先生,真定(今河北省正定县)人,元代文学家、史学家、理学家。岭北行省左右司郎中苏志道之子。少从安熙学,为国子学生,吴澄、虞集等先后为其师。延祐四年(1317)参加国子学生公试,名列第一,授大都路蓟州判官。后入奎章阁授经郎,改监察御史,累迁礼部侍郎,后至元五年(1339)除淮东廉访使,累升中书参议,历湖广行省参政、西台侍御史,至正四年(1344)拜集贤侍讲,仕至江浙行省参政。著有《元朝名臣事略》十五卷、《刘文靖公遗事》一卷、《滋溪文稿》三十卷等。

至顺二年(1331)夏,黄溍与苏天爵扈行上京。黄溍曾作《送苏伯修御史》《苏学士画像记》《苏御史治狱记》《读苏伯修史奏稿》等诗文,亦曾为苏天爵曾祖父苏诚作墓表。

朱德润生。

朱德润(1294—1365),字泽民,号睢阳山人。睢阳(今河南商丘)人。元代画家、诗人。其先祖跟随宋室南渡,居昆山(今江苏昆山)。工书法,格调遒丽。延祐六年(1319)荐授翰林应奉,英宗时为征东儒学提举,以献《雪猎赋》知名,至正中兵兴后曾为江浙行中书省照磨,参议军事。著有《存复斋集》十卷,绘画有《林下鸣琴图》等。传见《新元史》卷二三七。

黄溍为其《存复斋文集》作序。

宋褧生。

宋褧(1294—1346),字显夫,大都宛平(今属北京市)人。泰定元年(1324)进士,授秘书监校书郎,改翰林编修。至元初,擢监察御史,出金山南廉访司事,改陕西行台都事。寻召拜翰林待制,迁国子司业,与修宋、辽、金三史,拜翰林直学士,寻兼经筵讲官。卒赠国子祭酒、范阳郡侯,谥文清。系至治元年(1321)左榜状元,翰林国史院修撰宋本弟。著有《燕石集》十五卷。

元成宗铁穆耳元贞元年乙未(1295)　十九岁

时事

正月,诏道家复行《金箓》《科范》。

六月,翰林承旨董文用进《世祖实录》。

诏各省止存儒学提举司一,余悉罢之。

赵孟頫应成宗之诏,由济南赴京修《世祖实录》,将入史院,以病辞归。为好友周密作《鹊华秋色图》。

事迹

手抄刘因(静修先生)《丁亥集》,悉能成诵。

> 本集卷二一《跋静修先生遗墨》:"溍弱冠时,尝手抄静修先生《丁亥集》,悉能成诵。"

学诗,同郡柳贯(道传)、王申伯(表字)、陈森(茂卿)、方樗(子践)、方梓(子发)等,皆以能诗善称。黄溍与他们均有诗唱和。

> 本集卷二二《书王申伯诗卷后》:"始予弱冠时学为诗,同郡柳道传、王申伯、陈森、方子践、子发皆以能诗称者也。"

> 柳贯(1270—1342),字道传,自号乌蜀山人。浦江(今浙江浦江)人。早年师从金履祥,又执弟子礼于方凤、吴思齐、谢翱。历任国子监助教、太常博士、翰林院待制兼国史院编修。凡六经、兵刑、律历、数术、方技诸书无所不通。著有《近思录广辑》《字系》《乌蜀山房类稿》等。

> 王申伯,"申伯"字也。黄溍作《书王申伯诗卷后》。

> 陈森,字茂卿,金华人。为诗清峭刻厉。卒年三十。

> 方樗(? —1352),字寿甫,一字子践,号北村。方凤长子。

> 方梓,字子发,方凤次子。

揭傒斯出游湘、汉间,以文才受知于当时。

> 本集卷二六《翰林侍讲学士中奉大夫知制诰同修国史同知经筵事追封豫章郡公谥文安揭公(傒斯)神道碑铭》:"年二十余,稍出游湘、汉间。"

谢翱卒。

> 谢翱(1249—1295),字皋羽,号宋累,福建长溪(今福建霞浦)人,其

父谢钥为闽东经学名家。景炎二年(1277)跟随文天祥抗击元军,兵败后潜回祖籍浦城务农。作《宋祖铙歌鼓吹曲》十二篇和《宋骑吹曲》十篇,被太常寺采作朝廷乐曲,吴莱称赞其诗"文句炫煌,音韵雄壮"。有名作《登西台恸哭记》,元贞元年(1295)十一月初十日,谢翱因肺疾复发,卒于桐庐。黄潛过桐庐时,曾作《过谢皋羽墓》。

元成宗铁穆耳元贞二年丙申(1296)　二十岁

时事

三月,以中书平章政事不忽木为昭文馆大学士,平掌军国事。

七月,漳州兴国刘六十起义。

八月,禁舶商以金银过海,诸使外国不得为商。

元贞间,松江府黄道婆从崖州还乡,传播棉织技术。

事迹

游学钱塘。

《行状》曰:"弱冠西游钱唐,前代遗老与钜公宿学,先生咸得见之。于是,益闻近世文献之泽。暨还故居,从仙华山隐者方君凤游,为歌诗相倡和,绝无仕进意,其友叶君谨翁力挽之出。"

《神道碑》曰:"弱冠,游虎林,故都之文献具在,咸得征焉。大理卿牟公巘期公甚远。"

牟巘(1227—1311),字献甫,一字献之,人称陵阳先生,井研(今四川井研)人,徙居湖州(今浙江湖州)。以父荫入仕,曾为浙东提刑。累官大理少卿。入元不仕,隐居凡三十六年,卒年八十五。工诗文,著有《陵阳集》二十四卷(其中诗六卷)。事见《宋元学案》卷八〇,清光绪《井研县志》卷三一有传。赵孟頫《湖州妙严寺记前朝奉大夫大理少卿》帖则由牟巘撰。黄潛十分推崇牟巘,撰有《大卿牟公挽诗》《题陵阳牟公紫阳方公诗卷》等。又,黄潛自称为牟之子牟应龙的"门生"(见本集卷二一《题〈脱靴〉〈返棹〉二图》),且为牟应龙撰有《隆山牟先生挽章》《隆山牟先生文集序》。虞集《道园学古录》(四库全书本,下同)卷十五《牟伯成墓碑》记:"然自大官显人过吴兴者,必求大理公,拜床下得一言而退,终身以为荣。"

在仙华山下,执弟子礼于方凤。与吴良贵游。

本集卷一七《送吴良贵诗序》有记云："元贞丙申,予幸获执弟子礼,见方先生仙华山下,退又辱与良贵游,俯仰之间,垂四十年。"

崇祯《义乌县志》卷之十九"编类"《补订黄文献公集序》:"二十而执弟子礼于岩南方氏。"

方凤(1241—1322),字韶卿,一字景山,号岩南老人,浦江人。试太学、举礼部均不第,后以特恩授容州文学。宋亡,遁隐于仙华山,同里义乌令吴渭辟家塾,敬事之。凤尝为吴渭主月泉吟社,所刊《月泉吟社诗》二卷,著有《物异考》《野服考》一卷及《存雅堂遗稿》五卷(见《四库全书总目》),并传于世。游历江南,与方回、牟巘、龚开、戴表元、仇远等结文字交。黄溍撰有《寄方韶父先生》《送韶父先生游京口》《喜方韶父先生至兼怀山南先生》《韶父先生有诗复次韵以和》《和方韶父先生七首》等诗。

黄溍撰有《方先生诗集序》(本集卷一六),称方凤为诗"缘情托物,发为声歌。凡日用动息,居游合散,耳目之所属,靡不有以寓其意。而物理之盈虚,人事之通塞,至于得失兴废之迹,皆可概见。故其语多危苦激切,不暇如他文人,藻饰浓丽以为工也"。方凤作有《寄柳道传黄晋卿两生》四首(见《方凤集》"元贞二年丙申"条;《存雅堂遗稿》卷一,四库全书本,下同)。

《寄柳道传黄晋卿两生(其三)》

盈盈黄菊丛,栽培费时日。
依依五丝瓜,引蔓墙篱出。
于今想新花,于今长秋实。
花实岂不时,灌溉尚期密。
毋令根荄伤,委弃等藜蕨。

吴良贵,浦江人。至大二年(1309)为镇江正学。"良贵之得于三先生","三先生"即为方凤、谢翱、吴思齐。

秋,游仙华山,在浦江遇吴思齐,二人遂为忘年交。

本集卷三《书吴善父哀辞后》:"元贞丙申秋,予游仙华宝掌,间因得拜先生浦阳江上。先生顾予喜曰:'吾二十年择交,江南有友二人焉,曰方君韶父,曰谢君皋父。今皋父已矣,子乃能从吾游乎?子其遂为吾忘年交。'予谢不敢,先生,盖予大父行也。然自是间岁辄一再会,会则必欢欣交通,如果忘年者。先生间为予上下古今人物,使审所择而尚友焉。先生之心,其有望于予者哉!"

按：吴思齐（1238—1301），字子善，处州括苍（丽水松阳）人，后迁永康。以父任补官为嘉兴丞。与方凤、谢翱友善，相与放游山水间。晚自号全归子。年六十四，手编圣贤顺正考终之事，曰《俟命录》。著有《左氏传阙疑》《风雨集》《全归集》。吴思齐曾祖父吴深为宋代状元陈亮的学生、女婿。

是年，杨维桢生。

杨维桢（1296—1370），字廉夫，号铁崖，晚号东维子，山阴（浙江绍兴）人，泰定四年（1327）进士。授天台县尹。狷直忤物，十年不调。转建德路总管府推官。会兵乱，避地富春山，徙钱塘。诗名擅一时，号铁崖体。著有《铁崖先生古乐府》《复古诗集》《东维子文集》等。黄溍与其交往甚密，不仅有诗文往来，且黄溍卒后由杨维桢撰墓志铭。

元成宗铁穆耳元贞三年、大德元年丁酉（1297）　二十一岁

时事

二月，改元大德。

五月，河决汴梁，发民三万塞之。漳河溢，鄱阳、东平等地水。

八月，扬州、淮安、宁海州旱。

十二月，禁诸王、驸马并权豪，毋夺民田。

元明善为江南行省掾属。

鲜于枢居钱塘，赵孟頫归吴兴，与高克恭、郭畀等吟诗作画、鉴赏古物、击鼓抚琴。

周密为仇远题《山村图》。

事迹

约是年受业于石一鳌。

本集卷三四《蒋君（明龙）墓碣铭》："弱冠时，及石先生之门。"（《黄文献公文集》卷一下）

本集卷三《石先生（一鳌）墓表》："溍生也后，幸获执弟子礼，而不及与夫数百人者，群游并进。"

石一鳌（1230—1311），字晋卿，号蟠松。义乌人。王世杰弟子。晚年覃思于《易》。"宋景定甲子乡贡进士，少从世杰，得徐侨之端绪。学茂而声远。"著有《周易互言总论》十卷。明金江撰《义乌人物记》

有记。

黄溍师事石一鳌,石氏之学得之王世杰,王氏出徐侨(文清)之门,而"文清之学,盖亲得于考亭(朱熹)"。

是年,吴莱生。

吴莱(1297—1340),字立夫,浦江人。从学于方凤。延祐七年(1320)以《春秋》领乡荐,但因"议论不合于礼官"未中举,退归田里,出游昌国。后寓居同县陈士贞家,潜心著述,学子多慕名前往就教。吴莱与黄溍、柳贯皆出于方凤之门。

元成宗铁穆耳大德二年戊戌(1298) 二十二岁

时事

正月,诏以水旱减郡县田租十分之三。

二月八日,赵孟頫在杭州书方回《居竹记》赠友人曹和甫。二十三日与周密、郭界、邓文原等友人聚于鲜于枢寓居,同观并跋郭忠恕《雪霁江行图》、王羲之《思想帖》真迹。二十四日,赵孟頫作《王右军图》,寄追慕之情。

六月,山东、浙江、河南、河北五十处蝗灾。

十二月,扬州、淮安二路旱。

事迹

春,游钱塘,谒见龚开、周密、仇远、白珽、刘濩等遗老名士。

《元故湛渊先生白公墓志铭》:"濂也晚出,虽不能识先生,幸从乡先生黄文献公游,听谈杭都旧事,有如淮阴龚公开、岩陵何公梦桂、眉山家公之巽,莆田刘公濩、西秦张公模、虎林仇公远、齐东周公密,凡十余人,相与倡明雅道,而先生齿为最少,乃与群公相颉颃,南北两山间,其遗迹班班故在。"(《宋濂全集》卷十九,金华丛书本,下同)

本集卷一七《送汪生序》:"始予既知学,颇思自拔于流俗,而患夫穷乡下邑,块焉独处,无从考质,以祛所惑。闻钱塘古会府,号称衣冠之聚,宿儒遗老犹有存者,则籯粮笥书,蹈涛江而西,幸而有所接识。然以违亲越乡,不能久与居与游。间获聆绪言之一二,终未至尽大观而无憾也。"在钱塘期间,黄溍还收有十余位门生,其中包括后来的国子生徐本中。"其后,十数人者往往取乡荐,或连中甲科,或遂魁天下士。"

本集卷二一《跋翠岩图》:"溍以大德戊戌春,见先生(龚开)于钱塘,今已五十年。"

龚开(1222—1304),字圣予,号翠岩,景定年间任两淮制置司监职,南宋灭亡后隐居不仕。"淮阴人,少负才气,博学好古,尤邃经术。宋季与陆秀夫同居李庭芝幕府。宋亡来居吴下,节愈孤峻。尝作文天祥及秀夫传,吴莱称其不减迁、固。"龚开以志节称,诗文清劲古雅,亦善丹青,宋亡之后以画自给。"其胸中磊落轩昂、峥嵘突兀者,时时发见于笔墨之所及。"(明王鏊撰《姑苏志》卷五七,四库全书本)

何梦桂(1229—1303),字岩叟,号潜斋,谥号文建,淳安文昌(今浙江淳安)人。约宋度宗咸淳中前后在世。咸淳元年(1265)中进士。初为台州军判官,历官太常博士,咸淳十年(1274)任监察御史。曾任大理寺卿。引疾去,后屡召不赴。精于易,所著有《易衍》《中庸致用》诸书,《潜斋文集》十一卷。

仇远(1247—1326),字仁近,一字仁父,钱塘(今浙江杭州)人。因居余杭溪上之仇山,自号山村、山村民,人称山村先生。元大德年间任溧阳儒学教授,不久罢归。宋末即以诗名与当时文学家白珽并称于两浙,人称"仇白"。好交友,与赵孟頫、戴表元、方凤、黄溍、方回、吾丘衍、鲜于枢、张雨、张翥、莫维贤等文人墨客均有来往,互相赠答。明代陶宗仪在《书史会要》中言其楷书学欧阳询,亦善行草。传世作品有《七言诗卷》。其有诗《和黄晋卿金陵见寄》。(《金渊集》卷三,四库全书本,下同)

作《刘声之炉亭夜话》。

本集卷二《刘声之炉亭夜话》。

《跋刘声之诗》:"仆年二十余,识声之先生于钱塘,时声之方以经学教授,愧莫能执弟子礼。"(《黄文献集》卷四)

清吴翌凤辑《元诗选》(四库全书本)三集,卷四,第四十七页记载:"濩,字声之,三山人。尝以经学教授钱唐,郿州刘汶师鲁与濩交最久,而兄事之。殁后,门人瞿士弘集其遗文,凡如干篇,师鲁为序其首,金华黄侍讲晋卿跋其后曰:声之同时辈流人物,凋落殆尽,士弘得师鲁,以为声之不朽之托,独惜其所纂录殊有未备,以仆所藏声之遗墨校之,集所不载者五七言古律诗,犹十有二首,辄书而归之,俾置卷中。仆所弗及知者,固不止此也。尝与声之炉亭夜话,赠诗有云:'昭代尊经术,先生尚布衣。'晋卿之推服声之者至矣。"(亦见《全闽诗话》卷五)

过桐庐,作《过谢皋羽墓》。

本集卷二《过谢皋羽墓》。

详见胡翰作《谢翱传》。(《胡仲子集》卷九,四库全书本)

贡师泰生。

　　贡师泰(1298—1362),字泰甫,宣城(今属安徽)人。元泰定四年(1327)进士。官至礼部、户部尚书。著有《诗经补注》《玩斋集》《东轩集》等。曾与黄溍同僚,多有诗文往来。

周密卒,年六十七岁。

编年诗

《刘声之炉亭夜话》(本集卷二;《黄溍全集》,第46页);
《过谢皋羽墓》(本集卷二;《黄溍全集》,第45页)。

元成宗铁穆耳大德三年己亥(1299)　二十三岁

时事

正月,中书省言,岁入之数,不支半岁。令一切赐与,皆勿奏。张珪擢江南行台侍御史。复以王昛为高丽王。
二月,罢四川、福建等处行中书省。
五月,罢江南诸路释教总统所。

事迹

游学于杭州,虽与杨载未相识,然以书缔文字交。

　　本集卷三三《杨仲弘墓志铭》:"初,溍与仲弘不相识,辄以书缔文字交,凡五年,始识仲弘。后十有一年,乃与仲弘同举进士。"杨载与黄溍在大德三年(1299)以文字交,大德八年(1304),始识对方。

　　杨载(1271—1323),字仲弘,钱唐(今杭州)人。延祐二年(1315)进士,授承务郎,官至宁国路总管府推官。入翰林国史院,撰修《武宗实录》。有《杨仲弘诗》八卷。

约是年,作《三月三日西湖舟中》。

《三月三日西湖舟中》(本集卷二)

黄尘奔走愧平生,对客犹称旧姓名。
此事正堪三太息,只今忍负四难并。
放舟乍落空濛境,送酒元无窈窕声。
金谷兰亭嗟已矣,不妨时暂濯吾缨。

编年诗

《三月三日西湖舟中》(本集卷二;《黄溍全集》,第 60 页)。

元成宗铁穆耳大德四年庚子(1300) 二十四岁

时事

五月,同州、隆兴等地雹,扬州、南阳、顺德等地蝗灾。真定、保定等处大水。

闰八月,以中书右丞贺仁杰为平章政事。

九月,建康、常州、江陵饥。

十二月,发兵征八百媳妇国(今属缅甸)。

柳贯察举为江山县学教谕。

事迹

约是年,作《题李坦之诗卷》。

李道坦与吴师道交往密切,寓居兰溪。吴师道撰《吴礼部诗话》(续金华丛书本):"钱塘李道坦,坦之。早岁入道洞霄宫,学文于隐者邓牧,牧心盛为所称许,有叶林玄文者,亦隐山中。二人既没,坦之遂出山。大德中,留兰溪,与予极相得,时时诵叶、邓诗。邓有寄友诗云……"

本集卷一《题李坦之诗卷》。

李道坦,字坦之,钱塘(或作吴兴)人。学古文于邓牧。吴师道有诗《寄李坦之》。著有《学道斋集》,已佚。《宋诗纪事》选其诗五首并录残句五。《遂昌杂录》:"邓牧心、叶本山两先生,皆高节士,宋亡,深隐大涤山。邓先生于古文尤精核,不苟作。承其学者杭人李坦之,讳道坦,坦之诗亦工,然伤于巧云。"

成化《杭州府志》卷之四十五载:"李坦之,钱塘人,风度高远,寄情岩壑,往来洞霄石室间,读书赋诗歌,皆超轶前古,黄溍称重其人。"《西湖游览志余》卷十五亦有详叙,并记有其《山中苦寒歌》。

邓牧,字牧心,钱塘人。人称文行先生。

知有客妄传吴思齐卒。

本集卷三《书吴善父哀辞后》:"大德庚子秋,有越客道浦阳境上,谓予先生且死,已而知其妄也。"

门生李世昌生。

《嘉兴学正李君文衍（世昌）墓志铭》（《春草斋集》卷文五，四库全书本）："论文章，则从黄文献公游；论文字则从周伯琦御史游。"

李世昌（1300—1385），字文衍，会稽余姚（今浙江余姚）人，历任温州儒学、衢州路龙游儒学教谕、嘉兴路儒学正。万历《于越新编》（诸万里纂，绍兴志书）记载："李世昌，字文衍。风裁伟硕，年应复欲引为令史，世昌曰'世业儒，吏非所习'。世昌学文于黄溍，学书于周伯琦，与游皆名士。郑彝得暴疾，为奔走治疗，且任其后事，其笃友谊类此。"

年应复，元代理学家，曾任归安县尹，为年蟷次子。年蟷《陵阳集》即由年应复汇辑而成。

吾丘衍作《学古编序》。

崇祯《开化县志》卷九之"艺文"中载吾衍所作《学古编序》，落款为"大德四年五月二十五日，贞白居士吾衍"。

吾丘衍（1268—1311），一作吾衍，字子行，号贞白，又号竹房、竹素，别署真白居士、布衣道士，世称贞白先生。浙江开化人。元代金石学家，印学奠基人。著有《周秦石刻释音》《闲居录》《竹素山房诗集》《学古编》等。《学古编》卷一为《三十五举》，乃是我国最早研究印学理论的文章。其生卒年月记载各不同，本系采用王德毅等编《元人传记资料索引》（中华书局，1987年），及梅谷民《吾丘子行及其生平考辨》（《书法研究》，上海书画出版社，1989年第2期，第103页）

编年诗

《题李坦之诗卷》（本集卷一；《黄溍全集》，第31页）。

元成宗铁穆耳大德五年辛丑（1301）　二十五岁

时事

五月，云南土官宋隆济叛。

九月，鲜于枢在宝婺寓馆（金华）题《僧巨然画》诗。

倪瓒生。

仇远出任镇江学正。

事迹

春,黄溍举为教官。

《行状》:"大德五年,举教官。"

《神道碑》:"大德五年春,举校官,七年,举宪史,皆中其选,已而复退隐于家。"

约是年,作《寄叶审言》。

本集卷二《寄叶审言》。

忘年交吴思齐卒,黄溍作挽诗。

本集卷三《书吴善父哀辞后》。

《吴赞府挽诗三首》(本集卷二)

其 一

鹤去愁沧海,鸿飞困朔风。冥冥方独往,已已竟长终。

莫挂还乡剑,真随厌世弓。向来曾恸哭,不是为途穷。

其 二

百代龙川子,风流见外孙。余生唯白帽,旧业自青门。

浩荡期千载,苍茫哭九原。仙华云缥缈,愁绝刻舟痕。

其 三

怀古余哀思,怜君尚典刑。清谈无俗子,白发死遗经。

客社荒春汐,乡山陨夜星。夕阳邻舍笛,凄切可堪听。

编年诗

《寄叶审言》(本集卷二;《黄溍全集》,第 59 页);

《书吴善父哀辞后》(本集卷三;《黄溍全集》,第 174 页);

《吴赞府挽诗三首》(本集卷二;《黄溍全集》,第 44 页)。

元成宗铁穆耳大德六年壬寅(1302) 二十六岁

时事

二月,罢征八百媳妇右丞刘深等官。

冬十月,改浙东宣慰司为宣慰司都元帅府。

虞集以荐授大都路儒学教授,从江南赴京师任职。

鲜于枢卒。

事迹

王肖翁(傅朋)为静江教授,作《送王傅朋静江教授》诗二首送之。

《松江府判官致仕王公(肖翁)墓志铭》:"起家衢、婺二郡儒学录。大德中,升婺郡儒学正。考满,当得教授一郡,而国制教授必年艾以上始得为之。公名上天官,盖未四十也。是时,奎章阁侍书学士蜀郡虞公集与公生同岁,亦已儒学正满考,同在选中,而年皆不及格,有司以常制持之。廷臣言:虞集,雍忠肃公孙;王肖翁,鲁文定公孙,皆前代名宰相家子,且学艺不群,不得拘于常制。于是虞公得教授京畿,而公为静江教授。"(《王忠文公集》卷二十三,四库全书本,下同)

欧阳玄《圭斋文集》(四库全书本,下同)卷九《元故奎章阁侍书学士翰林侍讲学士通奉大夫虞雍公神道碑》:"大德六年,用大臣荐,授大都路儒学教授。"

《送王傅朋静江教授二首》(本集卷二)

其 一

丞相威名震百蛮,萧条异代得吾贤。

宦游忽过三湘去,家学应令四海传。

北望犬牙连上国,夜占鹑尾直中天。

炎风朔雪皆王土,未觉青春雨露偏。

其 二

碧莲峰下驻飞骖,风土遥知久自谙。

会有新书禅禹贡,坐闻旧俗化周南。

深篁尽日迷山鬼,毒草无时起瘴岚。

珍重斯文强餐饭,漫夸丹荔与黄柑。

王肖翁(1272—1336),字傅朋,金华人。大德中累迁婺州路学正,考满除静江路儒学教授。移疾归。延祐末起为南康教授,摄白鹿洞书院山长。至治初辟江西行省掾史,历知海漕万户府事、嘉兴录事。以松江府判致仕。《元诗选·癸集》存其诗二首。生平事迹见《故松江府判官致仕王公(肖翁)墓志铭》、《宋元学案补遗》卷六三、《元诗选·癸集》小传。

友张雨弃家入道。

> 本集卷一八《师友集序》："伯雨仍以壮盛时去为黄冠。"
> 虞集《道园学古录》卷四八《崇寿观碑》："张雨，吴郡人，名天雨，内名嗣真，字伯雨，别号贞居。年二十，弃家入道，遍游天台、括苍诸名山。"

编年诗

《送王傅朋静江教授二首》（本集卷二；《黄溍全集》，第 62 页）。

元成宗铁穆耳大德七年癸卯（1303）　二十七岁

时事

三月，《大元大一统志》编成，共一千三百多卷。

数学家朱世杰《四元宝鉴》成书。其在求解多元高次方程组、高阶等差级数、高次招差法，比西方早四百年左右。

四月，董士选出为江浙行省右丞。

八月，平阳、太原地震。

金履祥卒。

事迹

是年，作《上宪使书》，中选，举为宪吏。后退隐于家。

> 《行状》："七年，举宪吏，就试皆中其选，而已复退隐于家。"
> 本集卷三《上宪使书》："仆乌伤之鄙人也，郡县不见菲薄，猥以充贡。由是昧昧于一来，庶几求伸其所欲为。重惟呈身识面，昔人所耻，辄不敢踵门纳谒，以速消让。庸藉不腆之辞，致其区区于下执，伏惟少垂察焉。仆闻国之所与立者曰人才，人才之所由兴者曰风俗，而风俗之所恃以不坠者曰大人君子。古者士之仕也，上有求下之制，下无求上之法。故夫学修于家，行孚于人者，其乡之老、之大夫，若列国之诸侯，且以礼而宾送之。汉非古矣，然而州郡之所举，公府之所辟，要非有待于人之求之也。唐宋以来，士子得以投牒自试，而下之人始有求于上，觊幸之念生，趋竞之俗成矣。国家划除前弊，改试为课，以教不争。其贡士之法，即乡举里选之遗制也。立法不殊于古，而得人之效阙焉未著，岂风俗实为之与？且古者举一人而不仁者远，今也一有所举，而巧取豪夺者，不知其几人？虽有环伟杰特之彦，且逡巡引却，而羞与之比，又安能俯首葡匐，以事迂曲于其间哉？故所得非乡里之富民，则贵游之子弟

耳,盖夫睥睨而欲前也。其言以为:凡物之适于欲者,未有不求而得之,
奈何世之操予夺之柄者,亦且曰:是宜有求于我者也。然则廉耻之不
立,岂独忘身狥势者之咎耶? 伏惟明公以君子之德,居大人之位,又适
以观人风为职,其于俗化之变迁,固宜有以品调消息之,是未可以为细
故也。仆生而寒微,赖家世遗绪,不失身于农、工、商、贾之列。幼而知
书,年十五六而能属文,时之钜工宿学,皆幸而与之进,莫不玩其华而望
其实也。仆于是忽然以疑,释然以悟,尽弃俗学之陋,而务极其业于力
之所至。凡圣贤精神心术之妙,古今废兴治忽之由,固尝窃窥之,而未
始敢以为有得也。不意今兹误玷选举,俾受察于下执,是用囊书裹粮而
来,且庶乎亲承明问,以少抒其平生之素,计日俟命,不为不久,而寂焉
无闻。仿徨踯躅,欲进而不能,欲去而不敢。上之人,未闻有求于仆,而
仆方汲汲焉若有求于上者。其为滞留淹涩之状,宁不起人厌薄之心,而
重风俗之不美也哉? 仆于门下,既不得有私谒,又不容嘿嘿而遂已也。
辄敢显诵所闻于左右,若夫引而进之,抑而绝之,明公事也,非仆敢知
也。惟明公不以仆进退为嫌,而以人才风俗为念。幸甚,幸甚。"

八月二十四日,祖母徐氏卒。

　　本集卷四〇《先祖墓志铭石表记》:"生于淳祐四年八月一日,卒于
今大德七年八月二十四日,享年六十。墓在县东北崇德乡东野之原,与
先茔相望。"

危素生。

　　危素(1303—1372),字太朴,号云林,金溪(今江西金溪)人。元朝
至正元年,出任经筵检讨,负责主编宋、辽、金史,并注释《尔雅》。迁翰
林编修、太常博士、兵部员外郎、监察御史、工部侍郎、大司农丞、礼部尚
书。至正二十年(1360)拜参知政事。洪武三年(1370),谪居和州(今安
徽省含山县),守余阙庙;洪武五年(1372)正月幽恨而死,年七十。著有
《吴草庐年谱》《元海运志》《危学士集》《说学斋稿》《云林集》等。传见
《明史》卷二八五。

　　黄溍与危素深交,曾言:"我死,子其铭吾墓。"(《神道碑》)黄溍也
受危素之托为茶陵州判官许晋孙、临川李宗庆、庆元称端礼等撰墓志
铭,以及为危素之父危永吉撰写墓志铭。至正六年(1346)黄溍与危素
同为翰林国史编修。危素对于黄溍之文辞、道德甚为仰慕,《日损斋初
稿》跋:"素至京师,尽得其文而读之,爱其雅畅深密,而讨论精飘,盖及
于古矣。"黄溍卒后,受宋濂之请,危素为黄溍撰《神道碑》。

编年文

《上宪使书》(本集卷三;《黄溍全集》,第170页)。

元成宗铁穆耳大德八年甲辰(1304)　二十八岁

时事

增置国子生二百人,选宿卫大臣子孙充当。

十二月,召程钜夫为翰林学士,商议中书省事。

十二月,始定国子生,蒙古、色目、汉人三岁各贡一人。

泰不华生。

六月,王恽卒。

事迹

春三月,清明日拜胡侍郎墓。游西湖,首次拜见赵孟𫖯。作《甲辰清明日,陪诸公入南山,拜胡侍郎墓回,泛舟湖中》。

　　本集卷一〇《南山题名记》:"婺之宦学于杭者,每岁暮春,必相率之南山,展谒乡先达故宋兵部侍郎胡公(则)墓,仍即其庙食之所致祭焉。竣事,遂饮于西湖舟中,以叙州里之好。大德八年春三月癸亥,会者四十有四人。魏国赵文敏公(孟𫖯),时方以集贤直学士领儒台,溍幸获从先生长者之后,而趋走于公履屐之末。"

　　胡则(963—1039),婺州永康(浙江永康)人,字子正。少果敢有才气。宋端洪二年(989)中进士。先后知浔州、睦州、温州、福州、杭州、陈州,任尚书户部员外朗、礼部郎中、工部侍郎、兵部侍郎等职。力仁政,宽刑狱,减赋税,除弊端。明道元年(1032)江淮大旱,饿死者众,胡则上疏求免江南各地身丁钱,诏许永免衢、婺两州身丁钱。两州之民感其德,多立祠祀之。卒后葬钱塘龙井山,今永康方岩等地有胡公祠。

　　赵孟𫖯(1254—1322),字子昂,号松雪道人,又号水晶宫道人、鸥波,中年曾署孟俯。浙江吴兴(今浙江湖州)人。累官至翰林学士承旨,延祐六年(1319)请老归。著名书法家、画家、诗人。宋太祖赵匡胤十一世孙、秦王赵德芳嫡派子孙。历任集贤直学士、济南路总管府事、江浙等处儒学提举、翰林侍读学士等职。累官翰林学士承旨、荣禄大夫。至治二年(1322)卒,赠江浙中书省平章政事、魏国公,谥号文敏。著有《松雪斋集》等。《元史》卷一百七十二有传。

　　赵孟頫博学多才，能诗善文，尤以书法和绘画成就最高。在绘画上，他开创元代新画风，被称为"元人冠冕"；赵孟頫善书，尤以楷、行书著称于世。其书风遒媚秀逸，结体严整、笔法圆熟，称为"赵体"，与欧阳询、颜真卿、柳公权并称"楷书四大家"。黄溍对其作多有题跋，不吝赞赏。

《甲辰清明日，陪诸公入南山，拜胡侍郎墓回，泛舟湖中作》
（本集卷一）

> 日终甲子斗直辰，持觞远酹胡侯坟。
> 两桨趁鸥背城阘，四十有四同州人。
> 半为吴语如季真，湖穷岸出水陆分。
> 舍舟登途指嶙峋，少年健走黄犊奔。
> 或乃喝道惊春云，老翁茧足仍后尘。
> 解衣径眠草为茵，前趋一里趋庙门。
> 杖藜不得辞微辛，严祠高居绝四邻。
> 傍为一丘标石麟，升阶鞠躬羞藻蘋。
> 拜兴有相祝有文，亦或稽首称诸孙。
> 归途探幽抉荒榛，下睨尘土多虻蚊。
> 放舟催发无逡巡，胜赏莫许穷涯垠。
> 开篷列坐罗膻荤，讬名乡饮无主宾。
> 谁欤解事强讨论？欲以穷达为卑尊。
> 美人今代王右军，口吐秀句天葩芬。
> 雁行拱立何纷纷！争言我公诗绝伦。
> 庞眉被褐两山民，闭目宴坐方申申。
> 舣舟黑亭鸦噪昏，晴杨吹花洒衣巾。
> 裁诗纪实聊云云，慎勿浪传来怒嗔。

是年，始识杨载。

　　本集卷三三《杨仲弘墓志铭》："初，溍与仲弘不相识，辄以书缔文字交，凡五年，始识仲弘。"

五月二十四日，祖父黄塄卒。

　　本集卷四〇《先祖墓志铭石表记》："公仅以进纳补承节郎，而不及禄。生于嘉熙四年六月二十四日，卒于今大德八年五月二十四日，享年六十五。"

编年诗

《甲辰清明日，陪诸公入南山，拜胡侍郎墓回，泛舟湖中作》（本集卷一；《黄溍全集》，第 31 页）。

元成宗铁穆耳大德九年乙巳（1305）　二十九岁

时事

命海山母弟爱育黎拔力八达居怀州。

四月，大同路地震，坏房屋五千八百余间，死二千余人。

六月，立德寿为皇太子，十二月，皇太子德寿薨。

十月，帝不豫，皇后卜鲁罕秉政。

事迹

五月，客金陵，与仇远同游，作《发金陵，留别一二同志》《陪仇仁父登石头城》《金陵天津桥》《金陵客中送友人张秀才归里》等诗。仇远迁溧阳后作《和黄晋卿金陵见寄》。

《题真文忠公小像》："溍尝从仇仁父（仇远）先生观此卷于金陵，今二十又六年，重观于京师寓舍。抚岁月之逾迈，慨前修之渺然，景行行止，无以多言为也。"（《黄文献集》卷四）

按：黄溍于至顺元年（1330）受马祖常之荐，应奉翰林文字转国子博士，至顺二年（1331）上京。二十六年前即为大德九年（1305）。

《五月廿日金陵客舍漫书》

不拟芙蓉佩，终焉挂寂寥。百年多事始，千里一身遥。

巢燕惊华屋，羁鹰望碧霄。苍苍丛桂树，愁绝小山招。

（顾瑛《草堂雅集》，四库全书本，下同；本集卷二题为《金陵客舍漫书》）

《和黄晋卿金陵见寄》

台城为客久，书札竟寥寥。山水舟车近，风霜岁月遥。

穷猿犹择木，威凤合冲霄。曾有论文约，应须折简招。

（仇远《金渊集》卷三）

方回《桐江续集》卷三四《送仇仁近溧阳教序》曰："吾友山村居士仇君远

仁近,受溧阳州教,年五十八矣。"

编年诗

《金陵客舍漫书》(本集卷二;《黄溍全集》,第 46 页);

《发金陵,留别一二同志》(本集卷一;《黄溍全集》,第 9 页);

《陪仇仁父登石头城》(本集卷二;《黄溍全集》,第 44 页);

《金陵天津桥》(本集卷二;《黄溍全集》,第 60 页);

《金陵客中送友人(张秀才)归里》(本集卷二;《黄溍全集》,第 92 页)。

元成宗铁穆耳大德十年丙午(1306) 三十岁

时事

正月,罢江南白云宗都僧录司,僧归各寺,田悉轮租。

五月,遣高丽国王王昛还国,仍置征东行省镇抚之。

八月,晋宁、冀宁地震。又开成路地震,死五千余人。

十二月,帝有疾,禁天下屠宰四十二日。

事迹

吴之隐君子袁易卒。

袁易(1262—1306),字通甫。长洲(今江苏苏州)人。元代文学家。少敏于学,不求仕进。筑室名静春,藏书万卷,手自校定。赵孟𫖯称其与龚璛、郭麟孙为"吴中三君子"。有《静春堂诗集》四卷。黄溍曾为《袁静春杂诗》题跋,作《袁通甫(易)墓志铭》。

元成宗铁穆耳大德十一年丁未(1307) 三十一岁

时事

正月,元成宗卒,在位十三年。

三月,爱育黎拔力八达发动政变,夺取政权,自北方迎其兄海山。

五月,海山在上都即位,是为武宗。

六月,诏立爱育黎拔力八达为皇太子。杀安西王,废成宗后。进封高丽国王王昛为沈阳王。

七月,加封孔子为"大成至圣文宣王"。"大成"之名始于此。

九月，诏立尚书省，分理财用。

江浙、湖广、江西、河南、两淮等地大饥。发粟赈灾。

赵孟頫行书《灵隐大川济禅师塔铭卷》作于是年。

虞集擢国子助教。

方回、龚开卒。

事迹

是年，刘应龟卒，黄溍为其作行述，并作《山南先生挽诗》。

　　本集卷三《山南先生（刘应龟）述》云，刘应龟卒于大德十一年八月二十日。

　　本集卷一八《绣川二妙集序》："自卯岁侍先生杖屦，而知爱先生之诗。"

　　本集卷三《山南先生集后记》："溍受学先生最久且亲，诚悼其余芳溢流，无所托以被于后，乃因先生所自序《梦稿》《痴稿》《听雨留稿》者合而一之，目曰《山南先生集》。"

《山南先生挽诗》（本集卷二）

仰惊乔岳失嶙峋，千载风流可复闻？
鼎有丹砂轻县令，囊无薏苡诖将军。
芋袍岁月孤青简，石室文章闷白云。
泪尽侯芭悲独立，短衣高马只纷纷。

朱伯清卒。

　　朱伯清（1236—1307），字源之，富阳人。隐君子。本集卷三四《富阳朱君（伯清）墓志铭》有记，其孙朱天麟以父命，奉先友乡贡进士陈杞所为状向黄溍请铭。

编年诗

《山南先生挽诗》（本集卷二；《黄溍全集》，第 61 页）。

元武宗海山至大元年戊申（1308）　三十二岁

时事

正月，绍兴、台州、庆元、广德、建康、镇江六路饥，死者众多。

三月，命翰林国史院纂修顺宗、成宗实录。

五月，御史台因皇太子言，请完成国子监学工程，吴澄任国子监丞。

六月，河南、山东大饥。

夏秋之间，巩昌地震，归德暴风雨，泰安、济宁、真定大水，江浙饥荒之疫疠大作。

十月，郭畀在杭州，作《客杭日记》。

"元四家"之一王蒙生。

胡助授建康路儒学学录兼太学斋训导。柳贯迁昌国州学正。

事迹

七月二十四，灵隐悦堂禅师祖闿卒。

> 本集卷四一《灵隐悦堂禅师（祖闿）塔铭》有记，至大元年七月二十四日，灵隐四十八代悦堂禅师告寂于丈室，遗戒送终如常僧……禅师卒后，弟子捐私财造塔。

> 祖闿（1234—1308），自号阅堂，族南康周氏。

约是年作《昆仑歌寄吾子行》。

> 胡长孺《吾子行文冢铭》："初，子行年四十未娶，所知宛丘赵天锡为买酒家孤女为妾。女尝妻人，年饥弃归。母与后夫匿弗言，辄去之太末。妾为子行产子，数日死。留五年，当至大四年秋。……是生戊辰，土为宰制，土弗胜火，家绝身弃，此其骨朽渊泥九十日矣。"（《竹素山房诗集》附录，四库全书本）

> 《竹素山房诗集》附录有《吾子行挽诗》，钱良佑序云："余自至元、元贞间，客杭得交子行父。虽齿在余先，甚款密也。余往来于杭有年，间归吴门，每承以诗及书尺见寄，余犹有存者。其《过山村翁诀别》之诗，按胡汲仲先生冢铭，乃至大四年也。越三十一年，为至正，改元始，见其手迹于庐山甫家，感悼之余，为作七言一首，以附于后，亦挽之之意云。时余六十有四。"（《竹素山房诗集》附录）

> 王祎《吾邱子行传》："初，子行年四十未娶，……是生戊辰，土为宰制，土弗胜火，家绝身弃，此其骨朽渊泥九十日矣。"（《王忠文公集》卷二十三）

《昆仑歌寄吾子行》（本集卷一）

> 翠鸾啼云天四垂，花龙双双神姥归。
> 金仙忆君泪如水，昌阳落花青蕊蕊。
> 层城珠阙扬素氛，开明猰猯环九门。

義和走马不待人,鲸鱼吸海海生尘。

若有人兮怅修阻,紫玉参差老凤语。

笑挥如意教云舞,云间鹤雏生两羽。

归来归来勿磋陀,秋风吹折玗琪柯。

按:从诗文可知,黄溍与吾丘衍有交,该诗似借昆仑奴盗红绡之典故,喻吾丘衍娶酒家女,故以"昆仑歌"为题。似此女归太末(浙江龙游)后,生孩子于家,并劝吾丘衍勿出,以免受挫折。

吾丘衍纳妾事,当在四十岁时。且本集前三卷皆为黄溍未及第时作,故此诗必为本年后所作。

编年诗

《昆仑歌寄吾子行》(本集卷一;《黄溍全集》,第 29 页)。

元武宗海山至大二年己酉(1309)　三十三岁

时事

四月,益都、东平等十八处受蝗灾。

复立尚书省。

七月,河决归德府境。

九月,改名行书省为尚书省。

十月,以皇太子为尚书令,令州县正官以九年为任,又以铜钱法,并诏天下。

姚燧出任翰林承旨。张养浩任监察御史。

事迹

二月,至金陵宣城,作《陆君实传后叙》。

本集卷三《陆君实传后叙》:"仆往在金陵,客有来自番禺者,颇能道崖山事云。……姑叙客语传末,庶几传疑之义云尔。至大二年春二月,东阳布衣黄溍谨叙。"

九月,福州路总管赵执中卒,后若干年,黄溍为之作墓志铭。

本集卷三一《福州路总管,赠嘉议大夫、太府卿、上轻车都尉,追封天水郡侯,谥景惠赵公(执中)墓志铭》:"至大二年九月某日,卒于官,享年七十。"若干年后,其子赵铱谒铭以昭揭墓道。

赵执中(1240—1309),字景贤,赵州晋宁县人。追封天水郡侯。

吴良贵为镇江路学正,黄溍作《送吴良贵之京口学正》为之送别。

《送吴良贵之京口学正》

> 此行登览信奇哉,可为寻常富贵催?
> 湖上春光随马去,淮南山色过江来。
> 壮游未减西园乐,逸唱能容弟子陪。
> 白社古人今送尽,薜萝烟雨重徘徊。

京口,镇江古称。后吴良贵将赴稽山担任教官之时,黄溍为其诗集作序:"今年(1336)秋,乃闻良贵将主教于稽山,朋旧皆为诗以诵之。"(本集卷一七《送吴良贵诗序》)

郭畀《云山日记》(横山草堂刻本)卷下:"至大二年(1309)……三月初八,新任本路学正吴良贵来见。婺州浦江人也。"

编年诗

《送吴良贵之京口学正》(顾瑛《草堂雅集》卷三;《黄溍全集》,第 89 页)。

编年文

《陆君实传后叙》(本集卷三;《黄溍全集》,第 220 页)。

元武宗海山至大三年庚戌(1310)　三十四岁

时事

赵宏伟(子英)为浙东廉访使。

定税课法。

四月,曾国子生为三百人。

九月,监察史张养浩上《时政事》,指斥时弊凡十事,被罢官。

冬,赵孟頫奉诏赴京,舟中十三跋独孤本《兰亭序》。

邓文原授江浙儒学提举。

是年,高克恭、戴表元卒。

事迹

正月二十一日,寓游杭州,与儒公禅师谒松瀑真人(黄石翁)于龙翔上方,翰林邓文原适至。黄溍赋诗四韵,诸老皆属和。作《次韵答儒公上人》。寄诗与吴师道。

> 本集卷六《至大庚戌正月二十一日,予与儒公禅师谒松瀑真人于龙翔上方,翰林邓先生适至。予为赋诗四韵,诸老皆属和焉。后三十一年,是为至元辛巳正月二十三日,过伯雨尊师之贞居,无外式公、刘君衍卿不期而集,辄追用前韵,以纪一时之高会云》。

《同儒上人谒黄尊师于龙翔上方,修撰邓公适至,辄成小诗,用纪盛集》(本集卷二)

> 坐陪三老尽文雄,政尔衣冠不苟同。
> 谈笑流传成故事,画图想像见高风。
> 丹崖方与霞标峻,碧海谁能铁网空?
> 谬托下陈虚自诧,飞扬无力思何穷!

> 吴师道《吴礼部文集》(续金华丛书本,下同)卷八《至大庚戌,黄君晋卿客杭,与邓善之翰林、黄松瀑尊师、儒鲁山上人会集赋诗,今至正辛巳,晋卿提举儒学,与张伯雨尊师、高丽式上人会,再和前诗,上人至京以卷示,因写往年所和,重赋一章》。

《次韵答儒公上人》(本集卷一)

> 抱琴辞故山,落叶被四野。凄其不能声,岂曰无和者?
> 谁夸织女工?苦念嫦娥寡。请公毋多谈,呼酒觞老瓦。

> 《吴礼部文集》卷十四《赠黄伯庸序》云:"至大中,黄公可玉在杭时,友人寄余诗一卷,中有公名字。"

黄石翁,生卒年不详,字可玉,号猬叟,又号松瀑,南康人。少多疾,父母强使为道士,好学博闻,士大夫多与之游。

《吴礼部集》(续金华丛书本)卷七有《和黄晋卿客杭见寄》。

《和黄晋卿客杭见寄》

> 一从君客江城去,诗思凄凉酒盏空。
> 天末倚楼孤岫雨,春深闭户落花风。

半生正坐才名误，万里谁怜意气同。

坐忆王孙咏招隐，萋萋草色向人浓。

又

书问萧条巳半年，知君近买过湖船。

江花日暮吹红雪，店树春晴起绿烟。

客里光阴遽如许，人间歧路正茫然。

离群得似游从乐，纸贵钱塘日万篇。

又

翰林学士巴西彦，天禄儒臣汉世雄。

一笑吟边余故老，并游方外亦清风。

吴天有象星应聚，冀北成群眼已空。

十载神交未相识，卧淹幽谷恨羁穷。

邓文原（1258—1328），字善之，一字匪石，人称素履先生，祖籍四川绵阳，又因绵州古属巴西郡，人称"邓巴西"。其父早年避兵入杭，遂迁寓浙江杭州。历官江浙儒学提举、江南浙西道肃政廉访司事、集贤直学士兼国子监祭酒、翰林侍讲学士，卒谥文肃，《元史》有传。著述有《巴西文集》《内制集》《素履斋稿》等。擅行草书。传世书迹有《临急就章卷》等。

约是年在武林（杭州）遇刘汶。

本集卷二《予与刘君师鲁为文字交十有四年，而固未尝相识也。兹过武林，偶遂良觌，有喜而赋》。

刘汶，字师鲁，钱塘人。德行学问与刘濩齐名。"山中金匮得长虚"，可知黄溍对刘汶的佩服之情。

春，回金华与叶谨翁、张枢等游北山，作《金华山赠同游者三十韵》。

本集卷六《予与子长以庚戌之春癸酉之夏两至赤松。今年秋，复来，则子长已倦游，而予亦老矣》。

本集卷五《癸酉四月，同子长至赤松。子长先去，遂独宿智者之草堂。巳而，子长与正传俱来，同出灵源，诣鹿田，游三洞，远过山桥，至潜岳谒故中书舍人潘公之墓，复回智者而别》：

昔共张公子，翩翩访赤松。

重来经两纪，独去宿孤峰。

张枢（1292—1348），字子长，东阳人。曾为婺州路教授，著有《屏岩小稿》一卷。"其外祖父家藏书数万卷，枢取读，强记不忘。稍长，挥笔成章。"专意著述，长于记事。尝取三国时事，撰汉末纪传，附以魏吴载记，为《续后汉书》七十三卷。朝廷取其书，置宣文阁。又撰《春秋三传归一义》三十卷，《林下窃议》《曲江张公年谱》《敝帚编》等若干卷。并刊定《三国志》六十五卷。(《元史》卷一九九附于《隐逸·杜本传》)

按："两纪"即二十四年，故黄溍至大中游金华山时间是至大三年。《吴礼部文集》卷十六《北山游卷跋》："右《北山纪游诗》一卷，金华叶谨翁审言、乌伤黄溍晋卿、兰溪吴师道正传、东阳张枢子长、释无一之所作也。自至大庚戌距至顺癸酉，二十有四年间，凡屡游，五人者虽不必俱，而游必有作……因念始游时，审言年未四十，为最长，晋卿次之，师道与一公未三十，子长未二十也。"可推断当时叶审言三十八岁，黄溍三十四岁，吴师道二十六岁，张枢十八岁。

九月，因黄溍客杭，吴师道约游金华山不果。吴师道作诗《答黄晋卿约游金华三洞不果》(《吴礼部文集》卷四)。

《吴礼部文集》卷十二《北山后游记》："因念至大中，与晋卿约游弗果，后仅与子长来，今二十余年，而复践宿约，岂非幸欤……至顺四年五月日志。"

吴师道《答黄晋卿约游金华三洞不果》

子从金华游，寄我金华篇。金华相望半百里，嗟我欲往心茫然。
凉秋九月天，发早芙蓉前。峰回路转僧舍尽，涧水不断松声环。
玉女孤坟落叶里，杳杳白鹿鸣空山。
山空洞窟研半吐，青芝如花溜如乳。
高岩覆屋成结构，乱石迎人欲飞舞。
其余二洞更迥绝，异象殊形閟迹古。
空窗忽透中夜日，飞帘长挂青天雨。
仙家楼观何峥嵘，赤松霞气丹光横。
初平子安期生，相逢一笑应相迎。
我生胡为堕世网，回首白云空尔情。

十月十三日，宋濂生。

宋濂(1310—1381)，初名寿，字景濂，号潜溪，别号龙门子、玄真遁叟等。祖籍金华潜溪(今浙江义乌)，后迁居金华浦江。与高启、刘基并称为"明初诗文三大家",又与章溢、刘基、叶琛并称为"浙东四先生"。被明太祖朱元璋誉为"开国文臣之首"。曾受业于黄溍。洪武二年（1369），奉命主修《元史》。累官至翰林学士承旨、知制诰，时朝廷礼仪多为其制定。洪武十年（1377）以年老辞官还乡，后因长孙宋慎牵连胡惟庸案而被流放茂州，逝于夔州，年七十二。明武宗时追谥文宪，故称宋文宪。有《宋学士全集》七十五卷。

是年，孙潼发卒。

孙潼发（1243—1310），至正八年（1348）黄溍为之作《盘峰先生（孙潼发）墓表》。（详见本集卷三）

编年诗

《同儒上人谒黄尊师于龙翔上方，修撰邓公适至，辄成小诗，用纪盛集》（本集卷二；《黄溍全集》，第 64 页）；

《次韵答儒公上人》（本集卷一；《黄溍全集》，第 11 页）；

《金华山赠同游者三十韵》（本集卷一；《黄溍全集》，第 30 页）；

《杭州寄里中一二同志》（本集卷二；《黄溍全集》，第 63 页）。

元武宗海山至大四年辛亥(1311)　三十五岁

时事

正月初八，武宗崩。罢尚书省。丞相脱虎脱、三宝奴等伏诛。以云南行中书省左丞相铁木迭儿为中书右丞相，太子詹事完泽、集贤大学士李孟并为平章政事。

二月，命中书平章李孟领国子监学。

三月十八日，皇太子爱育黎拔力八达即皇位，是为仁宗。

四月，废至大银钞、通宝，仍用至元钞、中统钞。

六月十五日，刘基生。

七月，定国子生为三百人，增陪堂生二十人。

九月十四日，诏改明年为皇庆元年。

事迹

是年为秩满升迁的义乌县谕孔文榜送别，作《送孔周卿序》。

本集卷三《送孔周卿序》云："距今夫子五十四世，有名文榜字周卿者,予所识也。周卿主教吾乌伤,三年矣,当以秩满升(去),(吾)乌伤之士,莫不华其行而惜其去。"

苏伯衡《故元吴江儒学教授孔公墓志铭》:"比冠,名已起矣。杭为宋故都,向之宿儒遗老犹有存者,乃以至大间辞亲出游。若紫阳方公回、淮阴龚公开、南阳仇公远、句章戴表元、永康胡公长孺,公遍游其门,而见闻益充,造诣益深,诸公亦喜为之延誉,名闻于一时。时省宪二府若大明高公昉、东平王公侯争引拔之。未及授官,丁迪功府君忧,未除,丁太夫人忧,服除,署义乌县学教谕。"(《苏平仲文集》卷十二,四库全书本,下同)

据苏伯衡所撰《孔公墓铭》,孔文栖(1276—1323),字周卿,温州平阳人。以荐署义乌县学教谕、池州路学正,仕至吴江教授。(崇祯《义乌县志》卷之九"人物表")

据贡师泰《金华黄先生文集·序》云,"其初稿三卷,则未第时作,监察御史临川危素所编次"。

作《寄仇仁父先生》。

《寄仇仁父先生》(本集卷二)

一官十载尚沉沦,门巷萧萧白屋贫。
自有陶公为社友,从呼杜老作诗人。
儿曹故复轻前辈,俊步谁当出后尘?
招隐诗成无处寄,暮云凝碧坐愁神。

按:本集卷二《寄伊仁父先生》为入仕前所作,故"一官十载",指黄溍于大德五年(1301)举教官,至今已十年。

牟巇卒,黄溍作《大卿牟公挽诗》。

本集卷二《隆山牟先生文集序》云:"惟大理公仕宋季,与溍之曾大父太常府君(梦炎)同为郎于吏部,溍生也后,犹及拜公床下,而辱赠以言。"

本集卷二《大卿牟公挽诗》。

是年,师石一鳌卒。

详见本集卷三〇《石先生墓表》。

《黄文献集》卷十《蒋君(明龙)墓碣铭》:"溍弱冠时,及石先生之门。"

本集卷三七《饶州路儒学教授许君(熹)墓志铭》:"予幸获执弟子礼于石公,与君为同门,知君最深。"

吾丘衍卒。

编年诗

《大卿牟公挽诗》二首(本集卷二;《黄溍全集》,第 65 页)。

编年文

《送孔周卿序》(本集卷三;《黄溍全集》,第 224 页)。

元仁宗爱育黎拔力八达皇庆元年壬子(1312)　三十六岁

时事

正月,升翰林国史院秩从一品。

二月,徙周宣王石鼓于国子监。诏勉励学校。擢监丞吴澄为司业。

六月,敕李孟博选中外才学之士任职翰林。

十二月,中书平章政事李孟致仕,以枢密副使张珪为中书平章政事。

阎复卒。

事迹

在湖州拜见赵孟頫。十月二十九日,赵孟頫为黄溍《日损斋初稿》作序。

　　本集卷三末赵孟頫跋云:"东阳黄君晋卿博学而善属文,示予文稿。读之使人不能去手,其用意深切而立言雅健,杂之古书中未易辨也。予爱之敬之,适有以吉日、癸巳石鼓二周刻见遗者,欣然曰:'是可与晋卿之文并观者邪?'皇庆元年(1312)十月廿九日赵孟頫书。"(四部丛刊本,卷三,第二十七页)

　　据任道斌《赵孟頫系年》,赵孟頫于"皇庆元年请假归","五月十三日,孟頫被旨许过家","八月六日钦奉制书,告于吴兴郡公墓下","十二月甲子,立石于郡公墓侧",可知两人会面、作跋应在赵孟頫回湖州谒告上冢之际。

吴师道作《寄黄晋卿二首》。

《寄黄晋卿二首》

其　一

绣湖有客今奇才,豫章千丈翻风雷。

读书羞坐广文馆,骑马欲上黄金台。

石头城边访遗迹,长吟不换公卿檄。

故山丛桂唤君归,十年被褐无人识。

我游东城诵佳句,风雨深春绿阴暮。

孤舟落日竟空回,去燕来鸿不相遇。

文章落落俗子嗔,贾生谪去扬雄贫。

一时暂作失意士,千载同是非常人。

相逢车盖不用倾,与君异县情已亲。

卜邻未遂三轮去,日夜怅望东南云。

其 二

故人别我今何适?书来尚作吴兴客。

天目云愁百里阴,太湖浪激三州白。

孤城渺莽云浪底,高秋怅望川途隔。

周南太史终岁滞,洛阳年少何人惜?

似闻幕府招延君,法律应须早致身。

腐儒白首遭笑骂,游戏聊复惊庸人。

客中得士佳有余,新诗满幅来起予。

人生可乐在知己,素心不为食有鱼。

青枫叶赤炤野水,飞帆翠盖何时倚?

念我孤吟五断肠,闭门寂寞秋风里。

（《吴礼部文集》卷四）

吴师道诗作于 1312 年,诗文对黄溍举教官、游金陵、弃宪吏均有描绘,诗云"故人别我今何适? 书来尚作吴兴客"。黄溍时客湖州。"故山丛桂唤君归,十年被褐无人识"的"十年被褐"表明黄溍隐读乡里已十年,在举宪吏之后很短时间内即弃之而去。

元仁宗爱育黎拔力八达皇庆二年癸丑(1313) 三十七岁

时事

二月,命张珪纲领国子学。

六月十五日,京师地震。建崇文阁于国子监。程颢、程颐、朱熹、司马光、张栻、吕祖谦及许衡从祀孔庙。

是年,敬俨(字威卿)继任为浙东廉访使。王祯《农书》问世。

十月，中书省奏开科举。规定经学用程朱传注，蒙古人、色目人与汉人、南人分别命题。集贤殿修撰虞集建言整顿学校。

十一月，诏行科举。

是年，姚燧、郝天挺卒。

事迹

作《长兴州东岳行宫碑》。

> 本集卷三〇《长兴州东岳行宫碑》："经始于皇庆元年之十二月，而告成于明年之三月。"

约是年，张雨随王寿衍入京，与黄溍识。

> 刘基《句曲外史张伯雨墓志铭》："明年（癸丑）开元宫土真人入觐京师，引外史自副。时清江范德机方教授左卫，以能诗播于朝。外史造范，范适出。有诗集在几上，外史辄取笔书其后，为诗四韵。守者见则大怒，趋白范，范惊曰：'吾闻若人不得见，今来，天畀我友也。'即自诣外史，结交而去，由是外史名震京城。一时贤士大夫若浦城杨仲宏、四明袁伯长、蜀郡虞伯生皆争与之友，愿留之京师。"（《珊瑚木难》卷五，四库全书本，下同）

> 《元史》卷九一《隐逸传下》："开元观王寿衍偕之入都，玺书赐驿传，欲官之，自誓不更出。往来华阳云石间，作黄箓楼，储古图史甚富，世称句曲外史。至正间卒于开元宫斋舍。雨风裁凝峻，赵孟頫一见异之，授以李北海书法。范椁以诗与雨交，由是名震京师。袁易、马祖常、杨载、揭傒斯、黄溍皆争与友。雨师事虞集，又为杨维桢所推重。"

> 明徐象梅《两浙名贤录》卷四四云："张天雨，字伯雨，钱塘人，……与吴兴赵孟頫、浦城杨载、蜀郡虞集、豫章揭傒斯、清江范椁、金华黄溍交甚善。"

吴森卒。

> 吴森卒后黄溍为其作碑铭。（本集卷二九《吴府君（森）碑铭》）

编年文

作《长兴州东岳行宫碑》（本集卷三〇；《黄溍全集》，第405页）。

元仁宗爱育黎拔力八达延祐元年甲寅(1314)　三十八岁

时事

正月二十二日,诏改皇庆三年为延祐元年。

二月,以侍御史赵世延为中书参知政事。三月,命赵世延领国子学。

十一月,诏检核浙西、江东、江西田税。

十二月,诏定官员士庶衣服车舆制度。

是年,揭傒斯授翰林国史编修。

虞集等建言修辽、宋、金史,而不行。

是年,朱右、贝琼、陶宗仪生。

事迹

充贡乡闱,作《太极赋》,名置前列。学者传诵之,誉称"黄太极"。监试官为佟伯起、考试官为许师敬、贡奎、李洧孙、徐明善。

《行状》:"延祐元年,贡举之法行,县大夫又强起先生充贡乡闱。时古赋以《太极》命题,场中作者,往往不脱陈言,独先生词致渊永,绰然有古风,特真前列。"

《黄文献公文集》卷三《太极赋》:"厥初冯翼以菩闇兮,维玄黄其孰分?爰揭揭予中立兮,配天地以为人。襄既学而有志兮,纷皇皇其求索。曰道不可名兮,孰无征而有获?繄皇羲之神圣兮,感龙马之负图。得妙契于俯仰兮,何有画而无书?岂至道之玄远兮,非名言之可摹?懿尼丘之降神兮,廓人文以宣朗。揭日月于中天兮,启群昏之罔象。指道妙于难名兮,曰以一而生两。是谓太极兮,非虚无与惚恍。高下以位兮,天尊地卑。燥湿以类兮,五行顺施。南乾北坤兮,西坎东离。万物错综兮,殊钜细与妍媸。孰主张是兮,兹一本之所为?历两都而江左兮,胡乱说之纷靡。岂清言之弗美兮,去道远而违?先哲之独诣兮,重指掌于无极。揭座右以为图兮,开盲聋于千亿。谓斯道之匪他兮,在夫人而曰诚。凡善恶犹阴阳兮,兹吉凶之所生。嗟奇论之后出兮,穴墙垣为户牖。析同异于一言兮,或曰无而曰有。犹终不可使薰兮,垩终不可使黝。道惟辨而愈明兮,贻话言于不朽。昔圣门之多贤兮,缤入室而升堂。端木氏之颖悟兮,仅有睹其文章。虽亚圣之挺生兮,犹叹其前后之无方。畴敢索无声于窅默兮,孰能求无形于渺茫?惟下学而上达兮,炳圣谟之洋洋。诸生之贸贸兮,方钩深而摘隐。探赐也之所未闻兮,夸神奇而捷敏。持空言如系影兮,曾不满乎一哂。曰予未有知兮,何太极之敢言?秉思诚之遗训兮,矢颠沛而弗谖。庶反观而有得兮,明万里之一原。申诵言以自诏兮,聊抒意于斯文。"

陈旅《次韵黄晋卿与张伯雨道士、高丽式上人会于杭州开元宫》:"晋卿以《太极赋》领乡荐,学者传诵,时因称之为'黄太极'也。"(《安雅堂集》卷二,四库全书本,下同)

俞希鲁《郭天锡文集序》云"延祐甲寅之秋,科举肇行……时宪使佟公伯起实监试梓闱中"。

韩性《薇山先生虞公墓志铭》云"延祐甲寅初行科举,左丞许公(师敬,字敬臣,许衡第四子)董试江浙"。(洪武《无锡县志》卷四下,四库全书本)

按:黄溍《邓公神道碑》,"仁宗即位,诏以科目取士,江浙行中书省檄公(邓文原)考延祐元年乡举";《隆山牟先生文集序》言,此年牟应龙"应聘出持江浙文衡";据《三场文选》所录考官批语,知此年考官尚有刘志善。

牟应龙(1247—1324),字伯成,号隆山,湖州人。牟巘子,宋咸淳七年(1271)进士,授光州定城尉。元初不仕,后以家贫,出教授溧阳,以上元县主簿致仕。

本集卷一九《贡侍郎文集序》:"延祐初元,故内翰贡文靖公较艺江浙乡闱,溍以非才误蒙荐送,忝缀末科。"

贡师泰《玩斋集》(四库全书本,下同)卷六《黄学士文集序》:"先生领延祐甲寅乡荐,先文靖公实为考官,于师泰有契家之好。其后,同居史馆,又同侍经筵,交谊尤笃。"

文靖公即贡奎。《新元史》卷二百一十一有传。贡奎(1269—1329),字仲章,号云林,宣城人,贡师泰之父。以文学池州齐山书院山长,历太常奉礼郎、翰林应奉,大德九年(1205)迁翰林国史院编修官,至大元年(1308),转应奉翰林文字,预修《成宗实录》,延祐初,迁江西等处儒学提举,此一时期,赴江浙担任乡试考官。此后,黄溍与贡奎之子贡师泰有同僚之谊。

本集卷一八《霁峰文集序》:"延祐初,朝廷设科取士,溍以非材,叨预荐书,先生实预秉文衡。"

本集卷三三《霁峰李先生墓志铭》:"延祐元年(1314),以选为江浙同考试官……溍以先生较文乡闱之岁,忝备荐送。"

李浦孙(1243—1329),字甫山,号霁峰,宁海人。宋咸淳九年(1274)进士,元初家居二十余年,大德二年(1298)达官强起而致之京师,因作《大都赋》以进,馆阁诸公交荐之,授杭州路学教授,延祐元年

(1314)选为江浙同考试官,至治三年(1323)以黄岩州判官致仕。

徐明善(1250—?),字志友,号芳谷,德兴(今属江西)人。至元二十六年(1289)礼部侍郎李思衍出使安南,归后任龙兴路儒学教授,后入湖北宪使幕,迁江西儒学提举。延祐元年(1314)科举考试,徐明善即是当时江浙乡试主司。黄溍则是从弃卷中录取的。黄溍曾作《谢乡试主司徐照磨启》(本集卷一九)。

《太极赋》选入《青云梯》卷上及刘贞等编纂《新刊类编力举三场文选·古赋》庚集卷一。

秋,与吴师道夜宿佑圣观,与柳贯同聚于杭州。

吴师道《吴礼部诗话》(知不足斋本)云:"甲寅秋,与黄晋卿夜宿杭佑圣观。房墙外,有古柏一株,月光隔树,玲珑晃耀。晋卿曰:'此可赋诗。'后阅《默成潘公集》有一诗云:'圆月隔高树,举问何以名。镜悬宝丝网,灯晃云母屏。'序称因见日未出木表,光景清异,与诸弟约赋,夜梦人告以何不用下二句,乃知此夕发兴与潘公不殊。"

《吴礼部文集》卷七有《客杭九日别柳道传、黄晋卿,出饮江头陈氏楼,客杂甚》。

《客杭九日别柳道传、黄晋卿,出饮江头陈氏楼,客杂甚》

黄菊开时酒价廉,晚声沙市簇青帘。
不堪衣袂犹为客,偶上楼头试卷帘。
良友相逢还易别,老兵对饮且无嫌。
西风放棹龙山去,何必疏狂脱帽檐。

按:是年贡举法行,黄溍至杭乡试。据徐永明《元代至明初婺州作家群研究·吴师道年谱》推测是年吴师道也为乡试来杭。黄、吴、柳三人同聚杭州。

七月二日,江浙行中书省左右司都事刘济卒。

本集卷三一《江浙行中书省左右司都事刘君(济)墓志铭》有记,刘济曾任婺州路司狱,黄溍作为婺州人,多有交往,对他时任狱官之事最为熟悉,故刘济之子刘汝珪来请记。(《黄溍全集》,第437页)

刘济(1260—1314),字仲源,河间肃宁(今河北肃宁人)。曾任婺州路司狱,为官期间断案公允。

是年陈基生。

陈基(1314—1370),字敬初,临海人。至顺二年(1331)受业于黄溍。至正中官经筵检讨。后参与陈士诚军事,授内史,迁学士院学士。明初,召修元史,工诗文书法。黄溍有《陈生诗》等诗赠之,至正七年(1347)随黄溍一同北上。

编年文

《太极赋》(《黄文献集》卷三;《黄溍全集》,第108页)。

元仁宗爱育黎拔力八达延祐二年乙卯(1315)　三十九岁

时事

正月,诏遣宣抚使分十二道问民疾苦。

三月七日,廷试进士,赐都护沓儿、张起岩、黄溍等五十六人及第、出身有差。蒙古人、色目人为右榜,汉人、南人为左榜。增国子生一百名。

五月,龙兴、奉元等十八路饥。

元明善任礼部尚书。

事迹

在京师,拜谒程钜夫、李孟、赵孟頫。与周应极、周伯琦父子游。

本集卷七《程楚公小像赞》:"延祐纪元之初,溍举进士至京师,因拜公于安贞里第"。

本集卷三八《秋江黄君(一清)墓志铭》:"初,李韩公(李孟)以中书平章政事知贡举,某用门生礼,拜公里第。"

李孟(1255—1321),字道复,号秋谷,潞州上党(今山西长治)人。博学强记,通贯古今,选为太子师傅,对仁宗影响很深。为推行科举重开产生了较大作用。(本集卷二三《元故翰林学士承旨中书平章政事赠旧学同德翊戴辅治功臣太保仪同三司上柱国追封魏国公谥文忠李(孟)公行状》)

《庚子销夏记》(四库全书本,下同)卷二黄溍《跋赵魏公书嵇中散〈绝交书〉》云:"予以延祐二年领荐上春官,拜公于京邸,时犹为侍读学士。至顺二年见叶公于中丞马公座,皆以文字相推爱。今二公亡矣,鄙陋无闻,有加于昔。友人王行成出此相示,追感畴昔,谨识如此。"

本集卷一八《致用斋诗集序》:"始予举进士至京师,辱游伯温父子间,时尊公以次对居集贤,伯温日侍左右。"

周伯琦(1298—1369),字伯温,号玉雪坡,饶州鄱阳(今江西鄱阳)人。入国学为上舍生,以父荫补南海主簿,累迁为翰林修撰。至正十四年(1354)起任江东肃政廉访使。至正二十四年(1364)以南台侍御史致仕。善书法。著有《六书正伪》《说文字原》及诗文《近光》《扈从》。《元史》卷一百八十七有传。伯琦父名应极,仕元历翰林、集贤两院待制,出同知池州路总管府事。

三月七日,参加元代首次会试,元明善首充考试官,及廷试,又为读卷官。以黄溍言语激烈,缀之末第,奉上旨,赐同进士出身。

本集卷一八《致用斋诗集序》:"予不久亦调补而去,未暇以文字相叩去也。"

《行状》:"二年,上春官,复在选中,及奉大对,惓惓以用真儒、行仁义为言,辞甚剀切,读卷者以其颇涉于激,缀之末第,奉上旨,赐同进士出身。"

三月十三日,中进士,授将侍郎、台州路宁海县丞。

本集卷一九《谢乡试主司徐照磨启》:"三月十三日,蒙恩赐同进士出身者,只命以还。"

《行状》:"奉上旨,赐同进士出身。主选吏以为白身补官,散阶当下二等,上命特与对品阶,授将仕郎、台州路宁海县丞。"黄溍为延祐首科进士,成为元代江南仕宦成功的儒士代表人物。其受到前朝遗老"绝无仕进意"之影响,但又有着修身、齐家、治国、平天下之远大抱负。

陈元英《送黄先生归乌伤后序》:"既领乡荐,上春官,对策于大庭,在济南张君梦臣榜,赐同进士出身。"(《黄文献集》卷十附录)

按:同年进士:张起岩、干文传、曹敏中、王弁、马祖常、马之骥、赵篔翁、丁文苑、欧阳玄、杨载、张士元、许晋孙、许有壬、冯福可、杨宗瑞、刘彭寿、王沂、李芳斋、李伯强、杨景行、张翔、护都答儿、偰哲笃。

张起岩,见至元二十二年(1285)系年。

干文传(1276—1353)字寿道,号仁里,晚号止斋。吴县(今属江苏)人。苏州及金坛两县学教谕,迁饶州慈湖书院山长。延祐二年(1315)登进士第,授昌国州同知,累迁长州、乌程两县尹,升婺源、吴江两知州。至正三年(1343)奉诏预修《宋史》,五年书成,授集贤待制,寻以嘉议大夫、礼部尚书致仕。至正十三年(1353),黄溍作《干氏赠封阴碑》。生平事迹见本集卷二七《嘉议大夫礼部尚书致仕干公神道碑》及《元史》卷一八五。

曹敏中(1265—1334),字子讷,龙游(今浙江龙游)人。本集卷三三有《承德郎中兴路石首县尹曹公墓志铭》。

王弁，字君冕，长安人。任鲁齐书院山长，本集卷四有《送王君冕归长安》，本集卷六有《题王君冕同年芳润亭》。

马祖常（1279—1338），字伯庸，色目人。详见至顺元年（1330）系年。

马之骥（表字），本集卷五有《送马之骥同年》。

赵篑翁，字继清，闻喜（今山西运城）人，寓山阳。许有壬有《送同年赵继清赴潮州推官》。黄溍曾作《书赵继清诗集后》（《黄文献集》卷四）。

丁文苑（1284—1330），字文苑，本集卷六有《丁文苑同年哀词后》。

欧阳玄（1283—1357），字原功，号圭斋，浏阳（今湖南）人。危素作有《圭斋先生欧阳公行状》。

杨载（1271—1323），字仲宏，钱塘（今浙江杭州）人。至治四年（1324），黄溍为其撰墓志铭（本集卷三三），作有《怀杨仲弘》（本集卷二）。

张士元（1266—1329），字弘道，山阴（今浙江绍兴）人。本集卷三三有《张宏道墓志铭》。

许晋孙（1288—1332），字伯昭，建昌（今江西南城）人。本集卷三三有《茶陵州判官许君墓志铭》。

许有壬（1287—1346），字可用，汤阴（今属河南）人。《元史》有《许有壬传》。

冯福可，字景仲，醴陵（今属湖南）人。见许有壬《京师送冯景仲赴江西儒学提举》。

刘彭寿（1273—1336），字寿翁，衡山（今属湖南）人。欧阳玄作有《眉阳刘公墓志铭》。

王沂，字师鲁，真定（今属河北）人。马祖常作有《监黄池税务王君墓碣》。历官临淮县尹、国史院编修、翰林待制，累官礼部尚书，修宋辽金三史。著有《伊滨集》二十四卷，传见《元书》卷八九。

李芳斋，许有壬作有《和同年李芳斋县尹韵》。

李伯强，官云南行省都事。许有壬作有《登岳祠正阳楼用同年李伯强留题韵》。

杨景行（1277—1347），字贤可，太和（今属安徽）人。欧阳玄《圭斋文集》中有《西昌杨公墓碑铭》。

张翔，字雄飞，河西（今属甘肃）人。许有壬作有《张雄飞诗集序》。

护都答儿，见《元史·选举制》。

偰哲笃（？—1358），字世南，畏兀氏，历任高邮县尹，授中奉大夫，广东道肃政廉访司事，江浙等处行中书省参知政事，由太常转为西台监察御史,迁任南台监察御史,江西行省右丞,升任工部尚书,曾参与《辽史》的编撰,担任《辽史》编写提调官。黄溍为其作有墓志铭,详见本集卷三九《魏郡夫人伟吾氏墓志铭》。

赐第后作《阙下口号》《赐第后归谒郡府承为置宴口号》等诗。

《阙下口号》

遹骏先猷在作人,忝陪多士奉明纶。
端闱乍启清光近,胪句高传茂典新。
奎璧照临回景运,风雷鼓舞契昌辰。
不才何以酬天造,徒咏菁莪乐至仁。

《赐第后归谒郡府承为置宴口号》

拜赐才沾雨露香,又惊盛典出黄堂。
鸣驺合遝迁千骑,坐席雍容累百觞。
他日同乡修故事,不才终古被余光。
承宣得意逢明牧,诸彦能无共激扬。

回婺州与陈樵会,作《次韵答陈君采兼简一二同志》七首。

《次韵答陈君采兼简一二同志》

其 一

温诏欣初睹,峨冠盖共缨。如何沧海上?独看白云生。
灯火三千楼,冰霜五百程。谁须富车骑?终古陋桓荣。

其 二

忆昔双溪上,相逢暮雨时。交游倾意气,谈笑挹丰仪。
草草中年别,寥寥大雅诗。受材知有分,丰啬竟谁司。

其 三

不谓飘零日,求贤网四张。胡然卑小技,乃尔阅孤芳。
宝唾非无色,江鸿讵有行。散材何所以,徒愧饰青黄。

其 四

十载西州客,论交着处新。时时谈述作,一一望光尘。
淡月银河晓,暄风玉树春。幸令窥髣髴,防薄尚何伸?

其 五

默守知存道,清言不废儒。身方同木石,名已在江湖。
此士须前席,何人属后车?唯应耕钓者,缥缈识霞裾。

其 六

尚想南归始,簪花出禁围。尘沙迷故步,桃李借余辉。
有日酬天造,终身返布衣。风流成二老,巾屦傥相依。

其 七

亦有贞居子,难忘太古情。诗筒来绝响,茗碗出新烹。
磊落单传意,萧条异代名。无为念离别,惆怅不能平。

陈樵有诗《黄晋卿见过,却归乌伤》六首。

《黄晋卿见过,却归乌伤》

其 一

日下新传诏,江南共濯缨。岁中升进士,海内右诸生。
经术谋王体,词章作世程。不才岩石下,回首望光荣。

其 二

古训畴咨日,文明阐化时。君为万家县,谁定一王仪。
名下看佳士,人间见旧诗。岂无清切地?州县有程期。

其 三

月里丹葩远,人间杏艳张。天官行故事,风雅蔼余芳。
左被亲承诏,端门出缀行。眼明茅屋下,犹见赐衣黄。

其 四

江雨间行人,江干雨又新。今朝下垂榻,几日望行尘。
冰雪莺迁树,江湖雁得春。非君被轩鉴,怀抱欲何伸。

其 五

旧业推门地,声名出礼闱。平生著风则,长世有光辉。
官序须清绩,台衡起白衣,谈经无复日,为别更依依。

其 六

花竹穷清玩,山池属素情。荷衣随楚制,芹子入南烹。
已作归屠钓,终期变姓名。惟应一丘壑,垂白向升平。

（陈樵《鹿皮子集》卷二,四库全书本,下同）

陈樵(1278—1365),字君采,婺州东阳(今浙江东阳)人。自号鹿皮子,师事李直方,习《易》《诗》《书》和《春秋》。精思四十年,一生隐居,不赴征召,专意著述,长于说经,与黄溍友善。著有《鹿皮子集》。

赴台州路宁海上任。陈樵作《送黄晋卿之任》赠之。此首与《黄晋卿见过却归乌伤》六首,共七首诗作,后黄溍以作《次韵答陈君采兼简一二同志》七首和之。

《送黄晋卿之任》

陇蜀衣冠尽,中都鲁一儒。明时用文章,荣秩映江湖。
为治须三尺,起家只五车。天台山水地,尚可曳长裾。

(陈樵《鹿皮子集》卷二)

作《初至宁海二首》。

《初至宁海二首》

其 一

地至东南尽,城孤邑屡迁。行山云作路,累石海为田。
蜃炭村村白,榎林树树圆。桃源名更美,何处有神仙?

其 二

缥缈蛟龙宅,风雷隔杳冥。人家多面水,岛屿若浮萍。
煮海盐烟黑,淘沙铁气腥。停骖方问俗,渔唱起前汀。

按:元代官员赴任程限最远亦不得超过五十日,违限百日以上即作缺任处理,故黄溍至宁海为是年。

拜见台州路黄岩州判官李洧孙。

本集卷三三《霁峰李先生墓志铭》:"筮仕之始,适在先生所居邑,而获以礼见。"

五月五日,天童坦禅师妙坦卒,黄溍为之作序。

本集卷四一《天童坦禅师(妙坦)塔铭》有记,禅师卒后,弟子请大比丘径山陵公为之作状,以授文属黄溍序而铭之。

妙坦(1245—1315),婺州浦江(今浙江浦江)人。

是年,为王积翁祠堂作碑铭。

本集卷八《故参知政事行中书省事国信使赠荣禄大夫平章政事上

柱国追封闽国公谥忠愍王公（积翁）祠堂碑铭》："皇庆元年（1312）春三月，诏加赠公荣禄大夫、平章政事、上柱国，追封闽国公，改谥忠愍。"夫人叶氏构堂肖公像而祠。在堂成后岁那年，夫人命子王都中来向黄溍征文。

王积翁（1236—1291），字良存，福建长溪人。至元二十一年（1284），以国信使出使日本，七月至日本境，对马岛使船发生哗变遇害。

作《谒先圣祝文》。

详见本集卷二三《谒先圣祝文》。

编年诗

《阙下口号》《赐第后归谒郡府承为置宴口号》（本集卷五；《黄溍全集》，第 66 页）；

《次韵答陈君采兼简一二同志》（本集卷五；《黄溍全集》，第 47 页）；

《初至宁海二首》（本集卷五；《黄溍全集》，第 47 页）。

编年文

《故参知政事行中书省事国信使赠荣禄大夫平章政事上柱国追封闽国公谥忠愍王公（积翁）祠堂碑铭》（本集卷八；《黄溍全集》，第 409—412 页）；

《谒先圣祝文》（本集卷二三；《黄溍全集》，第 112 页）。

元仁宗爱育黎拔力八达延祐三年丙辰（1316）　四十岁

时事

正月，汉阳路饥。

七月，赵孟頫擢翰林学士承旨，荣禄大夫制诰兼修国史，用一品。

十月，河南路地震。甘州、肃州等路饥。

十二月，仁宗立子硕德八剌为皇太子。

是年，科学家郭守敬卒。

朱丹溪赴东阳八华山，师事许谦，受朱熹之学。

事迹

任台州路宁海县丞。

作《郡厅宴集之明日乡先生复为置酒重述口号》。

《郡厅宴集之明日乡先生复为置酒重述口号》(本集卷五)

> 去年此日宴琼林,雨露光华映古今。
> 称庆谬承宾礼重,徼荣弥觉主恩深。
> 少须天诏从容至,坐看宫花取次簪。
> 千载斯文寄来哲,可应外物累初心。

登宁海石台。

本集卷一五《石台纪游诗序》,序云:"予佐县之明年,始合耆俊之士登斯台,抉别蔽翳,求昔人之遗刻,既漫灭不可识,唯庆元诸老题咏故在,徘徊久之。……阜高远近,物之不齐者也。夫苟无累乎物,斯异方而同得者也。"

九月九日,观《题〈脱靴〉〈返棹〉二图》并跋。

本集卷二一《题〈脱靴〉〈返棹〉二图》云:"二图作于宝祐丙辰,后六十年为今延祐丙辰,公之孙溧水教授君(牟应龙)更购善工,缩图为小卷,以便观者。且俾其门生黄溍识焉,实是岁之九月九日也。"

寡欲,独榻于外。

《墓志铭》:"先生位至法从,萧然不异布衣时,又寡嗜欲,年四十即独榻于外,给侍左右者,两黄头而已。"

陈遘为台州录事判官,黄溍与其同僚。

详见本集卷三八《江浙行中书省左右司员外郎致仕陈君(遘)墓志铭》。

陈遘(1296—1344),字谨之。陈孚子。弱冠补台州录事判官,迁常州路知事。至元元年(1335)起为庆元路知事,擢江浙儒学副提举,以浙省员外郎致仕。

编年诗

《郡厅宴集之明日乡先生复为置酒重述口号》(本集卷五;《黄溍全集》,第66页)。

编年文

《题〈脱靴〉〈返棹〉二图》(本集卷二一;《黄溍全集》,第187页)。

元仁宗爱育黎拔力八达延祐四年丁巳(1317)　四十一岁

时事

四月,翰林学士承旨忽都鲁都儿迷失等译《大学衍义》以进,得帝嘉许。

六月,罢右丞相铁木达儿。

十月,邓文原升翰林待制兼国史院编修官,在大都赵孟頫寓舍与子俊等同观五字不损本《兰亭序》。

十一月,复浚扬州运河。

马祖常以监察御史出使河西。

事迹

任台州路宁海县丞。

五月十三日,戴良生。

> 戴良(1317—1383),字叔能,号九灵山人,又号云林先生、嚚嚚生,婺州浦江(今浙江浦江)人,曾先后受业于黄溍、柳贯、吴莱。至正十八年(1358),朱元璋取金华,用为学正。至正二十一年(1361),以荐授中顺大夫、淮南江北等处行中书省儒学提举。洪武元年(1368),隐居鄞县。洪武十五年(1382),徵至京师,以老病辞,忤旨待罪。明年,卒于寓馆。著有《九灵山房集》二十卷。《明史》卷二八五有传。

识宋进士陈大有和夏洪参。陈大有欲参加乡试,黄溍止之,其不听。

> 本集卷一八《夏生文稿序》:"予筮仕宁海之岁,属当大比,凡充赋者,八十有五人,惟夏君洪参年最少。其年之最高者,曰陈先生大有。先生宋咸淳乙丑(1265)进士,入国朝,尝以将仕佐郎教授处州,春秋七十有四矣。予止先生毋行,先生不听,遂上其名于郡府。俄有专使,持省檄起先生为考官,先生又不就,卒就试有司。已而,与夏君俱不合,先生既归老越溪上,夏君亦弃举子业,而肆其力于古文。"

元仁宗爱育黎拔力八达延祐五年戊午(1318)　四十二岁

时事

二月,令书《维摩经》,给金三千两。三月,又给金九百两、银百五十两书金字《藏经》。

三月初七,元廷试进士,忽都达儿、霍希贤等五十人及第、出身有差。

婺州建天宁寺正殿。

十一月,曲出提议,刊行唐陆淳著《春秋纂例》《辨疑》《微旨》三书,帝从之。

是年,宋濂九岁,义乌贾思逮以女许之。

虞集出任翰林待制。

是年,程钜夫、郑思肖、徐一夔卒。释宗泐生。

事迹

任台州路宁海县丞。

元仁宗爱育黎拔力八达延祐六年己未(1319) 四十三岁

时事

正月,广东南思、新州瑶人郎庚等起义。

四月,赵孟頫夫人疾作,谒告归吴兴。

六月,大同雨雹。济宁路大水。

八月,赵孟頫书行书《洛神赋》。

十二月,封宋儒周敦颐为道国公。

元宫廷开设画局。

元廷命各盐场设盐运官一员。

是年,赵汸、曾鲁、释来复生。

是年,柳贯任国子助教,阶将仕佐郎。

事迹

任台州路宁海县丞。

三月,作《石台纪游诗序》。

明崇祯五年刊本《宁海县志》卷之十"艺文志序"有记:"延祐六年三月朔日书。"

作《记徐仓部遗事序》。

《全元文》卷九四二录《记徐仓部遗事序》:"延祐六年甲子仲夏撰。"(宣统《武义县志》卷一〇)

编年文

《石台纪游诗序》(本集卷一五;《黄溍全集》,第 225 页;《宁海县志》卷之十"艺文志序");

《记徐仓部遗事序》(《全元文》卷九四二;宣统《武义县志》卷十;《黄溍全集》,第 278 页)

元仁宗爱育黎拔力八达延祐七年庚申(1320)　四十四岁

时事

正月二十一日,仁宗崩,年三十六。

三月十一日,皇太子硕德八剌即位,是为英宗。

七月,杨载跋赵孟頫《临黄庭经》。

十月四日,柳贯跋赵孟頫重画牟巘《题〈脱靴〉〈返棹〉二图》。

十一月,柳贯以国子助教分教北都,作《上京纪行诗》一卷。

十一月二十三日,龚璛为友人袁易《静春堂诗集》作序。

十二月初二,下诏改元,以明年为至治元年。

是年,吴师道与吴莱同行北上。

画家李衎卒。

江浙乡试,策题为《问吴越闽厚伦成俗之义》。

事迹

任台州路宁海县丞。

秋,任乡试考官,遇高骧及同郡王申伯。

> 本集卷一八《云蓬集序》:"延祐庚申秋,予忝预校文乡闱得一人焉,曰高君骧。"

> 本集卷二二《书王申伯诗卷后》:"延祐庚申秋,予忝预校文乡闱,会申伯繇闽闿白事中书行署,相与握手道旧故。"

> 本集卷三三《张宏道(士元)墓志铭》:"予与宏道同对大廷,同校文江西,又同校文江浙。"

元英宗硕德八剌至治元年辛酉(1321)　四十五岁

时事

正月一日,至治改元。帝欲元夕张灯宫中,张养浩以《谏灯山疏》谏止,遂罢之。

三月初七,元廷试进士泰不华、宋本赐及第、出身有差,泰不华登状元之第。吴师道等进士第,授高邮县丞。

柳贯升国子博士,转任仕郎。

陈绎曾书《静春先生诗集后续》。

李孟卒,年六十七。

张士诚生。

事迹

迁任两浙都转运盐铁使司石堰西场监运。吴师道作《寄黄晋卿》。

《洞门黄氏宗谱》卷二《文献公历授散官始末》:"至治元年二月祗受敕牒,迁充前职。"

《行状》:"仅逾再期,会有诏改盐法,江浙行中书省承制迁两浙都转运盐铁使司石堰西场监运。事闻,命仍旧阶,居其职。"

约是年,跋《仰山寺碑》。

本集卷二二《仰山寺碑》:"虚谷禅师重建仰山寺成,广平程公既为勒铭山门,今双林一溪如与,师之上首弟子木岩植,复用杜征南岘山故事,以吴兴赵公所书别本,刻置师舍利塔之左。"

据《玉泉寺志》卷二《禅宗志》:"常陵字虚谷,先住仰山,后住杭州市径山。"唐代,仰山寺被敕名栖隐禅寺;宋代,又奉敕改名为太平兴国寺。元初,名僧希陵禅师曾重建仰山寺,元仁宗令大臣程钜夫撰文、赵孟頫书丹,刊立《重建大仰山太平兴国禅寺碑》,碑入《三希堂法帖》。法帖起首为"大元敕赐袁州路大仰山重建太平兴国禅寺碑。翰林学士承旨荣禄大夫知制诰同修国史臣程钜夫奉敕撰",落款为"集贤侍读学士正奉大夫臣赵孟頫书并篆额"。

《松雪斋集·仰山栖隐寺满禅师道行碑奉敕撰》载:"皇庆元年,……谋立石以记师行业,且彰天子宠锡之渥。"皇庆元年为1312年,此为"吴兴赵公"赵孟頫59岁时所书。(任道斌,《赵孟頫系年》,河南人民出版社,1980年,第154页)

据明吴门华山寺沙门明河撰《补续高僧传》(二十六卷)载:"木岩植禅师,婺人也。得法于虚谷陵公。三坐道场,皆有语录。王忠文公祎为之序曰:'当宋之季年,宗门耆宿相继沦谢。钦公独毅然自任以斯道重。得其传者,是为虚谷陵公。公遭逢圣时,蒙被帝眷,其道尤为光显。而其上首弟子,则吾木岩植禅师是已。师之入其室也,非唯参决其心要,而且兼传其文印。故其为道,无所不同于公焉。初,师出世于宁之西峰,既至袁之仰山,而今迁居杭之慧云。门人集其三会所说,日用动作之语,用故事次第而录之。谓师之道,虽不专任乎言语之间,而因其言语之所及,亦可以知其道之所存也。窃观师之言,机锋峻峭,诚足以启学人之略解,至其敷演之切、告戒之严,则所谓教律律者其道亦不外是焉。夫何近时禅学之弊,其徒唯口耳之是务,袭取昔人之言语。迭相师用,诬己而罔人,脱略方便,颠倒真实,而莫之或省,然则于一大事,果何相与乎? 学者于师之言语,苟能以荃蹄视之? 庶几目击而道存矣! 陵公与师,皆予同里人。予生也后,不及登公之门,而于师幸有游从之雅,姑述渊源之所自。以序其语录焉。'夫忠文公,文章勋业,表率一时,为开国第一流人。即一字一言,将取信天下后世,岂妄许可人者? 而独私乡曲耶? 吾是以知木岩之人之德,定大有可观当于忠文。故忠文虽欲避乡曲,不言木庵,不可得也。惜其行迹泯没,姑拈序略代小传,以见木岩云。"

黄溍门生王祎作《木岩禅师语录序》。(《王忠文公集》卷六)

门生傅藻生。

傅藻(1321—1392),字伯长,号国章。义乌人。历任翰林编修、监察御史、东宫文学、武昌知府、河南廉访使。曾受业于黄溍。

编年文

跋《仰山寺碑》(本集卷二二;《黄溍全集》,第 200 页)。

元英宗硕德八剌至治二年壬戌(1322)   四十六岁

时事

正月,方凤卒,年八十二。

三月,吴师道与友人游金华北山。

四月一日,车驾幸上都。

六月,赵孟頫卒,年六十九。杨载为赵孟頫作《行状》。

元明善卒，年五十四岁。虞集作墓志铭并篆额。

十二月，以集贤大学士张珪为中书平章政事。

事迹

在石堰，与张光祖相交甚密。

本集卷三五《亚中大夫同知湖州路总管府事张公（光祖）墓志铭》："始公督运清泉，予亦备有员石堰，休暇辄相过从，以相劳苦。"

张光祖（1285—1346），字载熙，晋宁路霍州霍邑县（今山西霍州）人。"在官五年，涉钜海至及京师者四，所转漕米以石计者总若干万，竣事者皆有宴犒锡赉，宠数殊渥。"

黄溍属以职事走鄞江上，陈尧道携子陈克让来为黄溍婿。

本集卷三九《外姑夫人李氏墓志铭》："至治二年春二月，外姑夫人李氏寝疾革，溍属以职事走鄞江上，法不得为私亲去。"

本集卷二一《跋景传新店弯诗》："盖予以督运吏居鄞时，景传携其子克让来为予婿。"新店弯在诸暨东北三十里。鄞县为庆元路治所。

陈尧道（1262—1324），字景传，号山堂，义乌人。月泉吟社第八名，署名倪梓（《月泉吟社诗》）。黄溍辑其与傅景文诗，纂为《绣川二妙集》。（《黄文献公文集》卷四《跋景传遗文》）

与高继忠相见于鄞县，作《送高承之诗序》。

本集卷一七《送高承之诗序》："顷予与承之相见鄞江上，闻承之将出游于京师王公贵人，诚为之知己，则高氏之衣冠蝉联奕叶，当复自承之始，岂直保其气泽、续其风声而已？"

高继忠，字承之。

与董复礼相识于鄞县，与之游。

本集卷四〇《董秉彝（复礼）墓碣铭》："始予识秉彝鄞江上，秉彝方妙年，论议亹亹，庶几能以古人自任者。由是数与之游，别去仅三岁，而复求秉彝于鄞，则秉彝死矣。"

董复礼（1294—1326），字秉彝，奉化（今浙江奉化）人。家贫嗜书，衣服败絮无以御寒，拥纸被挟册坐终日。读书至半夜，劳累成疾卒。黄溍在墓碣铭中用了三次"呜呼！悲夫"，痛其英年早逝。

同年曹敏中任定海县尹。

本集卷三三《承德郎中兴路石首县尹曹公（敏中）墓志铭》："溍亦以非才忝预末缀，及筮仕，皆在海滨州县，壤地相接，而溍去公治境尤密

迹,数因事过公,获奉笑言。"(《黄溍全集》,第 477 页)

十一月,为外姑夫人李氏作墓志铭。

> 本集卷三九《外姑夫人李氏墓志铭》:"(至治二年)其月乙丑,夫人
> 疾竟不起,外舅王公,自东阳以卜至鄞。"黄溍为之作墓志铭。

门生王祎生。

> 王祎(1322—1374),字子充,义乌人。建文元年(1399)赠翰林学
> 士,谥文节。正统间改谥忠文。《明史》卷二八九有《王祎传》,《明文衡》
> 卷六十二有郑济撰《行状》。

编年文

《送高承之诗序》(本集卷一七;《黄溍全集》,第 253 页);

《外姑夫人李氏墓志铭》(本集卷三九;《黄溍全集》580 页)。

元英宗硕德八剌至治三年癸亥(1323) 四十七岁

时事

正月,帝采拜住言以赵居信为翰林学士承旨,吴澄为学士。

二月,《大元通制》颁行天下。

八月初四,车驾南还,驻跸南坡。是夕,御史大夫铁失、前平章政事赤斤
铁木儿杀丞相拜住,弑帝,时英宗年二十一。

九月初四,也孙铁木儿即皇位,是为泰定帝。

十二月,下诏改元,以明年为泰定元年。

是年,杨载卒,年五十三岁。释明本卒,年六十一。

事迹

任石堰盐场监运。曾至钱塘与高骧相见。

> 本集卷一八《云蓬集序》:"延祐庚申(1320)秋,予忝预校文乡闱,得
> 一人焉曰高君骧。……后三年,识君于钱塘。"

七月,跋赵孟𫖯《嵇中散绝交书》。

> 《跋赵魏公书嵇中散〈绝交书〉》:"魏公书《嵇中散〈绝交书〉》,自题
> 云:'十年前,尝为仲长书此。因失去后二纸,延祐六年,再为补之。'按
> 前十年,至大元年也。公以大德元年知汾州,三年,除江浙儒学提举。

至大二年,为泰州尹。以题语考之,正提举儒学时书也。延祐六年十一月,谒告归吴兴,而后二纸,实补于将归时。仲长,叶裔字也。裔与公同学厚善。为济州经历,以忧解归。延祐六年,还朝,与公邂逅,书此。……至治三年七月跋。"(《庚子销夏记》卷二)

作《鄞县义役记》。

见本集卷一〇《鄞县义役记》。

作《送曹顺甫序》。

本集卷一六有序云:"曹君顺甫,与予居同郡,且同举教官。……会予以督运吏书满,归自海壖,顺甫谓予:幸以一言识其别。于是,距予与顺甫同举时,二十又三年矣。"

按:黄溍于大德五年(1301)举教官。

八月二十一日,管军下百户孙正文卒。

本集卷三五《管军下百户、赠敦武校尉孙君(正文)墓志铭》有记,其子孙毅之外舅深州刘公是黄溍父执,故刘公之子刘贞为之求铭其墓。

十二月二十六日,亚中大夫、汉阳知府卢克治卒。

本集卷三一《亚中大夫、汉阳知府致仕卢公(克治)墓志铭》有记,至治三年十二月二十六日,以疾卒,得寿七十四。其子卢恂以行实来向黄溍征铭。(《黄溍全集》,第440—441页)

卢克治(1250—1323),字仲敬,范阳(今属河北)人。卢氏为范阳望族。

约是年,观钱塘吴君所辑《法书类要》(二十五卷),并为之作序。

本集卷一六《法书类要序》:"予年十七八时,尝得所谓《书苑菁华》者,穷昼夜而观之……后三十年,乃获观钱塘吴君所辑《法书类要》,其多至于二十五卷,书之为法,备矣尽矣。"

胡长孺卒,作《祭永康胡先生文》。

本集卷二三《祭永康胡先生文》。

胡长孺(1249—1323),字汲仲,婺州永康(今浙江永康)人,号石塘。官至宁海县主簿。明丰坊《书诀》评其书:"师钟元常,得其骨力。小楷临力命表、宣示表、忧虞帖。"《书林藻鉴》云:"正书学钟繇,刚劲骨立。"

门生朱廉生。

朱廉(1323—?),字伯清,义乌人。幼力学,从黄溍学古文。严州李文忠,延为钓台书院山长。洪武初召修《元史》,寻征修日历,除翰林编修。洪武八年(1375)扈驾中都,进诗十章,太祖称善,为和六章赐之。迁楚府右长史。取《朱子语类》,摘其精义,编《理学纂言》。黄溍卒后,朱廉曾为之作《黄文献公墓铭》。(《赤岸丹溪朱氏宗谱》卷之十六;详见崇祯《义乌县志》卷之十二"人物传")

编年文

跋赵孟𫖯《嵇中散绝交书》(《庚子销夏记》卷二;《黄溍全集》,第219—220页);

《鄞县义役记》(本集卷十;《黄溍全集》,第313页);

《送曹顺甫序》(本集卷一六;《黄溍全集》,第237页);

《〈法书类要〉序》(本集卷一六;《黄溍全集》,第235页);

《祭永康胡先生文》(本集卷二三;《黄溍全集》,第118页)。

元泰定帝也孙铁木儿泰定元年甲子(1324)　四十八岁

时事

正月,孔涛题赵孟𫖯《临黄庭经卷》。

二月,左臣赵简请开经筵及择师傅,令太子及诸王大臣子孙受学,命张珪、吴澄、邓文原等以《帝范》《资治通鉴》《贞观政要》等书进讲。

三月十二日,元廷试进士八剌、张益等八十四人,赐及第、出身有差。

七月,河间、泾州、扬州等路旱。

十月,封亲王图帖睦尔为怀王。云南车里蛮起义。

十二月,命翰林国史院修纂英宗、显宗实录。

事迹

三月,改为从仕郎、绍兴路诸暨州判官。

《行状》:"阅四载,以功超一资,升从仕郎、绍兴路诸暨州判官。"

《洞门黄氏宗谱》卷二《文献公历授散官始末》记载,"至治三年十二月二十六日,类选部注绍兴路诸暨判官,散官任从仕郎。泰定元年三月廿六日,奏准前职,三任从仕郎、绍兴路诸暨判官。泰定元年四月,祗受牒迁充"。距至治元年受任已四年。

六月八日,跋赵孟𫖯楷书《洛神赋》。

《珊瑚网》（四库全书本，下同）卷八《跋魏公楷书〈洛神赋〉》："赵公用意楷法，穷极精密，故其出而为行草，纵横曲折，无不妙契古人。不善学者，下笔辄务为倾侧之势，而未尝窥其用意处，是以愈工而愈不及也，此赋笔法尤森严，学书家宜守为律令，仲长尚宝藏之。泰定元年六月八日，金华黄溍书。"亦见《式古堂书画汇考》（四库全书本，下同）书卷之十六。又见《六艺之一录》（四库全书本，下同）卷三百五十四。

八月二十六日，跋马远《三教图》。

《珊瑚网》卷二九《跋马远〈三教图〉》。

马远（1140—1225），字遥父，号钦山，原籍河中（今山西永济），后寓钱塘（今浙江杭州）。出身绘画世家，南宋光宗、宁宗时画院待诏。擅画山水、人物、花鸟，喜作边角小景，世称"马一角"。与李唐、刘松年、夏圭并称"南宋四家"。存世作品有《踏歌图》《水图》《梅石溪凫图》《西园雅集图》等。

按：《三教图》为马远所作，画"老子、释迦牟尼、孔子"三人。周密《齐东野语》中有《三教图赞》："理宗朝，有待诏马远画《三教图》。黄面老子则跏趺中坐，犹龙翁伛立于傍，吾夫子乃作礼于前。"

九月二十一日，处州路儒学教授王则之卒。

本集卷三四有黄溍所作《处州路儒学教授致仕王君（则之）墓志铭》。

王则之（1252—1324），字则之，处州（今浙江丽水）人。

是年，至钱塘吊"元诗四大家"之一的杨载，为其作墓志铭。

本集卷三三《杨仲弘（载）墓志铭》有记，杨载卒于至治三年（1323）八月十五日，明年，黄溍往哭，女婿蒋堂代八岁孤杨选之请黄溍为之作铭曰："吴兴赵公在翰林，尤爱重之，亟称其为文，由是仲弘名益闻诸公间。盖仲弘于书无所不读，而其文，益以气为主，毫端亹亹，纵横钜细，无不如其意之所欲出。譬如长风怒帆，一瞬千里，至于碕岸之萦折，舷歌柁侧，亦未始有所留碍也。凡所撰著，未及诠次以行，而人多传诵之。溍尝评其文博而敏，直而不肆，仲弘亦谓溍曰：子之文气有未充者也，然已密矣。溍每叹服其言，今已矣，无与共论斯事矣。"黄溍曾作《怀杨仲弘》。

《怀杨仲弘》（本集卷二）

离别惊如雨，磋跎愧后尘。只今才有数，多尔术能神。
玉唾春风湿，烟霄碧树新。谬惭推吏事，吾敢望平津？

胡助赴京师礼部选,黄溍作《送胡古愚,兼简道传博士》送行。

《送胡古愚,兼简道传博士》(本集卷五)

坐拥皋比十载余,忽闻飞鹢上公车。
此行未可轻投笔,随处犹须小曳裾。
灯火尚惭余事在,云霄转觉故人疏,
为言留滞今头白,无用诸公荐子虚。

胡助(1278—1355),字古愚,一字履信,号纯白道人。婺州东阳(今浙江东阳)人。始举茂才为教官,除建康路儒学录,历美化书院山长,温州路儒学教授,入为翰林编修,累迁太常博士。至正五年(1345)致仕归。著有《纯白斋类稿》。

道传,柳贯字也,时柳贯在京任太常博士。

十月,松阳县惠洽巡检司岳自修以书来,作《松阳县惠洽巡检司记》。

本集卷九《松阳县惠洽巡检司记》:"至治二年(1322)冬十月,君寔来。明年秋某月,始买地作新廨,为屋以间数者若干,……又明年冬十有二月,功以讫告。"

岳自修,字德敏,宋太师鄂忠武王五世诸孙,今为宜兴人。

冬,作《平江西虹桥记》。。

本集卷九《平江西虹桥记》:"泰定元年冬十有二月庚午,平江阊门外新作虹桥成……乃伐石,俾溍执笔,书其凡而刻焉。"

冬,作《济南高氏先茔碑铭》。

本集卷二八《济南高氏先茔碑铭》:"泰定元年冬,济南高公以亚中大夫、镇江路总管致仕,品第三,有司援典故以闻,被旨追赠二代,信乎其德厚流光者矣。"

作《送陈生归天台》。

《送陈生归天台》(选录)(本集卷四)

蹉跎垂四纪,回首皆梦幻。朋侪诸俊贤,存殁亦相半。
殁者归山丘,存者风雨散。惟余贞居翁,共吃残年饭。

按:每纪12年,四纪即48年。友张雨、宋濂皆有诗韵和之。

作《婺州路密印院记》。

> 本集卷一三《婺州路密印院记》:"起延祐元年(1314)春,阅十寒暑,大殿以成。"

是年,陈尧道卒。

> 本集卷二一《跋景传新店弯诗》:"景传十八年间,凡三题诗。顷予忝佐是州,以故事谒郡府,道过其处,览最后所题岁月,盖予以督连吏居鄞时,景传携其子克让来为予婿,尝寓宿于此也。追计之,已六年,而景传与予永诀者,亦四年。"

> 景传,陈尧道也。黄溍之女适其子陈克让。至治二年(1322)春,黄溍属以职事走鄞江上。

> 本集卷一八《绣川二妙集序》评其诗:"景传(尧道)之诗,涵肆彬蔚,如奇葩珍木,洪纤高下,杂植于名园,终日玩之而不厌也。"

是年,牟应龙卒,黄溍作《隆山牟先生挽章》。

> 本集卷五《隆山牟先生挽章》。

编年诗

《送胡古愚兼简道传博士》(本集卷五;《黄溍全集》,第 70 页);
《隆山牟先生挽章》(本集卷五;《黄溍全集》,第 53 页);
《送陈生归天台》(本集卷四;《黄溍全集》,第 24 页)。

编年文

《跋魏公楷书〈洛神赋〉》(《珊瑚网》卷八;《黄溍全集》,第 218—219 页);
《跋马远〈三教图〉》(《珊瑚网》卷二九;《黄溍全集》第 219 页);
《杨仲弘(载)墓志铭》(本集卷三三;《黄溍全集》,第 475 页);
《松阳县惠洽巡检司记》(本集卷九;《黄溍全集》,第 295 页);
《平江西虹桥记》(本集卷九;《黄溍全集》,第 297 页);
《济南高氏先茔碑铭》(本集卷二八;《黄溍全集》,第 715 页);
《婺州路密印院记》(本集卷一三;《黄溍全集》,第 353 页)。

元泰定帝也孙铁木儿泰定二年乙丑(1325) 四十九岁

时事

正月,巩昌、延安、英德、梅州等地饥荒。

二月,颁道经于天下名山宫观。

五月,瑶民起义。

七月,罢书金字《藏经》。虞集题《饮中八仙》。

郭畀书《无为居士正法眼藏铭》。

九月初一,分天下为十八道,遣使宣抚。

是年冬,牟应龙卒后虞集为之撰墓志。

事迹

任绍兴路诸暨州判官。

> 本集卷四〇《方君(泽)墓碣》:"予为诸暨州判官之二年,州人方君卒,后一年,予受代去。……致和戊辰,五月庚寅。君卒之日,后父九旬。"

宋无作《送金华黄晋卿之诸暨判官》赠之。

《送金华黄晋卿之诸暨判官》

> 夫子今衡鉴,斯文属在兹。擅场年鼎盛,抱业器环奇。
>
> 鹗荐崭头角,莺迁奋羽仪。词源倾渤澥,笔阵偃蛟螭。
>
> 太极钩深赋,先儒射策辞。秋闱前决胜,春榜后名驰。
>
> 激切波澜立,镌镵物象危。光芒牛斗宿,标格凤凰池。
>
> 袍色宫花称,才华制草宜。马骄曾杏苑,舻唱果丹墀。
>
> 王事勤州佐,官联逼郡麾。谈经犹宝地,视篆必瓜期。
>
> 渐觉要章宠,徐看利泽施。治应黄霸最,民定邵棠思。
>
> 郢雪聆高调,邾云喜近披。晚陪灵运屐,早访董生帷。
>
> 梓匠宁辞斲?樗材忝辱知。尘凡劳点化,传玩指瑕疵。
>
> 我自哀王粲,伊谁说项斯。碧山招未隐,白发病相欺。
>
> 岁晏空江急,风回落木悲。雨来孤枕夜,梦别故人时。
>
> 留滞飘蓬梗,攀援折桂技。愿言多善政,尚得播声诗。
>
> (《元诗选初集》戊集《子虚翠寒集》,四库全书本)

宋无(1260—1340),字子虚,又字晞颜,号翠寒道人,江苏苏州人。工诗,善墨梅。有《墨梅寄因上人》诗二首。

友张枢(子长)有书请记,作《金华县福春院记》。

> 本集卷一三《金华县福春院记》:"经始于大德之四年,而卒事于泰定之二年,总其费若干,一出于起。"

在诸暨识张复,为其母作《张君妻赵氏墓表》。

> 本集卷三〇《张君妻赵氏墓表》:"溍为诸暨州判官之明年,得一士,曰张复。"

作《诸暨州乡贡进士题名记》。

> 本集卷一〇《诸暨州乡贡进士题名记》:"溍佐诸暨之明年,州人士有同升于春官,而旅进于天子之廷者,其凋补而归也,学正陈继龙既合乡荐之士为题名,而虚其左以竢,且属溍记之。"

> 陈继龙,诸暨州学正。

作《吴府君(森)碑铭》。

> 本集卷二九《吴府君(森)碑铭》:"泰定元年,嘉兴吴君汉杰以所居官品第七,用著令得请于朝,追赠其显考府君承事郎、温州路同知瑞安州事,仍封其母陈氏、妻陶氏皆宜人。厥明年,汉杰用举者以本官署五品职,⋯⋯爰以四明黄向之状来谒文,溍惟府君之里居、世绪、年寿、卒葬,列于吴兴赵公所为志。"

> 吴森(1260—1313),字君茂。至元间,以征东中行书省右丞范公文虎荐,任管军千户。吴汉杰为其第三子。

作《衢州路大中祥符寺记》。

> 本集卷一一《衢州路大中祥符寺记》:"泰定乙丑(1325),义山远来主兹寺,慨焉以兴复为己任,因前人所作三门大殿,⋯⋯当有纪述,用昭帝力之所被,永永无极,伻来属溍书之。"

作《瑞云观记》。

> 本集卷一四有记:"泰定二年,乃告乞功,而观以成。"

是年,为福州闽县冯华作墓志铭。

> 《文献集》卷八下《冯君(华)墓志铭》:"闽冯君既卒且葬二十又五年,其子庭玉始以书来曰:先人之葬久矣,而冢上之石,未知所刻,若有俟也。吾子不以庭玉之不肖,而辱与之交,失今弗图,惧寝远或坠阙,以重不孝之罪。敢奉状以请,惟矜而畀之铭。"

> 冯华(1241—1300),字君重,福州闽县人。少力学,工为文。

编年文

《金华县福春院记》(本集卷一三;《黄溍全集》,第 351 页);
《张君妻赵氏墓表》(本集卷三〇;《黄溍全集》,第 728 页);

《诸暨州乡贡进士题名记》(本集卷一〇;《黄溍全集》,第 316 页);

《吴府君(森)碑铭》(本集卷二九;《黄溍全集》,第 631 页);

《衢州路大中祥符寺记》(本集卷一一;《黄溍全集》,第 330 页);

《瑞云观记》(本集卷一四;《黄溍全集》,第 366 页);

《冯君(华)墓志铭》(《文献集》卷八下;《黄溍全集》,第 582 页)。

元泰定帝也孙铁木儿泰定三年丙寅(1326)　五十岁

时事

正月,征前翰林学士吴澄,不起。

三月,帝以不雨自责,命审决重囚。考试国子生。

十二月,召江浙右丞赵简为集贤大学士,领经筵事。

龚璛作行书《跋袁易钱塘杂诗卷》。

金华闻人梦吉中举。柳贯出任江西等处儒学提举。

仇远卒,年八十六。

事迹

任绍兴路诸暨州判官。

申屠性(彦德)来诸暨求学。

> 苏伯衡《申屠先生诗集序》:"延祐间,故侍讲黄公筮仕于其州,遂委己事焉。侍讲文词为世楷模,然刚中少容,从之游者,鲜克当其意,而独器重君,悉授以心法,他从游不得者,君尽得之。而君又能因侍讲之言,以治经之余力,力追古之作者,于是君之诗与年日进,沛然莫御,而其声光勃然而起,炳然而不可遏,时之名能诗者风斯下矣。秘乡达兼善、外史张伯雨至,谓侍讲之有君也,犹吾祖文忠公之有黄山谷、陈后山,其取重缙绅间如此。"(《苏平仲集》卷五)

送胡一中、杨维桢北上春试,作《送胡允文杨廉夫应荐北上》《送王景文应荐北上》。

> 本集卷五《送胡允文、杨廉夫应荐北上》《送王景文应荐北上》。
>
> 胡一中,字允文,诸暨人。泰定四年(1327)进士,授绍兴路录事,转邵武录。著《定正洪范》二卷。

秋,为江西乡试考官。作《江西乡试南人策问》。

> 据元刘仁初辑《新刊类编历举三场文选》(元至正元年余氏勤德堂

刻本)壬集对策第五卷所载,江西乡试策"问《周官》之制",核其文字,经义类第五卷江西乡试第二名刘性,有"黄初考批:诗义理既明畅,辞亦粹洁。发明民之质矣一句,亦他卷所未及"。当即黄溍于泰定三年(1326)校文江西时之批语。

九月五日,董复礼卒,作《董秉彝(复礼)墓碣铭》。

本集卷四《董秉彝(复礼)墓碣铭》,董君卒后,其友汪敏德以书来谒铭。

十一月二日,诸暨胡渭卒。

本集卷三二《胡景吕先生墓志铭》云,胡君以泰定三年(1326)十一月二日卒,年八十有二。其孙胡链踌门以求铭,黄溍曾祖黄梦炎与胡渭之父胡果均为宋淳祐十年(1250)进士,胡渭与刘应龟又曾同在太学,故黄溍知先生事迹。

胡渭(1245—1326),字景吕,诸暨人。隐居乡里,致力于学,有《鸡肋集》若干卷。

作《武康县达观院兴造》。

本集卷一一《武康县达观院兴造》:"以泰定丙寅,撤三门而新之。"

作《诸暨州碣庙祝文》。

本集卷二三《诸暨州碣庙祝文五首·先圣》:"溍忝县诸生与闻有政,请事斯语,以对越夫子在天之灵。"

约是年,作《婺州路净胜院庄田记》。

本集卷一三《婺州路净胜院庄田记》:"是虽无所于考,然自治平赐额,迄今已二百六十余年矣。"治平年间为1064—1067年。

约是年,朱伯清之孙朱天麟以父命,奉黄溍友陈杞之状,请文为铭,作《富阳朱君(伯清)墓志铭》。

本集卷三四《富阳朱君(伯清)墓志铭》:"君卒于大德十一年十二月某日,年七十有二。配吴氏,先若干年卒。泰定某年某月某日,合葬于所居南三里马鞍山之阳。子男二人:长曰文韶,使来请铭者也;次曰应申,已卒。孙男四人:天骥、天骐、天鹏、天麟。"

朱伯清(1236—1307),字源之,杭州富阳人,宋太学生。元初李官中书右丞,数遣使迎之,卒谢弗往。

约是年,作《诸暨州劝农文》。

本集卷二〇《诸暨州劝农文》:"比以受任之初,延登耆年,询以风土,咸谓是州地产素薄,兼之襟山带湖,旱涝相半,仍岁凶歉,民多阻饥。"

约是年,作《寄朱十八丈判官》。

本集卷二《寄朱十八丈判官》:"金榜凄凉已十年,风流文采故依然。"杨维桢亦有《送费梦臣北上并简十八丈》。

编年诗

《送胡允文、杨廉夫应荐北上》(本集卷五;《黄溍全集》,第71页);

《送王景文应荐北上》(本集卷五;《黄溍全集》,第71页);

《寄朱十八丈判官》(本集卷二;《黄溍全集》,第57页)。

编年文

《董秉彝(复礼)墓碣铭》(本集卷四〇;《黄溍全集》,第597页);

《武康县达观院兴造》(本集卷一一;《黄溍全集》,第331页);

《诸暨州碣庙祝文》(本集卷二二;《黄溍全集》,第112页);

《婺州路净胜院庄田记》(本集卷一三;《黄溍全集》,第350页);

《江西乡试南人策问》(本集卷二〇;《黄溍全集》,第138页);

《富阳朱君(伯清)墓志铭》(本集卷三四;《黄溍全集》,第491页);

《诸暨州劝农文》(本集卷二〇;《黄溍全集》,第117页)。

元泰定帝也孙铁木儿泰定四年丁卯(1327)　五十一岁

时事

正月,广东曾城县朱光卿起义,称大金国,建元赤符。

三月初七,元廷试进士阿察赤等八十五人,赐进士及第、出身有差。胡一中、杨维桢、萨都剌、张以宁进士第。

四月,禁汉人、南人习蒙古色目文字。

郭畀题龚开《天马图》,作《云山图》。

邓文原题倪瓒书法《倪宽赞》。

干文传跋袁易《钱塘杂诗卷》。

袁桷卒。

事迹

任诸暨州判官。

在诸暨，遇同门学长蒋朋龙。二月十六日，蒋氏卒。为之作《蒋君（朋龙）墓志铭》。

> 本集卷三四《蒋君（朋龙）墓志铭》："溍弱冠时，及石先生之门，闻先生当宋景定、咸淳间，执弟子礼者恒以百数……先生殁十有六年，而溍为诸暨州判官，始识蒋君陶朱山中，扣其师友之渊源，则执弟子礼于先生者也。君不以辈行自高，言必称同门，若尝与游、与居者焉。会有诏赐高年帛，郡檄溍奉以从事，溍方踵君之门，而君已死。"

> 蒋朋龙（1247—1327），字飞卿，与黄溍同师事于石一鳌。

三月九日，王应麟之子王昌世卒。

> 据本集卷三一《前承务郎王公（昌世）墓志铭》：王昌世卒于泰定四年（1327）三月九日，享年六十有一。公之葬，以天历元年（1328）十二月九日，其子王厚孙附持行状请黄溍作铭。

> 王昌世（1268—1327），字昭甫，号静学。明州庆元（今浙江宁波）人。以恩补承务郎，未及禄而宋亡。从父修学，经史百家靡不究悉。尤精于《易》。辞荐守节，敬身事亲。考订其父遗著，有《静学稿》二十卷。

九月，慈溪黄叔英卒。

> 据本集卷三三《黄彦实（叔英）墓志铭》，黄叔英在世时曾对黄溍言："今天下文章钜工，知我者惟伯长，伯长（袁桷）必先我死，我死，子其铭我。"

> 黄叔英（1273—1327），字彦实，慈溪（今浙江慈溪）人。黄震子。历官晋陵、宣城、芜湖教谕，又为采石、和靖书院山长。长于经史百家，为文意气奔放，而归于道。其居曰戆庵，人称"戆庵先生"。有《戆庵暇笔》三卷，《诗文杂著》二十卷。

十一月八日，跋《宋崇国公墓志铭》。

> 本集卷二一《跋崇国公墓志铭》："翰林学士郑居中撰，知淮阳军米芾书。今题曰元章真迹者，世知宝爱其书而已。夫以公胄系之贵，爵秩之尊，子孙又众多，且光显若是，而今无称焉。独赖此书为好事者所存，传而不废，故其官阀、世序犹可考见。呜呼！士君子所恃以不朽者，书云乎哉！泰定四年十一月八日，金华黄溍识。"（《铁网珊瑚》卷四，四库全书本）

过云楼旧藏《宋宗室持节随州诸军事、随州刺史、充随州管内观察使、上柱国、天水郡开国公，食邑六千一百户、实封一千四百户，赠开府仪同三司，追封崇国公，再赠司空，谥孝恭墓志铭》。郑居中撰，米芾行楷书，署云："承议郎、权知淮阳军、管勾学事兼管内劝农使、飞骑尉、赐绯鱼袋、借紫臣米芾并题盖。"今题盖已无存。据墓志知，崇国公名世恬，系宋太祖玄孙，燕王德昭曾孙，书中"玄"书作"元"，是避所谓宋太祖名讳而改。世恬名见《宋史》卷二一八"宗室世系表"第四"燕王房"。志中云："崇宁元年五月十一日，以疾终于睦亲第，享年六十"，"大观元年三月廿九日葬于河南府永安县。"按大观元年为1107年，米氏年五十七，即于是年去世，官终知淮阳军，与《海岳墓志》所云正合，系其最晚之笔。（徐邦达，《米芾〈宋崇国公墓志铭〉卷》，《故宫博物院院刊》，1993年03期）

据明代张丑《清河书画舫》卷九下："伯起又藏米南宫晚年书宗室《崇国公墓志铭》……后有袁桷、邓文原、黄溍、柳贯、揭徯、叶盛、吴宽七跋，是广省参政刘公钦谟故物也。"朱存理《铁网珊瑚》亦有载。

是年，杨维桢赴天台任县尹，黄溍作《送杨廉夫天台县尹》。

《送杨廉夫天台县尹》

十载韬藏席上珍，烂然锦制一时新。
羽人笑指云为路，山鬼愁闻笔有神。
遥想到官多暇日，不妨领客试行春。
石桥瀑布逢佳句，取次飞笺莫厌频。

据宋濂撰《元故奉训大夫江西等处儒学提举杨君墓志铭》，泰定三年（1326），杨维桢以试《春秋》经举江浙乡试，第二年赴春官，赐二甲进士及第，授承事郎、天台县尹兼劝农事。

是年，作《杭州路龙山净明寺记》。

本集卷一一《杭州路龙山净明寺记》："泰定四年某月某甲子，落成之日也。师之同业兴教律师道明，以书来曰：净明废兴之巅末，粗见于郡乘；而瑞之经营寺事，未之有述也；幸为文以记之。"

是年前，浦江陈堂受业于黄溍。

宋濂《亡友陈宅之（堂）墓志铭》："初，濂读书浦阳江上，宅之侍其舅吴征君长卿来游，濂始识之……问其所从师，则韩庄节公性、黄文献公溍也;问其所学,则治经为进士之业也。濂时颇有志趣应举,相与诘难经义,连日夕不休,追别去,犹依依南望,至日落乃止。"(《宋学士文集》第四十四卷,四部丛刊本,下同)

《銮坡前集》卷十《赠梁建中序》:"余自十七八时,辄以古文辞为事,自以为有得也。"宋濂此时正在浦江读书,且黄溍在诸暨任职,故陈堂拜黄溍为师应在是年前。

编年诗

《送杨廉夫天台县尹》(本集卷五;《黄溍全集》,第 71 页)。

编年文

《蒋君(朋龙)墓志铭》(本集卷三四;《黄溍全集》,第 492 页);
《跋宋崇国公墓志铭》(本集卷二一;《黄溍全集》,第 192 页);
《杭州路龙山净明寺记》(本集卷一一;《黄溍全集》,第 329 页)。

元泰定帝也孙铁木儿泰定五年戊辰(1328) 五十二岁

时事

二月二十七日,诏天下改元致和。

七月,泰定帝崩于上都,年三十六。

八月,燕铁木儿等在大都发动政变,逮捕主要官员,召百官入宫,派人迎武宗之子图帖睦尔为帝,是为文宗。改元天历。

九月,皇太子阿速吉八在上都即位,是为天顺帝,改元天顺。上都与大都为争夺皇位而治兵相攻,爆发大规模内战。

十月,大都军袭围上都,右丞相倒剌沙奉皇帝大印投降,天顺帝不知所终。

十一月元文宗罢免及禁锢原辽王所辖诸路、府、州、县达鲁花赤,选派官代替之。

胡助因王士熙、马祖常等人举荐,除翰林国史院编修官。

是年,朱元璋出生于安徽凤阳。

事迹

任诸暨州判官。

约是年作《诸暨休日偶书》诗。

《诸暨休日偶书》（本集卷五）

一室萧然似冷官，更无车马驻江干。

天清不断丝丝雨，春浅犹生阵阵寒。

公事痴儿何日了？云山图画要人看。

轻风正满微黄柳，谁与相从试凭栏？

识象山教谕王厚孙，作《前承务郎王公（昌世）墓志铭》。

详见本集卷三一《前承务郎王公（昌世）墓志铭》。

三月二十四日，江浙官医张去非卒。

详见本集卷三八《成全郎、江浙官医提举张公（去非）墓志铭》。

张去非（1246—1328），号实堂，东阳（今浙江东阳）人。精医学，擅长太素脉法，人称"张太素"。至元二十六年（1289）荐于朝，为尚医俸禄，享五品禄。大德时期治愈阿忽都楚王及其孙之奇疾，受皇帝嘉赐，名闻朝野。

六月，金溪笃行之士曾严卿卒。

本集卷三二《金溪曾君（严卿）墓志铭》有记："曾严卿以致和元年（1328）六月辛丑卒，年五十有三，门人相与私谥恭贞先生。其子金坚，辱交于溍，谓先世在异时，尝有同年好，以铭来属。"

曾严卿（1276—1328），字务光，金溪（今江西金溪）人。

是年，作《追和景传新店客舍壁间韵》。

《跋景传新店弯诗》："盖予以督运吏居鄞时，景传携其子克让来为予婿。追计之，已六年，而景传与予永诀者，亦四年，因次其韵，以志存殁之感。"

《追和景传新店客舍壁间韵》（本集卷六）

我梦方酣子遽醒，绝弦可复要人听？

梨花寒食东风恶，泪尽重山宿草青。

景传，即陈尧道。

约是年，宋濂至义乌伏龙山见千岩禅师，相与诘难数千言，不契而退。

《潜溪后集》卷八《佛慧圆明广照无边普利大禅师塔铭》："濂初往伏龙山见师，师吐言如奔雷。时濂方尚气，颇欲屈之，相与诘难千言，不契而退。"

是年,白珽、邓文原卒。

编年诗

《诸暨休日偶书》(本集卷五;《黄溍全集》,第 71 页);

《追和景传新店客舍壁间韵》(本集卷六;《黄溍全集》,第 96 页)。

编年文

《前承务郎王公(昌世)墓志铭》(本集卷三一;《黄溍全集》,第 448 页)。

元文宗图帖睦尔天历二年己巳(1329) 五十三岁

时事

正月二十八日,周王和世㻋即皇位于和宁之北,是为明宗。然本年八月庚寅(六日)即暴崩,年三十。

八月十五日,图帖睦尔复以皇太子即皇位。

九月,诏修《经世大典》。

开奎章阁,首擢授经郎揭傒斯,虞集擢为奎章阁侍书学士。

是年,张养浩、贡奎卒。

江浙乡试,策题《问浙右公田两浙盐利》。

事迹

任诸暨州判官。

夏五月,元文宗亲降御笔,以礼部尚书哈剌拔都儿充捧案官,黄溍为之作跋。

> 本集卷二一《恭跋命哈剌拔都儿充捧案官御笔》:"天历二年夏五月日,皇帝坐奎章阁,特降御笔,以礼部尚书哈剌拔都儿充捧案官。臣溍窃惟国朝任官作命,皆出外廷,具有品式。捧案官,盖中朝侍从近臣,且不常设,非可律以定制。故天子亲御翰墨以命之,实盛典也。史臣宜谨志之,以备馆阁故事焉。"

宋濂拜谒黄溍,从黄公学为文。

> 《宋学士文集》卷五《题盛孔昭文稿后》:"余弱龄时,即从黄文献公学为文。既得户庭而入,益求海内作者文观之,不问在朝与野,咸无弃者。于今四十有余年矣。"(《潜溪录》卷五)今存黄溍与宋濂书信三封:
> 其一云:"溍顿首,再拜奉启景濂先辈尊契兄长侍史;溍少也空

疏,老益衰朽,不揣求借翰墨之润于左右,极荷不外,凡咳唾所及,残膏剩馥,沾丐多矣。感刻之私,无以为喻。《伊洛渊源》一书,旧无刻本,近方有之,今购得一部,藉以缣素奉上于文府,或可备检阅也。匆匆率此上复,有怀愿言尚容晤。既首祈鉴在,不宣。二月八日溍顿首再拜。"

其二云:"溍稽颡,再拜启复景濂先辈尊契兄友长座右:溍日者数蒙以高文见教,不能一一具答。方用悚仄,兹承手笔示及新作二篇,《节妇表》旬日前固已获观,《角端颂》博雅雄丽,尤为杰作,足见笔力之进。辱下询作文专法《史》《汉》,溍何足以语此?然尝闻唐子西谓六经以后,便有司马迁;六经不可学,故作文当学司马迁。司马迁敢乱道,却好;班固不敢乱道,却不好。愚窃以为学司马迁,当自班固始。盖能从容于法度之中,而不至于乱道,则一日疏宕于规矩之外,虽乱道亦好也。不审雅意以为何如?谨奉启不次,四月契末持服。黄溍启上。"

其三云:"溍再拜,奉启景濂先辈契友侍史:伏辱诲函示及新作,深慰驰系。古人立言,皆以平日学术写而为文,故其根本深茂,论议精切,卓然可传于后世。今人不过剽窃陈腐以应时须,恶足以行远哉?溍尝谓文章非应用,应用非文章,诚不为过论也。诸作温雅俊逸,夐然出于时流之外,必如是,庶几无愧于古,斯文为不乏人矣。细玩之余,不胜歆艳。向者借徐文清公家传,有便得寄至尤幸。来使索答字,不容稍缓,匆匆挂漏,切几恕察,不宣。溍再拜奉启。"

《銮坡前集》卷八《白云稿序》:濂之有志为文,不下于伯贤,古今诸文章大家,亦多究心。及游黄文献公门,公诲曰:"学文以六经为根本,迁、固二史为波澜。二史姑迟迟,盖先从事于经乎?濂取而温绎之,不知有寒暑昼夜,今已四十春秋矣。"

八月,友永康吕权卒。

据本集卷三九《吕君(权)墓志铭》。

吕权(1292—1329),字子义,永康(今浙江永康)人。曾师事许谦。

八月,任江浙乡试官。

据本集卷三三《张弘道墓志铭》,黄溍与张士元曾"同对大廷,同校文江西,又同校文江浙,未卒事而弘道移疾丐休致去,卧翔鸾佛舍,……其卒以天历二年十月二十日"。据此,黄溍、张弘道于本年共校文于江浙。

张士元(1266—1329),字弘道,浙江山阴(今绍兴人)。延祐二年(1315)进士,历任将仕郎、庆元路鄞县丞,从仕郎、池州路贵池县尹,承事郎、太平路总管府经历。

编年文

《恭跋命哈剌拔都儿充捧案官御笔》（本集卷二一；《黄溍全集》，第176页）。

元文宗图帖睦尔天历三年、至顺元年庚午（1330）　五十四岁

时事

正月，陈方小楷跋袁易《钱塘杂诗卷》。

二月，敕奎章阁学士院修《经世大典》，虞集任总裁官。

三月，元廷试进士，赐笃列图、王文烨等九十七人及第、出身有差。

五月初八，改元至顺。吴助扈从大驾避暑上都，作《上京纪行诗》五十首。

柯九思为奎章阁鉴书博士；六月，题赵孟𫖯书《黄庭经卷》。

宋濂再往伏龙山见千岩禅师，作《鲜支花同千岩禅师赋》。

范梈卒，年五十九。

事迹

九月十八日，跋《赵公临右军书》。

《赵公临右军书》即为赵孟𫖯临王羲之《黄庭经》卷，故宫博物院藏。其后有赵孟𫖯好友邓文原题跋："小楷欲萧散自得而法度森严，虽古人亦难之，当今子昂为第一。余见所临《黄庭》多矣，此尤为得意者也。"该卷末还有杨载、孔涛、柯九思、黄公望等名家题跋。黄溍跋文详见本集卷二二《赵公临右军书》。

九月二十日，跋《东坡村醪帖》。

《铁网珊瑚》卷四《跋东坡村醪帖》："右东坡先生诗凡六首，集中皆阙不载。"后有虞集、陈复、孔涛、倪瓒等名士题跋。

《村醪二尊献张平阳》

万户春浓酒似油，想须百瓮到床头。
主人日饮三千客，应笑穷官送督邮。

又

诗里将军已筑坛，后来裨将欲登难。

已惊老健苏梅在,更作风流王谢看。

□出定知书满腹,瘦生应为语雕肝。

□□洒落江山外,留与人间激懦官。

又

张公高躅不可到,我欲挽肩才觉难。

事业已归前辈录,典刑留与后人看。

诗如琢雪清牙颊,身觐飞龙吐胆肝。

少负清名晚方用,白头翁竟作何官。

冬,黄溍因马祖常之荐,除应奉翰林文字、同知制诰、兼国史院编修官,进阶儒林郎。

> 本集卷一七《送索御史诗序》:"至顺纪元年之冬,今监察御史索公以史馆掌故久次进职编摩,而溍忝繇常调供奉词林,筮属史氏,与公为同僚,命同日下。明年夏,又同扈跸上京。"

> 索御史,名元岱,字士岩,大名(今河北大名)人。泰定四年(1327)进士,历翰林编修、御史台掾,兼经筵检讨,出为燕南宪司经历。后迁都事,调浙东佥宪。至正二年(1342)迁南台御史。

> 苏天爵《滋溪文稿》卷二八《题黄应奉上京纪行诗后》:"晋卿宋故儒家,自应乡荐,以《太极赋》知名海内,困于州县,几二十年。今枢密马公在中书日,始自选调,拔置史馆。"

作《金华县潜岳法喜院记》。

> 本集卷一二《金华县潜岳法喜院记》:"逮至顺元年,佛阁及演法栖僧之堂、经藏钟楼、库庾庖湢,乃悉告完……其致力于此,四十寒暑矣。"

蒋景之子蒋元龙介前进士汴梁段君以状谒铭,作《养斋蒋君(景)墓志铭》。

> 本集卷三八《养斋蒋君(景)墓志铭》:"君既死且葬,其子元龙,介前进士汴梁段君以状来谒铭。"

> 蒋景(1225—1330),杭州人。"为医然不专以其技自用,恒蓄善药为丹济汤饵,以售于人","病家求药,必之养斋"。

编年文

《跋赵公临右军书》(本集卷二二;《黄溍全集》,第200页);

《跋东坡村醪帖》(《铁网珊瑚》卷四;《黄溍全集》第218页);

《金华县潜岳法喜院记》(本集卷一二;《黄溍全集》,第343页);

《养斋蒋君(景)墓志铭》(本集卷三八;《黄溍全集》,第565页)。

元文宗图帖睦尔至顺二年辛未(1331)　五十五岁

时事

春,元文宗作《奎章阁记》。

三月,浙西诸路比岁水旱。饥荒民八十五万余户。雅琥受到御史弹劾,并被斥逐出京师。十八日,江浙行省平章童童受到监察御史弹劾。

六月十一日,御史台弹劾柯九思,并请罢黜之。

四月,郑元佑楷书题跋袁易《钱塘杂诗卷》。

九月,太湖溢,漂民居二千八百九十户。十月再溢,没民居一千九百七十家。

盛熙明撰《法书考》。

十二月,郭畀作《江山烟雨图》,并题隶书。

龚璛卒,年六十六。

事迹

春,正式上京赴任。途中作《入京道中寄同里诸友》。

《行状》:"至顺二年,用故御史中丞马公祖常之荐,入为应奉翰林文字、同知制诰兼国史院编修,进阶儒林郎。"

《入京道中,寄同里诸友》(本集卷五)

十年州县底,及此望京华。客路时时雨,春江岸岸花。

何方堪报国,将老更浮家。可得同携手,山颠复水涯。

夏,与苏天爵、索元岱等扈从北都,秋还,并作《上京道中杂诗》十二首。

《神道碑》:"至顺二年,用马文贞公之荐,召为应奉翰林文字、同知制诰兼国史院编修官,进阶儒林郎。扈从至开平,恭纪行诗十有二篇,世盛传之。"

苏天爵《题黄应奉上京纪行诗后》云:"至顺二年夏,予与晋卿偕为太史属,扈行上京。览山河之形势,宫阙之壮丽,云烟草木之变化,晋卿辄低徊顾恋,若有深沉之思者。予因知其能赋矣,既而果得其纪行诗若干首。"(苏天爵《滋溪文稿》卷二八)

《上京道中杂诗十二首》(本集卷四)

发大都

辞亲独行迈,遥遥抵京国。胡为突不黔? 驱马更远适。
至尊有时巡,树羽殷阡陌。宿卫必近臣,顾问须耆德。
陋儒亦何知? 冗从同执戟。草深原野青,雨暗关塞黑。
寥寥盛年意,眷眷游子色。一身万人中,敢不思努力?

刘蕡祠堂

刘君古遗直,祠堂在丘园。嗟此豪侠窟,文雄歘孤骞。
平生二三策,匪檄明主恩。琐琐谈得失,无乃市井言。
凭高一长望,苦厌车马喧。微风过疏雨,青山满前轩。
阴晴倏异态,浮云实无根。悠悠千载心,去去勿复言。

居庸关

连山东北趋,中断忽如凿。万古争一门,天险不可薄。
圣人大无外,善闭非楗铄。车行已方轨,关吏徒击柝。
居民动成市,庐井互联络。幽龛白云聚,石硊清泉落。
地虽临要冲,俗乃近淳朴。政须记桃源,不必铭剑阁。
仆夫踧谓我,无为久淹泊。山川岂不好? 但恐风雨恶。

榆　林

崇崇道旁土,云是古长城。却寻长城窟,饮马水不腥。
斯人亦何幸,生时属休明。向来边陲地,今见风尘清。
禾黍被行路,牛羊散郊坰。儒臣忝载笔,帝力漫难名。

枪竿岭

忆昔赐第归,吾母适初度。磋跎岁月晚,今辰乃中路。
居人夸具庆,游子惭叱驭。兹山称最高,扬鞭入烟雾。
蠹蠹多峭峰,濛濛饶杂树。崎岖共攀援,踯躅频返顾。
陈情未成表,登高讵能赋? 独怜山下水,远向卢沟去。

李老谷

缘崖一径微,入谷双崦窄。密林日易曛,况乃云雨积。
行人望烟火,客舍依山色。家僮为张灯,野老烦避席。
未觉风俗殊,只惊关河隔。严程不可缓,子规勿劝客。

赤　城

鸡鸣秣吾马，晚饭山中行。何以慰旅怀？赤城有嘉名。
滩长石齿齿，树细风泠泠。时见岩壁间，粲若丹砂明。
温泉发其阳，扴讶勤百灵。前峰指金阁，真境标殊庭。
白道人迹稀，青崖云气生。信美无少留，缅焉起深情。

龙　门

竦身望龙门，缓辔行兀兀。溪回愁屡渡，雨横惊暴溢。
两崖俨相向，百水怒争出。人言马上郎，快意每多失。
自非渥洼种，不得矜捷疾。飘飘虬虯臣，凛凛鼋鼍窟。
皇灵重覆冒，利涉用终吉。回睇向所经，千嶂隐朝日。
青林外盘纡，黄流中荡潏。后来未渠央，君子宜战栗。

独　石

解鞍及亭午，稍欣烟雾收。苍然众山出，历历如雕锼。
前瞻一石独，灵宫居上头。颇闻去年夏，水激龙腾湫。
走避登屋上，夜半齐呀咻。幸兹溪涧中，今作清浅流。
宴安不可怀，变化诚难求。翠华渺在望，行矣毋淹留。

担子洼

自从始出关，数日走崖谷。迢迢度偏岭，险尽得平陆。
坡坨皆土山，高下纷起伏。连天暗丰草，不复见林木。
行人烟际来，牛羊雨中牧。飒然衣裳单，咫尺异寒燠。
伫立方有怀，相逢仍问俗。畏途宜疾驱，更傍滦河宿。

李陵台

日暮官道边，土室容小憩。汉将安在哉？荒台犹仿佛。
低徊为之久，怀古增歔欷。长风吹旷野，飞雪千里至。
萧条苍山根，草木余爽气。常怜司马公，予夺多深意。
奏对实至情，论录存大义。史臣司述作，遗则敢失坠？

上都分院

晨兴过桓州，旭日生苍凉。举头见觚稜，金碧何巍煌。
洪河贯其前，青山环四傍。暮投玉堂署，鳌峰屹中央。
升阶旅群彦，官烛分余光。琴册森在侧，谈笑来清觞。
列坐无所为，陈诗咏黄唐。帝乡岂不乐？父母远莫将。
起视云汉低，垂星烂寒芒。南飞有冥鸿，邈哉天际翔！

吴师道曾为这十二组诗题诗。《吴礼部文集》卷七有《题黄晋卿应奉上京纪行诗后》。

《题黄晋卿应奉上京纪行诗后》

居庸北上一千里，供奉南归十二诗。

纪实全依太史法，怀亲仍写使臣悲。

牛羊野阔低风草，龙虎台高树羽旗。

奇绝兹游陪禁从，不才能勿愧栖迟。

虞集为黄溍《上京道中杂诗》题诗。

《上京道中杂诗》

少陵入蜀路崎岖，故有凄凉五字诗。

应奉为官随翠辇，固应同调不同辞。

见赵筼翁（继清）于京师，然不久赵随牒调补潮州推官，离别之际作《送赵继清潮州推官》。

《黄文献集》卷四《书赵继清诗集后》："延祐初，予以非才叨缀末第。浮沉州县，十有六年。晚通朝籍，乃与继清相见京师。"

赵筼翁，字继清，闻喜（今山西运城）人。延祐二年（1315）登进士，授泗州判官，调湖广行照磨，入为国子博士，历潮州路推官、安陆府尹，升蕲州路总管。

《送赵继清潮州推官》（本集卷四）

相国南迁有故居，理官高选出新除。

承恩特与金鱼袋，访旧争迎驷马车。

春入圜扉庭草暗，天低驿路岭梅疏。

凤池不隔同年面，归及梅花雁影初。

黄溍与许有壬、赵筼翁均为延祐二年（1315）进士，许有壬《至正集》（四库全书本，下同）卷十六亦有《送同年赵继清赴潮州推官》。

《送同年赵继清赴潮州推官》

五十六人同擢第，年来南北几升沉。

潮阳合有文章士，吾子初无富贵心。

驱鳄又当劳笔阵，化鹏谁信困蹄涔。

君家自昔传清节，更要论谋后视今。

在京师，于马祖常处见叶裔。与兰溪萧资游。

《庚子销夏记》卷二引黄溍《跋赵孟頫〈绝交书〉》云："至顺二年，见叶公于中丞马公座，皆以文字相推爱。"

本集卷三十卷《武义县尉萧君（资）墓志铭》："溍方窃食词林，官曹多暇，日与君游款洽甚。亡何而溍以忧去。"

八月十四日，松江、嘉定等处海运千户杨枢卒，三年后为其作墓志铭。

本集卷三五《松江、嘉定等处海运千户杨君（枢）墓志铭》有记："大德五年，君年甫十九，致用院俾以官。本船浮海至西洋，遇亲王合赞所遣使臣那怀等如京师，遂载之以来。那怀等朝贡事毕，请仍以君护送西还，丞相哈剌哈孙答剌罕如其请，奏授君忠显校尉、海运副千户，佩金符，与俱行。以八年发京师，十一年乃至其登陆处，曰忽鲁模思云。是役也，君往来长风巨浪中，历五星霜。凡舟楫、糇粮物器之须，一出于君，不以烦有司。既又用私钱市其土物，白马、黑犬、琥珀、葡萄酒、蕃盐之属以进，平章政事察那等，引见宸庆殿而退。方议旌擢，以酬其劳，而君以前在海上感瘴毒疾作而归，至大二年也。阅七寒暑，疾乃间。"

按：忽鲁模思，今属伊朗，为重要海港。杨枢（1283—1331），字伯机，嘉兴（今浙江嘉兴）人。杨梓次子。泰定四年（1327）起为昭信校尉，任常熟、江阴等处海运副千户。杨枢为人正直，任职期间，极力铲除积弊，后升松江、嘉定等处海运千户。

秋，大学士太禧宗禋使臣阿荣传旨赐予铎尔直，黄溍为之作跋。

本集卷二一《恭跋御书奎章阁记石刻》："天历二年春三月，上肇开奎章阁，延登儒流，入侍燕闲。冬十月，臣铎尔直作颂以献。至顺二年春正月，御制阁记成。秋某月某甲子，大学士太禧宗禋使臣阿荣传旨，以刻本赐焉。臣铎尔直抃蹈而退，袭藏惟谨。以臣溍待罪太史，属俾纪其岁月于下方。"（见《六艺之一录》卷三百十三下）

约是年，浦江郑铉出游，与黄溍交。

宋濂《宋文宪公集》卷二四《元封从侍郎、江浙等处行中书省左司郑都事（彦贞）墓志铭》："彦贞年未四十，君子义之。时天下承平，衣冠萃于燕都，翩然出游，以充其见闻。揭文安公倏斯在禁林，黄文献公溍居成均，二公以文辞鸣当世，皆折行辈，与彦贞交。"

吴莱有诗《送郑彦贞仲舒叔侄北游京师》。

《送郑彦贞仲舒叔侄北游京师》

郑君系本自义门，门首植表孝义敦。
祖孙九世类一日，聚族千指通晨昏。
酒食卮匜口共饭，衣裳椸架身同温。
家宜富饶积粟布，里或饥窭资饔餐。
大宗小宗寖以邈，东眷西眷畴寻源。
复除咼下省府令，延誉靡间乡闾言。
礼俗兴衰顾不重，风声劝慕犹兹存。
袖中怀文扣所部，行矣望阙期轩骞。
燕然何许水陆隔，越驿踰月舟车奔。
邹峄邳山岱岳竦，蜀江邗渎河流浑。
榆关崇墉峙虎驳，碣石涨海浇蛟鼋。
北州尘沙邈万里，天邑气象雄微垣。
升平多年正黼扆，郡国麇至骈肩跟。
五柞长杨剑戟接，控弦突骑旌旗翻。
鸿鴈飞鸣羽未肃，鱼龙变化光相燉。
世涂人事岂可测，儒术政理须攀援。
嗟予昔者忝俊造，翘足到今劳梦魂。
乘时一去欲迅奋，抱病日剧徒丘园。
阮郎竹林夕并秀，韦氏花树春仍繁。
荣亲显已在此举，惜不往饯空罍樽。

郑铉(1295—1335)，字彦贞。时年未满四十，而后黄溍则因父丧离京归乡服丧，故系是年。

约是年九月九日重阳节，会胡助等乡友。

胡助作《九日会晋卿，同乡友小饮，既而往饮晋卿所》《九日同晋卿携酒坊悦二首》。(胡助《纯白斋类稿》卷四、卷十五，丛书集成本，下同)

九月十日，为胡助作《题上京纪行诗后》。

《纯白斋类稿》附录卷二:“始予观古愚上京纪行诗，固爱其工而未得其所以工也。今年夏，忝以下僚，备数冗从，山川之雄丽，草木之荣耀消落，风沙云日晦明之变化，与夫人情物态之可喜可愕，苟有所动于中而及形于言者，古愚皆已若予意之所欲出，然后知古愚之于诗，盖不求工而工而自不能不工者也……至顺二年九月十日。”

十一月，苏天爵由翰林修撰迁江南行台监察御史，约是年作《送苏伯修御史》。

据《元史》本传。本集卷五《送苏伯修御史》。

十二月，作《乡学记》。

本集卷一〇《乡学记》："经始于至顺二年春二月，而落成于秋八月。翰林直学士赵公子昂与君琪居相望，实有以相之。其来请记，则冬十有二月也。"

是年作《送仇治书赴陕西行台》。

本集卷五《送仇治书赴陕西行台》。

《新元史》二〇八卷"列传"载："至顺元年，复除江北淮东道廉访司副使。再迁吏部侍郎，命参议枢密院事。二年拜陕西行台治书侍御史。未几，引疾归，卒于家，年五十二。"

仇治（1281—1332），字公哲，大都大兴（今北京）人，仇锷之子。英宗时，累官太庙署令，改礼部主事。泰定元年（1324），拜监察御史，有直声。仕至西台治书侍御史。

闻虞集言皇上赐《奎章阁记》墨本之事。

本集卷二一《恭跋御书奎章阁记石刻》："臣窃闻前侍书学士臣集为臣言：皇上以万机之暇，亲洒宸翰，书奎章阁记，刻置禁中。凡墨本，悉识以'天历之宝'，或加用'奎章阁宝'。应赐者，必阁学士画旨具成案，持诣榻前复奏，然后予之。非文学侍从近臣为上所知遇者，未尝轻畀。"

是年，为张养浩之祠堂作碑铭。

本集卷八《故陕西诸道行御书台御史中丞，赠据诚宣惠功臣、荣禄大夫、陕西等处行中书省平章政事、柱国，追封滨国公，谥文忠张公（养浩）祠堂碑铭》："至顺二年三月戊子，作祠堂。"黄溍曾为张公的门生，故为之作碑铭。

张养浩（1270—1329），字希孟，号云庄，又称齐东野人，济南（今属山东）人。历任县尹、监察御史、礼部尚书等职。至治元年（1321），因上书谏元夕放灯得罪辞官，隐居故乡。至顺二年（1331）追封滨国公，谥文忠。

是年，真定路深州知州刘守谦卒。

本集卷三一《真定路深州知州致仕刘公（守谦）墓志铭》有记，刘守谦曾任婺州路总管府知事，黄溍时为宪史，在其行部。刘守谦"以诸生礼见公,未尝以凡子见遇我,自是周旋公父子间,殆四十年",故其子刘贞来征铭时,不辞。

刘守谦(1257—1331),字谦甫,河北真定(今河北正定)人。"容止言论,闲雅不迫,有古君子风。"

是年,为智者勤禅师道勤作塔铭。

本集卷四一《智者勤禅师(道勤)塔铭》有记,延祐三年(1316),禅师卒。后十五年,其弟子景琳始以状来谒铭。

道勤,族姓何氏,婺州浦江(今浙江浦江)人。

作《衢州路大中祥符寺记》。

本集卷一一《衢州路大中祥符寺记》:"泰定乙丑(1325),义山远来主兹寺,慨焉以兴复为己任,因前人所作三门大殿……以七载之勤,成就若是。"泰定乙丑(1325)之后七年建成,黄溍为之书。

是年,体仁守征弘道法师金善信卒。

本集卷二九《体仁守征弘道法师金君(善信)碑铭》。

金善信(1272—1331),字实之,父金焕,漳州路龙溪县尹。"老子之教,初不必毁形绝世,若今人之为也",遂娶妻生子,但从有道者就正焉。

是年,格庵先生(赵顺孙)之孙赵机,以墓隧之石未有刻文,爰以状授黄溍,俾撰次以备阙轶。

本集卷三《格庵先生阡表》有记,赵机在格庵先生卒后五十五年来请传,可推知当为至顺三年(1332)。

赵顺孙(1215—1277),字和仲,络云人。宋淳祐十年(1250)赐进士出身,调太平州学教授。历任吏部尚书、同签书枢密院事兼参知政事。元军围襄阳,贾似道匿而不报,谏之不听,知时事不可为,亟归,忧愤而卒。著有《四书纂疏》《孝宗系年录》《中兴名臣言行录》。

项炯为其祖父项良才征铭,作《乡贡进士项君(良才)墓志铭》。

本集卷三一《乡贡进士项君(良才)墓志铭》:"是为至顺二年,鼎之子炯,始以状征铭于金华黄溍。"

约是年作《(奉元路)寿光寺记》。

本集卷一三《(奉元路)寿光寺记》:"奉元之寿光寺,显密圆融大师觉明所建也。"

觉明(1266—1328),俗姓陈氏,其先为钱塘(今浙江杭州)人。世为士族。咸淳二年(1266)出生于宁夏,十二岁受具戒从真绝国师讲诸经,泰定五年(1328)卒,世寿六十三,僧腊五十一。

十二月望,父丧南归。作《追荐先父疏意》。

《柳待制文集》(四部丛刊本,下同)卷二十《元故追封从仕郎温州路乐清县尹黄公行状》:"至顺二年,(溍)由诸暨州判官满秩,召入词林。其夏,扈从北都,秋还。及冬十二月望,讣至京,溍即日解所居官,匍匐奔归。"

张雨《送黄先生归乌伤序》:"后五岁(先府君)而殁,卜葬于秦孝子颜君墓北五里,盖傍要离塚之遗意也。"(《黄文献集》卷十附录)

本集卷二三《追荐先父疏意》。

编年诗

《入京道中,寄同里诸友》(本集卷五;《黄溍全集》,第 49 页);

《上京道中杂诗十二首》(本集卷四;《黄溍全集》,第 16 页);

《送赵继清潮州推官》(《黄文献公文集》卷四;《黄溍全集》,第 75 页);

《送苏伯修御史》(本集卷五;《黄溍全集》,第 73 页);

《送仇治书赴陕西行台》(本集卷五;《黄溍全集》,第 73 页)。

编年文

《题上京纪行诗后》(《纯白斋类稿》附录卷二);

《恭跋御书奎章阁记石刻》(本集卷二一;《黄溍全集》,第 177 页);

《乡学记》(本集卷一〇;《黄溍全集》,第 310 页);

《故陕西诸道行御书台御史中丞赠据诚宣惠功臣荣禄大夫陕西等处行中书省平章政事柱国追封滨国公谥文忠张公(养浩)祠堂碑铭》(本集卷八;《黄溍全集》,第 412 页);

《智者勤禅师(道勤)塔铭》(本集卷四一;《黄溍全集》,第 617—618 页);

《衢州路大中祥符寺记》(本集卷一一;《黄溍全集》,第 330 页);

《格庵先生阡表》(本集卷三一;黄溍全集》,第 734—738 页);

《乡贡进士项君(良才)墓志铭》(本集卷三一;《黄溍全集》,第 452 页);

《(奉元路)寿光寺记》(本集卷一三;《黄溍全集》,第 356 页)。

《追荐先父疏意》(本集卷二三;《黄溍全集》,第 168 页)。

元文宗图帖睦尔至顺三年壬申(1332)　五十六岁

时事

四月,命奎章阁学士院以国字译《贞观政要》。

八月,文宗崩,年二十九,在位五年。

十月,文宗后不答失蛮以文宗遗命立明宗次子鄜王懿麟质班,是为宁宗,在位四十三日崩,又命妥懽帖睦尔于广西。

苏天爵分莅湖北。

是年,虞集擢翰林侍讲学士。

事迹

服丧。

十月初四,在钱塘遇夏洪参,为其作《夏生文稿序》。

> 本集卷一八《夏生文稿序》。序云:"予筮仕宁海之岁,属当大比,凡充赋者,八十有五人,惟夏君洪参年最少……与予别十有六年,乃相见钱塘,示予以所为文一编曰邯郸步者,予为之展玩不已。"

李洧孙次子李榘在钱塘遇黄溍,求作《霁峰李先生(洧孙)墓志铭》。

> 本集卷三二《霁峰李先生(洧孙)墓志铭》:"先生将之葬也,榘与溍遇于钱唐,泣且言:愿得铭,刻石塚上。"

作《净居寺记》《满心寺法堂记》。

> 本集卷一一《净居寺记》《满心寺法堂记》。

临海陈基从黄溍受业。

> 尤义《陈基传》云:"(父)殁时,基年甫九岁。越五年,母夫人姜氏即命与兄聚从师于杭,又四年,从金华黄文献公溍受业。至元仍纪元之元年。从文献游京师。"(《夷白集》附录,明弘治八年张习刊本,下同)陈基生于延祐元年(1314),故是年始受业于黄溍。
>
> 陈基《双溪诗序》亦云:"予生九年而孤,又九年出游四方,不得安于田里以朝夕承教。"由此知陈基年十四游学杭州,未弱冠从黄溍学。《明史·陈基传》:"少与兄聚受业于义乌黄溍,从溍游京师,授经筵检讨。"(《明史》卷二百八十五,中华书局,1974年点校本)

十月十三日,葬父于县北崇德乡三釜山之原。

> 《柳待制文集》卷二十《元故追封从仕郎温州路乐清县尹黄公行状》:"以卒之明年十月十三日,葬县北崇德乡三釜山之原,在秦孝子颜乌墓北三里,其南一里赠朝散公三世大墓也。"

冬,为永嘉县海堤作记。

> 本集卷九《永嘉县重修海堤记》:"始事于三年之春二月,迄役于冬

十一月,费不益于旧,而功倍焉。俾来俾记其岁月。"

作《闻赵继清调安陆县尹》。赵继清与黄溍于延祐二年(1315)同年赐进士,十七年后调安陆县尹。

《闻赵继清调安陆县尹》(本集卷五)

慈恩塔上墨犹鲜,一别重来十七年。
相见都门惊判袂,又闻泽国去鸣弦。
素衣久出风尘外,青琐行依雨露边,
跋马望君先数日,县花虽好莫留连。

另,同年马祖常等亦有诗《送同年赵继清尹安陆》。

《送同年赵继清尹安陆》

席帽文场里,于今十七年。
白须俱满镜,墨绶独行田。
鹈翼知吾刺,鸢栖觉汝贤。
高才多晚达,未可叹迤遭。

(《石田先生文集》卷二)

作《平江路报恩万岁贤首教寺长生田记》。

为平江路报恩万岁贤首教寺长生田作记文。详见《吴都文粹续集》(四库全书本,下同)卷二九《平江路报恩万岁贤首教寺长生田记》。

为吴天骥母亲作《吴母赵氏墓志铭》。

本集卷三九《吴母赵氏墓志铭》。

吴天骥,为庆元路儒学录,好学而有文,与黄溍结交文字间最久。

是年,为江浙儒学副提举龚璛作墓志铭。

本集卷三三《江浙儒学副提举致仕龚先生(璛)墓志铭》有记,龚璛之子龚鲁以龚璛子婿陈方状来谒铭,卒后次年葬之。

龚璛(1266—1331),字子敬,号谷阳生,江苏镇江人。少为徐琬辟幕下,后充和靖、学道两书院山长。以浙江儒学副提举致仕。与戴表元、仇远等人交善。工诗文,擅书法,有晋唐人法度。有《存悔斋集》一卷,补遗一卷。传世书迹有《宣城诗并识卷》等。

危素、曾坚奉书来为茶陵州判官许晋孙作墓志铭。

本集卷三三《茶陵州判官许君（晋孙）墓志铭》："茶陵州判官许君既卒，其友危素、曾坚奉书若状来，征铭以葬。"许晋孙卒于至顺三年（1332）三月六日，得年四十有五。

是年，王炎泽卒。

本集卷三三《南稜先生墓志铭》。

编年诗

《闻赵继清调安陆县尹》（本集卷五；《黄溍全集》，第75页）。

编年文

《夏生文稿序》（本集卷一八；《黄溍全集》，第261页）；

《霁峰李先生（洧孙）墓志铭》（本集卷三二；《黄溍全集》，第453页）；

《净居寺记》《满心寺法堂记》（本集卷一一；《黄溍全集》，第318，319页）；

《永嘉县重修海堤记》（本集卷九；《黄溍全集》，第303页）；

《平江路报恩万岁贤首教寺长生田记》（《吴都文粹续集》卷二九；《黄溍全集》，第398页）；

《吴母赵氏墓志铭》（本集卷三九；《黄溍全集》，第580页）；

《江浙儒学副提举致仕龚先生（璛）墓志铭》（本集卷三三；《黄溍全集》，第474页）；

《茶陵州判官许君（晋孙）墓志铭》（本集卷三三，《黄溍全集》，第478页）。

元惠宗妥懽帖睦尔元统元年癸酉（1333）　五十七岁

时事

二月，帝至京师，燕铁木儿迎之。

四月五日，妥懽帖睦尔在延春阁披阅盛熙明所著《法书考》。

六月初八，妥懽帖睦尔在上都即位，是为顺帝惠宗。十月改元元统。

九月三日，元廷试进士同同、李齐等，复增名额，达百人之数。刘基等在列。

虞集谢病南归，离开元廷。

柳贯题跋褚遂良《倪宽赞》。张雨菌山巢（菌阁）成，与柳贯诗文唱和。

吴澄卒，年八十五。

事迹

服丧。

四月,与张枢、吴师道等游金华北山。

本集卷五《癸酉四月,同子长至赤松,子长先去,遂独宿智者之草堂,已而子长与正传俱来,同出灵源,诣鹿田,游三洞,还过山桥,至潜岳。谒故中书舍人潘公之墓,复回智者而别》。

本集卷六《予与子长,以庚戌(1310)之春、癸酉(1333)之夏两至赤松。今年秋复来,则子长已倦游,而予亦老矣,同游者汪生元明、许生存仁,既又得龙丘余子方俱行,由小桃源登炼丹山,谒二皇君祠,回宿宝积观,感岁时之代谢,念交朋之离合,辄成短句,奉简子长》。

吴师道《北山后记游记》云:"既而子长以书抵予曰:'黄君晋卿旦夕来,来则约偕至山中。'予喜甚,日伫讯,至四月丙子,会于草堂。琳师出所藏书画……明日庚寅雨,遂归。因念至大中,与晋卿约游弗果,后仅与子长来,今二十余年,而复践宿约,岂非幸欤!……至顺四年五月日志。"(《吴礼部文集》卷一二)

吴师道《北山游卷跋》:"自至大庚戌距至顺癸酉(1333),二十有四年间,凡屡游。五人者,虽不必俱,而游必有作,妍唱导前,清和继后。……灵源草堂辉师及其弟琳公博雅好文,凡吾徒之作,前后裒辑无遗者,出以示予,遂缮写成卷,而复归之草堂。因念始游时,审言年未四十,为最长,晋卿次之,师道与一公未三十,子长未二十也。"(《吴礼部文集》卷一六)

《吴礼部文集》卷二有《追和黄晋卿北山纪游八首》,卷九有《次韵黄晋卿清明游北山十首》。

柳贯为黄溍父黄铸作《行状》。

《柳待制文集》卷二十《元故追封从仕郎温州路乐清县尹黄公行状》:"去年夏,某游浙右,溍以书追遗于吴门,告公葬期,意将俾某述公之世出行治,以告于世之立言君子,取文以表其隧。"

跋景传新店弯诗。

本集卷二一《跋景传新店弯诗》。

作《浦江县三皇庙记》。

本集卷一〇《浦江县三皇庙记》。

作《陈子中墓碣》。

本集卷四〇《陈子中墓碣铭》。

陈中(1298—1333),字子中,涿郡(今河北涿州)人。曾从游于黄溍。邓文原曾题其居室曰"庸斋"。

台州路总管府经历尹则祖以书来谒,为其父作《赠承事郎、尹公(尧道)墓志铭》。

本集卷三二《赠承事郎、尹公(尧道)墓志铭》:"既卒二十有六年,以其子则祖官七品,追赠承事郎……公卒于大德十一年(1307)八月五日,享年四十有六。"尹卒后二十六年,其子来书作铭。

尹尧道(1262—1307),字道夫。和州(今属安徽)人。公遇事通敏,博涉群书,通阴阳、方技。

为友吕汲之子吕权作《吕君(权)墓志铭》。

本集卷三九《吕君(权)墓志铭》:"其父卜以元统元年十一月己酉,葬君于义乌双林乡住山之原。"

吕权(1292—1329),字子义,永康(今浙江永康)人。

作《送八元凯序》。

本集卷一七《送八元凯序》:"元凯为浦江,满三岁而去……率士人赋诗以送之。且以书俾予序其首。"

八儿思不花,字元凯,延祐五年(1318)进士,授秘书郎,至顺二年(1331)迁浦江县达鲁花赤。故以为是年而作。《吴礼部文集》卷一四作有《送浦江邑元凯公序》。

十一月,虞集撰并书《南丰曾氏新建文定公祠堂记》,是年后黄溍跋之。

《道园学古录》卷三五《南丰曾氏新建文定公祠记》:"今其族孙元翊,以其父正子之遗命,作公祠于后湖之上。……元统癸酉,祠堂成。适予自京师归临川,来求文以为记。故为书此,俾附诸义田规约之后,刻诸祠下云。十又一月一日,雍虞某记并书篆。"

后人将虞集所书王安石《拟岘台记》和附的王安石七律诗一首,与此祠堂记合为一卷。据李东阳跋《书虞邵庵墨迹后》(《怀麓堂集》卷四一,四库全书本):"右虞邵庵先生八分拟岘台记四字,篆南丰曾氏新建文定公祠堂记十二字,楷书记文一通,诗、跋各一首……卷尾有黄晋卿(溍)题名,宋景濂(濂)、陈众仲(旅)、吴师道跋语,又出三绝外。"《式古堂书画汇考》书卷之十八《虞邵庵(集)书记并诗卷,拟岘台记》存有吴师道跋于至正元年(1341)十月下旬之文,然黄溍、宋濂等跋文未见。

十二月,作《武义县尉萧君(资)墓志铭》。

本集卷三七《武义县尉萧君（资）墓志铭》，在萧资葬后，其子奉项炯之状来请铭。

萧资（1262—1333），字深之。儿时已有成人状，貌和而内有守，事父母，无子弟之过，与人交，重承诺。平居俭勤，不溺于珍玩。有《双溪小稿》二卷。

是年，为四明庆元路延庆寿寺观堂作记。

本集卷一一《（庆元路）延庆寺观堂后记》："无公寻以元统癸酉冬十月，建大悲殿，而禅观之室、护法之祠，以此落成。其徒伐石，请为之记，以示永久。无公以为定慧之弘愿，忠肃之微言，不可使没而弗传，命重勒旧记。"

作《（奉化州）岳林寺经藏记》。

本集卷一一《（奉化州）岳林寺经藏记》："元统元年冬，度美材、征良匠，建大宝轮，一柱八面，实经其中。"

是年，受妹婿之属，作《刘君墓志铭》。

本集卷三六《刘君墓志铭》："观等卜以四年十一月某日，奉柩葬明义乡雷州使君墓西北十里青山之原，遵治命也。予与君家故为世姻，咸又予妹婿属，为之铭，不得辞。"

刘君（1269—1332），少敦朴，不务矫饰。元贞、大德间，用荐者补儒学官，累迁处之石门洞书院山长，未赴。

是年，青阳县尹徐泰亨卒。

本集卷三四《青阳县尹徐君（泰亨）墓志铭》。

徐泰亨（1269—1333），字和甫，自号可可道人，衢州龙游人。

是年，应戚崇僧之请，为忘年交道一书院山长戚象祖作墓志铭，并有尺牍记之。

《文献集》卷八下《道一书院山长戚君（象祖）墓志铭》有记，戚象祖与其夫人在至顺四年合葬后，其子戚崇僧（字仲咸）请黄溍作铭。铭曰："溍之视君孟父行也，而辱为忘年交。君平居罕与人接，而遇溍特厚甚。崇僧踦门俾为之铭并志夫人事。溍实知君，不敢辞。"而《双溪戚氏宗谱》卷二载有黄溍尺牍一封："溍顿首，仲咸先辈尊眷眷契兄长，溍顿承遇顾，匆匆莫能罄久间之怀。近以先（大）父志铭附南仲去，而南仲去速，不及专状，极用负愧。兹辱华笺，重以珍贶，尤切惊骇！伏蒙示谕，志文中所当删改，仰仞不波。窃料雅意，徒见鄙文陈腐而冗长，必以为率尔而作，而不知溍追念先（大）父畴昔之雅，故竭其愚钝于兼旬间方敢落笔,又与一二识者参订,方敢拈出也。十数年来,以古文自名往往务于为破碎断缺,使人读之不能成文,欲以跨越欧曾,輣轹真魏。殊不知徒使事实晦而不彰,文义绝而不厉,而古人卒不可过也。盖古人之文,有似冗而不可去,有似腐而不可易者,而助语字,亦是六经以来有之,法所不禁也。雅意既如此,溍亦不能喋喋。然有必不可去,不可易者,皆古人一定之法,非溍妄出新意也。兹欲一一陈其详,求所以教,而吕亲丈行速一二日,别具一副寄上,更与识者商略其可否,仍刊示固陋也?篆书不知字眼大小如何,秋序必须发明著述,大未敢轻易。非有所靳也,仓猝无一物可报,并几恕察,不宣。"

戚象祖(1254—1332),字性传,婺州(今属浙江金华)人。曾任东阳县学教谕、绍兴和静书院山长,信州道一书院山长。长女嫁于元代名医义乌朱震亨(丹溪)。《宋元学案》卷七十三:"字性传,贞孝先生之子。少服家庭之训,弱冠师事王元章,益达于命义。年几五十,乃用举者得东阳县学教谕,迁绍兴之和靖书院山长。年未七十,辄求致仕,弗许。复用为信之道一书院山长。讫辞不受,侨居永康之太平。"

戚崇僧(?—1353),字仲咸。婺州(今浙江金华)人,移居永康(今浙江金华)。戚象祖子。吕氏创义学,尝聘主教事。从许谦讲道,同门推为高弟。其居室曰朝阳,人称朝阳先生。有《春秋纂例原指》《四书仪对》《后复古编》《历代指掌图》等。

是年,大都大庆寿寺住持鲁云行兴卒。

据本集卷四一《佛真妙辩广福圆音大禅师、大都大庆寿寺住持长老鲁云兴公(行兴)舍利塔铭》。

鲁云行兴(1274—1333),俗姓李氏,号鲁云,郓城(今山东郓城)人。李孟、张珪、李谦、刘赓、赵孟頫、宋渤、李衎、王约皆与之为方外交。

是年,玄门高士陆应祥卒。

本集卷二九《玄门高士陆君(应祥)碑铭》。(《黄溍全集》,第637—638页)

陆应祥(1262—1333),字景云,平江(今江苏苏州)人。

编年文

《跋景传新店弯诗》(本集卷二一;《黄溍全集》,第194页);

《浦江县三皇庙记》(本集卷一〇;《黄溍全集》,第307页);

《陈子中(中)墓碣铭》(本集卷四〇;《黄溍全集》,第598页);

《赠承事郎、尹公(尧道)墓志铭》(本集卷三二;《黄溍全集》,第468页);

《吕君(权)墓志铭》(本集卷三九;《黄溍全集》,第 573 页);

《送八元凯序》(本集卷一七;《黄溍全集》,第 250 页);

《武义县尉萧君(资)墓志铭》(本集卷三七;《黄溍全集》,第 533 页);

《(庆元路)延庆寺观堂后记》(本集卷一一;《黄溍全集》,第 325 页);

《(奉化州)岳林寺经藏记》(本集卷一一;《黄溍全集》,第 323 页);

《刘君墓志铭》(本集卷三六;《黄溍全集》,第 528 页);

《道一书院山长戚君(象祖)墓志铭》(《黄文献集》卷八下;《黄溍全集》,第 581 页);

元惠宗妥懽帖睦尔元统二年甲戌(1334)　五十八岁

时事

正月,智熙善以礼部郎中、吏部尚书帖住的副使出使安南,赐《授时历》。

二月,诏内外兴举学校。

三月初一,元廷诏科举取士、国子学积分、膳学钱粮、儒人免役等制。悉依前朝。学校官选有德行学问之人以充。

五月,浙江大饥。

九月,京师地震。

事迹

服丧。

三月,同年进士曹敏中卒。

据本集卷三三《承德郎、中兴路石首县尹曹公(敏中)墓志铭》。

曹敏中(1265—1334),字子讷,衢州龙游人。与黄溍同年进士。授承事郎、庆元路同知奉化州事,后调定海县尹,承直郎、宁国路总管府推官,迁承德郎、中兴路石首县尹。

七月二十八日,为袁易诗集作跋。

袁易次子袁仲长裒辑其父遗稿而成《袁静春杂诗》,并请其父的知交们题序。见《铁网珊瑚》卷六《跋袁静春杂诗》,此卷现藏上海博物馆。

作《玄门高士陆君(应祥)碑》。

本集卷二九《玄门高士陆君(应祥)碑》:"年七十有二,元统元年十月晦,终于成家。明年二月朔,葬吴县横山北先墓之次。配周氏。子男一人:曰德原……既葬,德原以状来谒。"

作《明善书院姜君墓志铭》。

> 本集卷三六《明善书院姜君墓志铭》："君卒以至顺三年十二月乙丑，享年七十有一。葬以元统二年二月某日，墓在县东隅郎家奥双髟介峰之南。"

是年为吴之隐君子袁易作墓志铭。

> 本集卷三三《袁通甫(易)墓志铭》："君卒于大德十年十一月二十六日，得年四十有五……后二十有八年，是为元统二年，于是，君长子震已死，泰及晋实始伐石以状来谒铭。"

作《松江、嘉定等处海运千户杨君(枢)墓志铭》。

> 本集卷三五《松江、嘉定等处海运千户杨君(枢)墓志铭》。

编年文

《跋袁静春杂诗》(《铁网珊瑚》卷六；《黄溍全集》，第 218 页)；

《玄门高士陆君(应祥)碑》(本集卷二九；《黄溍全集》，第 638 页)；

《明善书院姜君墓志铭》(本集卷三六；《黄溍全集》，第 529 页)；

《袁通甫(易)墓志铭》(本集卷三三；《黄溍全集》，第 475 页)；

《松江、嘉定等处海运千户杨君(枢)墓志铭》(本集卷三五；《黄溍全集》，第 513 页)。

元惠宗妥懽帖睦尔元统三年、至元元年乙亥(1335)　五十九岁

时事

二月，革冗官。

三月，龙兴路饥。

六月，伯颜杀唐其势，杀皇后，独执朝政。

十一月二十三日，元廷下诏改元，以元统三年为重纪至元元年。

十一月，元廷诏罢科举。

郭畀卒，年五十六。

事迹

除服，转承直郎，国子博士。陈基随行北上。

《行状》："丁外忧，去官。服阙，转承直郎，国子博士。"

尤义《陈基传》云："至元仍纪元之元年。从文献游京师。"（见《夷白斋集》附录）

见《洞门黄氏宗谱》卷二《文献公历授敬官始末》。

本集卷一九《纪梦诗序》："重纪至元之元年春，予忝以非材备员国子学官。"

三月九日，嘉议大夫、武昌路总管致仕张德荣卒。

本集卷三八《嘉议大夫、武昌路总管致仕张公（德荣）墓志铭》。

张德荣（1258—1335），字显卿，晋宁（今山西临汾）人。平两江叛蛮，后为宣城县尹。

七月十一日，傅若金奉命随吏部尚书帖住、礼部郎中智熙善离开大都出使安南（今越南）。黄溍作《送傅汝砺之安南》。

苏天爵《滋溪文稿》卷十三《元故广州路儒学教授傅君墓志铭》："至真定驿，启制书观之，上有王号。君曰：'安南自陈日烜已绝王封，累朝赐书皆称世子，今无故自王之，何也？'使者疑未决，君独请行。至都堂白其事，宰相大喜，立奏改之。"

按：傅若金（1303—1342），字汝砺，新喻（今江西新余）人。少贫，学徒编席，受业范梈之门，游食百家，发愤读书，刻苦自学。后以布衣至京师，数日之间，词章传诵。虞集、揭傒斯称赏，以异才荐于朝廷。傅若金此年出使安南，可知此诗作于至元元年。

《送傅汝砺之安南》（本集卷五）

> 南徼车书路不遥，秋风使节下青霄。
> 颇闻僚佐登才彦，应有文章达教条。
> 日照楼船江水活，天低铜柱瘴云消。
> 归时岭上梅花发，想见诗囊未寂寥。

门生傅亨中乡贡进士。

本集卷三八《奉议大夫同知诸路金玉人匠总管府事傅公墓志铭》："尝从予游，及予承乏居国学，又适在弟子列，而亨取上京乡荐为第一，予所与闻也。"

明洪武十七年（1384）刻本《傅汝砺文集》卷四《送傅子通赴山北书吏序》："科举既罢，太学生傅亨子通以元统三年乡贡进士，受御史荐出掾山北。"傅亨，字子通。

七月二十二日,鄱阳朱明普卒。

本集卷三二《鄱阳朱君墓志铭》,朱明普之孙朱坦中进士后,奉先友程翔所作行状请黄溍为其大父作墓志铭。

朱明普(1259—1335),字升朝,自号止善。

上都乡试,作《上都乡试,蒙古、色目人策问》。

据《新刊类编历举三场文选》(元刘贞仁编选)。

作《同王章甫待制校文上京八月十五夜宿龙门驿》。

《同王章甫待制校文上京八月十五夜宿龙门驿》(本集卷四)

> 凉风堕黄榆,万马皆南驰。而我方北首,度关及鸣鸡。
> 石路更幽阻,仆夫惨不怡。徐驱待明发,泱漭穷烟霏。
> 貂裘者谁子,怪我逢掖衣。为言霜露多,遑遑独安之。
> 我非不自爱,简书今有期。忆昔州县间,折腰向小儿。
> 荏苒二十年,白首初登徽。同袍如燕鸿,去住恒相违。
> 悠然慨平生,与世何参差。暝投龙门驿,高馆临回溪。
> 青崖拱白月,水木含余辉。秋色故潇洒,我行殊未迟。
> 相从况魁彦,炯若珊瑚枝。衰暮奚足云,一觞聊共持。

黄溍从延祐二年(1315)进士至此年,正是"荏苒二十年"。

是年,饶州路儒学教授许熹卒。

本集卷三七《饶州路儒学教授许君(熹)墓志铭》有记,许熹曾师事石一鳌,与黄溍是同门,知君最深,故予以作铭。

许熹(1275—1335),字华甫,东阳(今浙江东阳)人。曾与石一鳌游。临终遗言:"尔等入当善事而母,出当善事而叔父,扶植吾门户,使勿坠,他则平日诲尔熟矣。"

丹阳县尹薛观卒。

本集卷三七《丹阳县尹致仕薛君墓志铭》。

薛观(1271—1346),字处静,庆元路鄞县(今宁波市鄞州区)人。

编年诗

《送傅汝砺之安南》(本集卷五;《黄溍全集》,第79页);

《同王章甫待制校文上京八月十五夜宿龙门驿》(本集卷四;《黄溍全

集》,第 19 页)。

编年文

《上都乡试,蒙古、色目人策问》(本集卷二○;《黄溍全集》,第 138 页)。

元惠宗妥懽帖睦尔至元二年丙子(1336) 六十岁

时事

二月,诸军讨广西徭,久无功。

八月,大都至通州霖雨,大水。

十月,抚州、袁州、瑞州诸路饥。

是年,江浙旱,自春至八月不雨,民大饥。

元代第一部本朝诗选《皇元风雅》序刊。

事迹

在京师,任承直郎、国子博士。

夜梦诸生拜术(字明善)者中进士第。

    本集卷一九《纪梦诗序》:"重纪至元之元年春,予忝以非材,备员国子学官。其年秋,校文上京。夜梦观新进士上谢恩表,襃然出班前立者,诸生逊都思其氏、拜术其名,明善其字者也。予既竣事而归,则闻明善已预在京荐名,既上于春官,而科举事遽废,予颇疑梦之不足征。"

是年,作《赠月江术士》。

    本集卷六《赠月江术士》:"坐阅人间六十载,始知我命不由天。千江一月无分照,枝北枝南影自偏。"

作《杏溪祠堂记》。

    本集卷一四《杏溪祠堂记》:"堂成于重纪至元之二年,师蒙已卒,因以侑食。"

作《筠严律师(大节)塔铭》。

    详见本集卷四二《筠严律师(大节)塔铭》。

    筠严(1246—1335),会稽(今浙江绍兴)人。黄溍应明庆主持之请,为之作铭。

作《昆山荐严寺竺元禅师(妙道)塔铭》。

本集卷四二《昆山荐严寺竺元禅师（妙道）塔铭》。妙道，字竺元，宁海（今浙江宁海）人。"骨气凝重，神资秀朗。质貌魁伟，性刚直、慎许可，安贫乐道，不为缘饰。有《重拈雪窦举古一百则》《颂古五十三则》《四会说法语录》若干卷。"其弟子司聪请铭。

是年，承务郎、松江府判官王肖翁卒。

《文献集》卷九下《承务郎、松江府判官致仕王公（肖翁）墓志铭》。

作《（龙兴路）百丈山大智寿圣寺天下师表阁记》。

详见本集卷一一《（龙兴路）百丈山大智寿圣寺天下师表阁记》。

在京城送同年王冕，作《送王君冕归长安》。

本集卷四《送王君冕归长安》："蹉跎二十年，来拂旧题名。升沉久已判，存没复堪惊。忽逢王明府，话旧欣合并。"

作《送吴良贵诗序》。

本集卷一七《送吴良贵诗序》："元贞丙申，予幸获执弟子礼，见方先生仙华山之下，退又辱与良贵游，俯仰之间，垂四十年。先生已不可作，一时之人物，星离云散，或随牒远方，与时浮湛，或以……今年秋，乃闻良贵将主教于稽山，朋旧皆为诗以送之。"

作《华府君（其）碑铭》。

本集卷二九《华府君（其）碑铭》："重纪至元，二年丙子。九月某日，葬所居里。"

华其（1265—1331），字德珍。沉静寡言笑，遇事剖析是非，具有条理。

编年诗

《赠月江术士》（本集卷六；《黄溍全集》，第104页）。

编年文

《杏溪祠堂记》（本集卷一四；《黄溍全集》，第370页）；

《筠严律师（大节）塔铭》（本集卷四二；《黄溍全集》，623页）；

《昆山荐严寺竺元禅师（妙道）塔铭》（本集卷四二；《黄溍全集》，第620页）；

《（龙兴路）百丈山大智寿圣寺天下师表阁记》（本集卷一一；《黄溍全集》，第332页）；

《送王君冕归长安》（本集卷四；《黄溍全集》，第20页）；

《送吴良贵诗序》(本集卷一七;《黄溍全集》,第 242 页);
《华府君(其)碑铭》(本集卷二九;《黄溍全集》,第 632 页)。

元惠宗妥懽帖睦尔至元三年丁丑(1337)　六十一岁

时事

正月,临江路新淦州、新喻州饥。

四月,禁汉人、南人习蒙古、色目文字。龙兴路南昌、新建县饥。

八月,河南地震。京师地震,太庙梁柱裂,文宗神主及御床碎。

九月,文宗新主、玉册成,诏依典礼祭告。倪瓒题米芾《宝章待访录》。

是年,钱良祐书《吴中春游唱和诗卷》。

事迹

在京师,任承直郎、国子博士。

是年作《国学蒙古、色目人策问十八首》《国学汉人策问二十四首》《堂试汉人、南人策问三首》。

　　按:黄溍之"国学策问"当作于任国子博士期间,其所撰《国学蒙古、色目人策问十八首》《国学汉人策问二十四首》《堂试汉人、南人策问三首》,为私试时的策题。详见本集卷二〇。

十二月十三日,宋濂祖父宋守富卒。黄溍为表其墓曰"吉士"。

　　《先大父府君神道表》。(《宋文宪公全集》卷五十,嘉庆十五年严氏校刊本)

约是年与李子贞(表字)相见京师,并作《送李子贞序》。

　　本集卷一七《送李子贞序》:"今年秋,相见于京师,则子贞已改调婺郡文学,予亦承乏教国子于上庠,既与之握手道旧故,以相慰藉。"

移礼殿四配位,有议者分置左右,独面折之。

　　《神道碑》:"服阕,转承直郎、国子博士,未始以师道自居,轻纳人拜。所亲厚者,业成而仕,皆有闻时。时欲移礼殿四配位,东坐西向,学官或议分置于左右,同列不敢争,公独面折之。其人恚甚,且坐堂上,以危言相加,御史斥其无礼,乃克如公言。"

约是年作《送饶安道序》《送吴生归黄岩诗序》。

　　详见本集卷一七《送饶安道序》《送吴生归黄岩诗序》。

约是年作《裕庵记》。

> 详见本集卷一五《裕庵记》。

为江浙官医提举葛应雷作墓志铭。

> 本集卷三八《成全郎、江浙官医提举葛公(应雷)墓志铭》有记,葛应雷之子葛乾孙在其卒后十三年,以宋前进士颜尧焕所作《行状》来请铭。
> 葛应雷(1264—1323),字震父,平江(今江苏苏州)人。著有《医学会同》。

是年,武昌路诸色人匠提举漆荣祖卒。

> 本集卷三八《奉训大夫、武昌路诸色人匠提举漆君(荣祖)墓志铭》。
> 漆荣祖(1271—1336),字仲华,历任黄池、建康、杭州三织染局副使,后迁武昌路诸色人匠提举。翰林学士承旨姚燧来到江东,喜漆君沉静寡言,进退闲雅,取号曰"可心"。

应王大有之请,为奉议大夫、大名路滑州知州、骁骑尉王思孝作墓志铭。

> 本集卷三五《赠奉议大夫、大名路滑州知州、骁骑尉,追封白马县子王府君(思孝)墓志铭》云,至元丁丑(1337),子王大有奉状请黄溍作铭。

十月二十三日,许谦卒,年六十八岁。

> 黄溍《白云许先生(谦)墓志铭》:三年冬十月,疾复作。……门人朱震亨(丹溪)进,曰:"先生视稍偏矣。先生更肃容端视,倾之,视微暝,遂卒。享年六十有八。"(《浙江通志》卷二百六十六,四库全书本)
> 许谦,字益之,号白云。

编年文

《国学蒙古、色目人策问十八首》《国学汉人策问二十四首》《堂试汉人、南人策问三首》(本集卷二〇;《黄溍全集》,第139—153页);

《送李子贞序》(本集卷一七;《黄溍全集》,第250页);

《送饶安道序》《送吴生归黄岩诗序》(本集卷一七;《黄溍全集》,第251页);

《裕庵记》(本集卷一五;《黄溍全集》,第378页)。

《成全郎、江浙官医提举葛公(应雷)墓志铭》(本集卷三八;《黄溍全集》,第554—555页);

《奉训大夫、武昌路诸色人匠提举漆君(荣祖)墓志铭》(本集卷三八;《黄溍全集》,第558页);

《赠奉议大夫、大名路滑州知州、骁骑尉,追封白马县子王府君(思孝)墓志铭》(本集卷三五;《黄溍全集》,第 516 页)。

元惠宗妥懽帖睦尔至元四年戊寅(1338) 六十二岁

时事

正月,以地震敕天下。诏修曲阜孔庙。

四月,以脱脱为御史大夫。

五月,柳贯草书题赵孟頫《草书千字文》。

八月,京师地震。

是年山东、河南、徐州十五州县河决。

黄公望作《富春山居图》。

事迹

任承直郎、国子博士。

约是年寄书柳贯。

> 详见《柳待制文集》卷六《得晋卿博士自京寄书,道左辖王公、参议韩公存省顾问之意》。

四月十四日,傅若金离开大都赴任广州路儒学教授,黄溍作《送傅汝砺广州教授》。

> 苏天爵《滋溪文稿》卷十三:"明年,安南陪臣执礼物来贡阙下,君以功授广州路学儒学教授。"
>
> 傅若金赴任广州路儒学教授,揭傒斯作序送行,欧阳玄亦作《送傅与砺之广州儒学序》。黄溍作《送傅汝砺广州教授》。

《送傅汝砺广州教授》(本集卷六)

> 耻学山人赴辟书,勇随使者驾轺车。
> 横经久合居高座,上冢应须过旧庐。
> 黑夜文星南斗外,青冥鹏路北风初。
> 来期莫落梅花后,待诏先生席正虚。

八月,虞集岳母欧阳氏卒。

> 据本集卷三九《危母欧阳氏墓志铭》,欧阳氏之子危升为御诊太医,与黄溍相识于滦水。危家少清贫,夫人操持家务井然有序,三十年如一

日,告诫危升为医者志在有恒,不论贫富贵贱,必尽其心。夫人有一男四女,长女适奎章阁侍书学士虞集。

约是年作《国学迁设先师配位祝文》。

本集卷二三《国学迁设先师配位祝文》。

约是年作《请如公住宝林疏》。

详见本集卷二三《请如公住宝林疏》。

约是年作《觉隐文集序》。

本集卷一《觉隐文集序》有记。觉隐,生卒年不详,名本诚,字道元,自号辅成山人、大同山翁、凝始子、蜀時坾公。嘉兴人。住兴圣禅寺,嗣法虚谷陵禅师。又主本觉寺。工诗画。与天隐、笑隐三僧(圆至字天隐、大欣字笑隐)为元代"诗禅三隐"。有《凝始子集》《梦观集》。

受友危素之请,为作《临川李君(宗庆)墓志铭》。

本集卷三六《临川李君(宗庆)墓志铭》有记,李宗庆(1261—1337),字可善,金溪(今江西金溪)人。是年葬于永和乡之乌石岗。

作《广莫子周君(德方)碣铭》。

本集卷四〇《广莫子周君(德方)碣铭》有记,周德方,号广莫子。延祐六年(1319)来吴兴计筹山老子祠,二十年后卒。

作《绍兴路宝林寺华严教寺记》《杭州路龙兴祥符戒坛寺记》。

详见本集卷一二《绍兴路宝林寺华严教寺记》《杭州路龙兴祥符戒坛寺记》。

约是年,作《国学蒙古人策问》《国学汉人策问》《会试汉人策问》《会试蒙古人策问》。

本集卷二〇。

门生陈基再度上京,与翰林文字陈旅同舟北上。

陈旅《安雅堂集》卷二有《与陈敬初同舟北游题饯行卷》,"敬初"即陈基。陈基幼名无逸,于是年改名为基。

《与陈敬初同舟北游题饯行卷》

我爱天台陈敬初,少日辞家即远图。

上书可拟贾生策,入关便弃终军襦,

八月官河秋水大,三江亲舍暮云孤。

名成归去岁未晚,卜邻有约依东吴。

(《安雅堂集》卷二)

陈旅(1288—1343),字众仲,兴化莆田(今福建莆田)人。笃志于学,荐为闽海儒学官。游京师,虞集等荐除国子助教。出为江浙儒学副提举。召应奉翰林文字。至正元年(1341)迁国子监丞,又二年卒。有《安雅堂集》十四卷。

项炯卒,年六十一岁。

项炯(1278—1338),字可立,台州临海人。端行积学,通群经大义,为时名儒。晦迹不仕,一时名公硕士多从之游。工诗,有《可立集》。《台州外书》:"自以累代受宋恩,绝意进取,惟与金华黄溍、晋宁张翥作文字交。游迹所至,未尝一定。尝主吴中甫里书院,与顾阿瑛唱和。"民国《临海县志》卷之二十二"人物·文苑"及《元诗选》等有其传记。

项炯晚筑斋曰"愧愧",黄溍为之记(本集卷一五)。有《跋项可立序旧》(本集卷二二),卒后为其作墓志铭(本集卷三四)。

马祖常卒,年六十岁。

详见《许有壬集》卷四十六《马文贞公神道碑铭并序》。

编年诗

《送傅汝砺广州教授》(本集卷六;《黄溍全集》,第82页)。

编年文

《国学迁设先师配位祝文》(本集卷二三;《黄溍全集》,第115页);

《请如公住宝林疏》(本集卷二三;《黄溍全集》,第168页);

《觉隐文集序》(本集卷一;《黄溍全集》,第267页);

《临川李君(宗庆)墓志铭》(本集卷三六;《黄溍全集》,第527页);

《广莫子周君(德方)碣铭》(本集卷四〇;《黄溍全集》,第605页);

《绍兴路宝林寺华严教寺记》(本集卷一二;《黄溍全集》,第334页);

《国学蒙古人策问》《国学汉人策问》《会试汉人策问》《会试蒙古人策问》(本集卷二〇;《黄溍全集》,第137—152页)。

元惠宗妥懽帖睦尔至元五年己卯(1339) 六十三岁

时事

三月,张雨作行书《铁琴诗卷》。

八月,欧阳玄作楷书《春晖堂记》。

九月,沈阳饥,民食木皮。

十月,诏命伯颜为大丞相。

十一月,开封范孟起义,伪传圣旨,杀河南行省平章政事月鲁帖木儿等,诛之。

事迹

任承直郎、国子博士。

在京与刘遂初、周伯琦、任大瞻、王士点等游西山。

> 本集卷五《同刘遂初修撰、周伯温编修、任大瞻经历、王继志架阁西山行香,次初韵》。

为周伯琦作《致用斋诗集序》。

> 本集卷一八《致用斋诗集序》云:"始予举进士至京师,辱游伯温父子间。时尊公以次对居集贤,伯温日侍左右,予不久亦调补而去,未暇以文字相叩击也。后二十五年,伯温在翰苑,予适备员学官,休沐相过,因出为诗曰《致用斋稿》若干卷。"

约是年,为萧存道作《群玉集序》。

> 本集卷一八《群玉集序》。

十一月二十一日,真定路总管府达鲁花赤道家奴卒。

> 本集卷三七《真定路总管府达鲁花赤致仕道家奴嘉议公墓志铭》。
>
> 道家奴(1268—1339),蒙古人。至元十四年(1277),入见世祖皇帝,留备宿卫,为人不喜邀功。

作《苏御史治狱记》。

> 本集卷一五《苏御史治狱记》文末云:"公(苏天爵)今由中书礼部侍郎,出为江北淮东道肃政廉访使。"
>
> 按:据《元史》本传,苏天爵于至元五年(1339)由中书礼部侍郎出为

江北淮东道肃政廉访使。

作《送苏伯修宪使》。

《送苏伯修宪使》（本集卷六）

久参法从侍凝旒，忽拥幨轺按列州。

太史山川皆熟路，淮南草木自生秋。

遥瞻龙节辞中禁，尚想鳌峰接隽游。

樗散郑虔无所用，幸搜岩穴副旁求。

按：诗中提及"淮南"，应指苏天爵任淮东宪使期间，故系于是年。

是年，许村场盐司管勾谢瑞卒。

本集卷三七《许村场盐司管勾谢君（瑞）墓志铭》。

谢瑞（1283—1339），字信翁，杭州人。

编年诗

《同刘遂初修撰、周伯温编修、任大瞻经历、王继志架阁西山行香，次初韵》（本集卷五；《黄溍全集》，第 54 页）。

《送苏伯修宪使》（本集卷六；《黄溍全集》，第 83 页）

编年文

《致用斋诗集序》（本集卷一八；《黄溍全集》，第 257 页）；

《群玉集序》（本集卷一八；《黄溍全集》，第 263 页）；

《真定路总管府达鲁花赤致仕道家奴嘉议公墓志铭》（本集卷三七；《黄溍全集》，第 546 页）；

《苏御史治狱记》（本集卷一五；《黄溍全集》，第 372 页）。

元惠宗妥懽帖睦尔至元六年庚辰（1340）　六十四岁

时事

二月十六日，元廷罢中书大丞相伯颜为河南行省左丞相。

五月，禁民间藏军器。

十二月，元廷复行科举制。罢奎章阁。

《金刚波若波罗蜜经注解》刊行，为我国最早的雕版朱墨套印版画。

是年，倪瓒与柯九思、张翥、黄公望、于立、顾瑛于玉山雅集，赋诗吟唱，并为于立所藏之《云松图》题诗。

秋，吴师道擢国子助教，阶承务郎。

冬，苏天爵擢陕西行台治书侍御史。

事迹

四月，祗受宣命，迁充奉政大夫、江浙等处儒学提举，十月到任。

> 《行状》："经六年之久，请补外，换奉政大夫、江浙等处儒学提举。"
> 详见《洞门黄氏宗谱》卷二《文献公历授散官始末》。

八月，中顺大夫、江浙等处财赋都总管王洪得请于朝，疏恩二代，爰状请为宛平王氏先茔作碑铭。

> 详见本集卷二九《宛平王氏先茔碑铭》。

作《饶州路儒学教授许君（熹）墓志铭》。

> 黄溍与许熹同执弟子礼于石一鳌，故知君为深。详见本集卷三七《饶州路儒学教授许君（熹）墓志铭》。

为秋江黄一清作墓志铭。

> 本集卷三八《秋江黄君（一清）墓志铭》："初，李韩公以中书平章政事知贡举，某用门生礼，拜公里第，君在焉。别去二十有五年，而君之子晋，踵门泣且言君已没，持黄竹巡检程君之状，以铭为请。"黄溍于延祐二年（1315）中举并拜见李孟，二十五年后黄一清之子为其父求铭。
>
> 黄一清（1263—1337），字清夫，安徽休宁人。家母为节妇，其为孝子，得族表曰"节孝"，元朝徽人得旌表者，自君母子始。君性疏旷，与人为善，"累朝元老、台阁名公，至于卑官下僚、新进之士，无不与之交"。

是年，应苏天爵之请作《苏学士画像记》。

> 苏学士，即苏志道（1261—1320），字子宁，真定（今河北正定）人。苏天爵之父。以吏起家，延祐四年（1317）苏志道出任岭北行省左右司郎中，直至延祐七年（1320）辞归而卒。
>
> 据《元史》本传，苏天爵于是年二月入为枢密院判官，五月改任吏部尚书，十月拜西行台治书侍御史。而本集卷一四《苏学士画像记》："公嗣子吏部尚书天爵疏其岁月，属溍为之记。"在其殁后二十年，是为至元六年（文集卷一四误为至元元年），肖公像而祠焉，苏天爵求记。故为是年所作。

是年，吴莱卒。

编年文

《宛平王氏先茔碑铭》(本集卷二九;《黄溍全集》,第 716—718 页);

《饶州路儒学教授许君(熹)墓志铭》(本集卷三七;《黄溍全集》,第 534 页)。

《秋江黄君(一清)墓志铭》(本集卷三八;《黄溍全集》,第 563—564 页);

《苏学士画像记》(本集卷一四;《黄溍全集》,第 364 页);

元惠宗妥懽帖睦尔至正元年辛巳(1341) 六十五岁

时事

正月初一,元廷下诏改元,以至元七年(1341)为至正元年。

六月,改奎章阁为宣文阁。

九月,柳贯为翰林待制。是年,吴师道升博士,阶儒林郎。

秋,泰不华自京出守绍兴。

事迹

任江浙儒学提举。

张雨《送黄先生归乌伤序》:"至正元年,国子先生黄公提举江浙儒学,迎侍母夫人来钱塘。雨尝屈致板舆,游开元后圃。"(《黄文献集》卷十二附录)

正月二十三日,黄溍过张雨别居,无外式、刘衍卿不期而集,黄溍作诗记一时之高会。张雨、陈旅、吴师道、宋褧等以诗附和。

本集卷六《至大庚戌(1310)正月二十一日,予与儒公禅师谒松瀑真人于龙翔上方,翰林邓先生适至。予为赋诗四韵,诸老皆属和焉。后三十一年,是为至元辛巳(1341)正月二十三日,过伯雨尊师之贞居,无外式公、刘君衍卿不期而集,辄追用前韵,以纪一时之高会云》:

庐山旧事谁能继?三十年前此会同。

偶尔共来今日雨,萧然犹有古人风。

坐深遥对花如雾,兴尽徐归月在空。

仰止前修那堪作?聊追余响托无穷。

按:题记中记载"至元辛巳"有误,从"后三十一年"可推知是 1341 年,辛巳年又正是至正元年,而非至元年号。

张雨《句曲外史贞居先生诗集》(四部丛刊初编影印元刊本,下同)

卷五有《和黄晋卿提举忆旧诗》。

《和黄晋卿提举忆旧诗》

支许何能接王谢，山阴图画略相同。
能留茧纸真奇事，爱养鹅群少道风。
苔树斫冰春未破，花瓷削雪酒如空。
深惭故旧相料理，肯使牢愁坐五穷。

陈旅《安雅堂集》卷二有《次韵黄晋卿与张伯雨道士、高丽式上人会于杭州开元宫》。

《次韵黄晋卿与张伯雨道士、高丽式上人会于杭州开元宫》

闻说年来太极翁，交游无地不相同。
偶从贺老作吴语，更爱远公论国风。
梅邬寒深香欲永，蕊宫清彻境疑空。
流传诗句并图画，江海令人思不穷。

（《安雅堂集》卷二）

吴师道《吴礼部文集》卷八有《至大庚戌，黄君晋卿客杭，与邓善之翰林、黄松瀑尊师、儒鲁山上人会集赋诗。今至正辛巳，晋卿提举儒学，与张伯雨尊师、高丽式上人会，再和前诗。上人至京，以卷相示，因写往年所和，重赋一章》。

《至大庚戌，黄君晋卿客杭，与邓善之翰林、黄松瀑尊师、儒鲁山上人会集赋诗。今至正辛巳，晋卿提举儒学，与张伯雨尊师、高丽式上人会，再和前诗。上人至京，以卷相示，因写往年所和，重赋一章》

后先人物一时雄，心迹宁须较异同。
来此清谈散花雨，依然旧梦听松风。
画图长共湖山在，劫火频惊殿阁空。
万里忽逢东海客，前诗重写思何穷。

宋聚《燕石集》（清抄本）卷七有《高丽僧式上人游两浙，会提举黄晋卿、句曲外史茅山张伯雨，好事者绘为文会图》。

《高丽僧式上人游两浙，会提举黄晋卿、句曲外史茅山张伯雨，好事者绘为文会图》

文章释老谁争雄，昔人三语将无同。
已公茅屋见新句，匡庐莲社追随风。
名胜绝怜留翰墨，笑谈莫谓变虚空。
鸡林到日传相诧，杖锦归来未是穷。

高丽式上人，法名为式，号无外。高丽僧人。

与张雨游开元宫。

张雨《送黄先生归乌伤序》："至正元年，国子先生黄公提举江浙儒学，迎侍母夫人来钱塘。雨尝屈致板舆，游开元后圃。"（《黄文献集》卷十二附录）

四月二十日，黄溍同年吏部尚书偰哲笃夫人伟吾氏卒。

本集卷三九《魏郡夫人伟吾氏墓志铭》有记，夫人卒后，偰哲笃亲志其幽堂，其子偰伯僚逊等以尚书之命求黄溍作铭。

月伦石护笃，字顺贞，出自高昌名门，知书达理，熟习《孝经》《论语》《女孝经》《列女传》等。

四月二十三日，为司马光《资治通鉴》书晋永昌元年事作跋。

本集卷二一《跋温故通鉴草》其文有记："至正元年夏四月二十三日，后学黄溍书。"此题跋现存国家图书馆。

四月二十三日，为褚遂良书《倪宽传赞》作跋。

本集卷二一《跋褚河南书倪宽传赞》其文有记："至正元年夏四月二十三日，黄溍记。"

《倪宽传赞》传为唐代褚遂良之楷书法帖。《石渠宝笈》载：帖高七寸七分，横五尺二寸七分，字共五十行，满行七字。据赵孟坚跋，知此为褚遂良晚年之作。卷后有赵孟坚、邓文原、柳贯、杨士奇、钱溥等人跋记。赵氏跋称："容夷婉畅，如得道之士，世尘不能一毫婴之。"而明代詹景风《东图玄览编》则以为："燥而不润乏天趣，笔似清劲而实单弱。"明代张丑《清河书画舫》称："褚河南《倪宽赞》是宋世临本，后有赵子固等七跋却真。"有影印本行世。

褚遂良（595—658）字登善，钱唐（今杭州）人，字登善。唐太宗时封河南郡公，世称"褚河南"。博涉文史，尤工书法。唐太宗曾言："虞世南死后,无人再与我论书法。"魏徵便推荐褚遂良,言"遂良下笔遒劲,甚得王逸少体"。太宗时历任起居郎、谏议大夫,累官至中书令。

倪宽(?—前103),也作儿宽,千乘(今山东广饶)人。历仕廷尉、掾举侍御史、中大夫、左内史、御史大夫。汉武帝元封六年(前105),奉诏与司马迁等共定《太初历》,精通经学和历法,且善文辞。(传见《汉书》卷五八"倪宽传")

闰五月二日,作《秋山巨壑图》。

据《宋元明清名画大观》《宋元明清画家年表》《中国历代画目大典(辽至元代卷)》等记载,黄溍作有《秋山巨壑图》。图中款识:"秋山何峻嶒,乃与群峰别。吾将买山居,畅领山水益。服官久京华,游览废登历。举笔作画图,缋事昔所涉。信手成巨壑,续想亦颇适。吾爱井西翁,画登北苑室。渐兹挥毫间,窠臼已往迹。题诗仰高风,得毋有深癖。至正元年闰月二日,金华黄溍。"此卷又有韩奕、陶振、叶志诜、李恩庆、萧应椿等人跋文。

按:此画作题诗落款书迹与黄溍存世题跋笔迹相差甚远,疑是伪作。

十月,父亲黄铸追封奉政大夫、秘书监丞、骁骑尉,追封义乌县子。

本集卷二三《先大夫封赠祝文二首》其一:"……伏奉至正元年十月制书:赠奉政大夫、秘书监承、骁骑尉,追封义乌县子。庆泽所被,下逮一门,只念厥由,不任感慕。而溍系于职守,不得躬展葬仪,谨遣弟溥、淇诣墓次以告。谨告。"

十一月十四日,游宝乘寺,作《跋寻僧图》。

本集卷二十一。跋云:"后公(王安石)游宝乘二百六十年,为今至正元年十月一十四日,金华黄溍书。"

王安石《与道原过西庄,遂游宝乘》

其 一

周顒宅作阿兰若,娄约身归窣堵坡。
今日隐侯孙亦老,偶寻陈迹到烟萝。

其 二

桑杨已零落,藻荇亦消沉。
园宅在人境,岁时伤我心。
强穿西埭路,共望北山岑。

> 欲觅道人语，跨鞍聊一寻。
> 亲朋会合少，时序感伤多。
> 胜践聊为乐，清谈可当歌。
> 微风淡水竹，净日暖烟萝。
> 兴极犹难尽，当如薄暮何。

嘱杨维桢代作应酬之文。

《墓志铭》："在杭提学时，谒文者填至，必取予笔代应，且又不掩于人，曰：'吾文有豪纵不为格律囿者，此非吾文，乃杨廉夫文也。'自京南归时，余见于天竺山，谓予曰：'吾老且休矣，吾子《宋纪辨》已白于禁林，宋三百年纲目属之子矣。'"（《东维子集卷》卷二十四，四库全书本）

宋濂从黄溍游，遇有求文者，溍怒斥之。

《宋濂全集·郑济刻辑补》载《赠梵颗上人序》："予因自念壮龄之时从黄文献公游，宾朋满座，笑谈方款洽，忽有以文辞为请者，公辄戟手大骂，视之若仇雠。或介尺牍至者，细裂之，内口中嚼至无字而后方吐。时公年逾六十矣。予颇以谓人知爱公之文，故求之，一操觚间固可成章，何必盛怒以至于斯？口虽不敢言，而中心未尝不疑公之隘也。"

提举江浙儒学初归，柳贯与赵大讷来访。

《柳待制文集》卷三《黄晋卿提举授官初归，予偕敬叔轻行访之，假榻湖边满心僧院。明日，病作，敬叔先还，予留就医药，数日乃归。予少时尝听琴此院，今四十年矣》。

主持江浙乡试，作《江浙乡试蒙古色目人策问》《江浙乡试南人策问》。

本集卷三九《乐平朱君墓志铭》："至正元年秋，予与建德推官李君案同校文乡闱，南士预荐者二十有八。""策问"见本集卷二〇。

本集卷三三《张宏道墓志铭》："予与道弘同对大廷，同校文江西，又同校文江浙。"

亦见元刘贞仁编选《新刊类编历举三场文选》。

与考试院柳贯等诸公同泛西湖，作诗《试院诸公西湖同泛分韵得仪字》。

《试院诸公西湖同泛分韵得仪字》（本集卷四）

秋杪景将晏，天高雾仍披。漾舟西城曲，散策南山陲。

重棘幸已撤,累觞欣共持。及兹酒不空,未害席共移。

会合非可常,简书各有期。念之动予怀,勖哉慎其仪!

柳贯亦作有《出试院诸友小集湖中分韵得淡字》。(《柳待制文集》卷二)

《墓志铭》:"太史考文江浙时,余辱与连房,卷有不可遗落者必决于予。"

作《试院同诸公为主试官作》。

《试院同诸公为主试官作》(本集卷五)

> 右辖升庸日,秋闱献艺初。
> 端居烦坐镇,妙简备贤书。
> 忆昔兴文运,惟天启圣谟。
> 教条行九有,学业出三余。
> 儒术俄中否,词场遂久虚。
> 纶言何霡霡,髦士共于于。
> 吐握承谦德,飞扬感壮图。
> 至公留藻鉴,成物待洪炉。
> 肃穆华星聚,涵容化日舒。
> 谁钦随计吏,行矣听传胪。
> 橘柚天庭贡,参苓相府储。
> 铺张须钜笔,衰朽愧荒疏。

"词场遂久虚",应指是年恢复科考。

作《送赵尧臣序》。

详见本集卷一七《送赵尧臣序》。

十二月,跋陆继善《双勾兰亭序》。

陆继善摹本,清宫旧藏,著录于《石渠宝笈初编》卷一,称"宋笺本",刻于《三希堂法帖》第二十六卷,今藏台北故宫博物院。帖后有黄溍跋:"旧见冯承素、米礼部及赵文敏公所临禊帖,未尝为苟同。今观此本,笔势翩翩,风神峻发又绝异。欲取而参较之,不能不以四者之难并为恨也。至正元季冬十有二月庚申黄溍书。"

本集卷二一《题唐临兰亭》中所载跋文多"为""取"两字,且无落款时间。陆氏自跋云："先兄子顺，得唐人摹兰亭序三卷。其一乃东昌高公物，余窃慕焉。异日，见兄用河北鼠毫制笔甚精，因念尝侍先师药庵姚先生、文敏赵公，闻双勾填廓之法，遂从兄假而效之，前后凡五纸。兄见而喜，辄怀去。已而兄卒，其所藏皆散佚。至元戊寅（1338）夏，得之于兄故隶家，既喜且慨。吁！吾兄不复生，唐摹不复见，余年已中，亦不复可为。抚卷增叹。是年十月又五日。甫里陆继善识。"从跋文中可知，陆继善曾得《唐摹兰亭》三卷，陆继善所摹者是"东昌高公物"。陆继善曾从姚式、赵孟頫游，知双钩廓填法。陆继善用笔法度谨严，端重秀媚。其书法作品有《摹兰亭序》、跋赵孟頫《水村图》、跋赵孟頫《右军四事》、跋倪瓒《秋林野兴图》等。

陆氏此《摹兰亭序》后的元人题跋，按时间顺序为：陆氏本人跋，柯九思、揭傒斯、陈旅、陈方、黄溍、倪瓒跋。元人跋后，尚有明董其昌、清沈荃二跋。（王连起，《元陆继善摹〈兰亭序〉考》，《文物》，2006年第 5 期）

拜谒王都中。

本集卷三一《正奉大夫、江浙等处行中书省参知政事王公（都中）墓志铭》："公卧疾西湖上，溍入候安否，公顾谓溍曰：'吾平生无他长，惟孝于亲、忠于君尔。度此疾必不起，只此为永诀，能使吾不朽者，惟子是。'溍对曰：'公年未及谢，天子方向用公，百神所相，旦夕且勿药矣。'公领之，而不复言。"

王都中（1278—1341），字元俞，号本斋，王积翁子。历官福建、浙东、广东宣慰使都元帅，后至元间以户部尚书领两淮盐运，终江浙行省参政。是年十一月卒，年六十四。

门生申屠性领乡荐。

申屠性，字彦德，会稽余姚人，一作诸暨人。至正四年（1344）领乡荐，春试不利。恩授歙县教谕，除婺州月泉书院山长。卒于明初。尝从黄溍游，明《春秋》学，其诗文严整有法度。《草堂雅集》卷十四存其诗十四首，生平见《草堂雅集》《元诗选·三集》。

约是年，为湖州路儒学正潘著归乡壮行。

贡师泰《玩斋集》卷十《湖州路儒学正潘君（著）墓志铭》："遂北走京师，游于公卿，论议英发，闻者莫不从敬。时大臣有罗致馆下者，其势焰熏灼，不喜人忤意，独直君言，数引荐之。久而益骄纵亡顾籍，君曰：太横，弗去，将于祸。遂拂衣归。翰林学士黄晋卿、礼部尚书王师鲁、国子监丞陈众仲及在朝名臣相，率为歌诗，以壮行。"

潘著(1308—1358)，字泽民。

作《新城县学大成殿记》。

详见本集卷十《新城县学大成殿记》。

作《杭州路净慈寺无尽灯后记》。

详见本集卷一三《杭州路净慈寺无尽灯后记》。

作《建千佛阁疏》。

详见《吴都文粹续集》卷三一。

为安阳韩性作墓志铭。

本集卷三二《安阳韩先生(性)墓志铭》："先生之卒，以至正元年五月七日，享年七十有六……奉枢葬会稽县太平乡白木原先茔之次，而以门人夏泰亨之状，属溍为之铭。"

韩性(1266—1341)，字明善，会稽(今绍兴)人。博综群书，尤精究性理之说。荐为慈湖书院山长，不赴。及卒，谥庄节。有《礼记说》《诗音释》《书辨疑》《五云漫稿》诸作。

为雅州知州钱公(文煜)作墓志铭。

本集卷三五《雅州知州钱公(文煜)墓志铭》有记，至正元年，钱文煜之子钱师中以嘉兴县尹虞志道之书来请黄溍作铭。(《黄溍全集》，第510—511页)

钱文煜(1272—1337)，字光远，江苏无锡人。

作《朱君墓志铭》。

朱君葬后五年，子朱右请铭。详见本集卷三七《朱君墓志铭》。

溧阳孔学诗卒。

本集卷三九《溧阳孔君墓志铭》有记，孔学诗之孙孔惟中走钱塘，请黄溍作铭。

孔学诗(1260—1341)，字文卿，号性斋，祖籍平阳(今山西临汾)，落籍溧阳(今江苏溧阳)。元代戏曲家、散曲家。

作《蒋君(宗简)墓碣》。

详见本集卷四〇《蒋君(宗简)墓碣》。

作《丹阳县尹致仕薛君(观)墓志铭》。

详见本集卷三七《丹阳县尹致仕薛君(观)墓志铭》。

是年，径山元叟行端卒，黄溍为之作塔铭。

元叟行端(1254—1341)，俗姓何，台州临海(今浙江临海)人。十一岁出家，累师高僧名宿。大德四年(1300)出主湖州资福寺。至大、延祐间，受行宣政院札，先后住持杭州净慈寺、灵隐寺，赐号"慧文正辩"，入勤仁宗后，又加号"佛日普照"。泰定元年(1324)受命住持径山。善文。详见本集卷四一《径山元叟禅师(行端)塔铭》。

为玄明宏道虚一先生赵嗣祺作碑铭。

本集卷二九《玄明宏道虚一先生赵君(嗣祺)碑铭》云，在先生卒后之明年，即至正元年(1341)十月十五日，守约与永寿之弟子杨玄鉴等奉遗蜕藏于紫云关乾元山之麓，以状介真人华公来征铭。

是年，于溱来请黄溍，为其父于九思作行状。

本集卷二三《元故中奉大夫、湖南道宣慰使于公(九思)行状》云："于公以至正元年五月一日终于杭之私第，其子于溱愿有述以备考择，请黄溍为之作行状。溍幸尝获登公之门，而公之守越也，又辱效官使于部内，知公为详，不敢以不敏辞。"文末年款"至正九年"系"至正元年"之误。

于九思(1268—1341)，字有卿，蒙古名伯颜，大都(今北京)人。大德元年(1297)累官诸暨知州，大德七年(1303)迁知奉化。皇庆元年(1312)除两浙盐运副使，历江浙理问官、杭州路总管。至治二年(1322)除海漕万户。泰定三年(1326)迁绍兴路总管。天历二年(1329)升湖南宣慰使，致仕居杭。

约是年，作《重修广济库记》。

本集卷九《重修广济库记》。

编年诗

《至大庚戌(1310)正月二十一日，予与儒公禅师谒松瀑真人于龙翔上方，翰林邓先生适至。予为赋诗四韵，诸老皆属和焉。后三十一年，是为至元辛巳(1341)正月二十三日，过伯雨尊师之贞居，无外式公、刘君衍卿不期而集，卿追用前韵，以纪一时之高会云》(本集卷六;《黄溍全集》，第84页)；

《试院诸公西湖同泛分韵得仪字》(本集卷四;《黄溍全集》，第23页)；

《试院同诸公为主试官作》(本集卷五;《黄溍全集》，第55页)。

编年文

《魏郡夫人伟吾氏墓志铭》(本集三九;《黄溍全集》,第 574—575 页);

《跋温故通鉴草》(本集卷二一;《黄溍全集》,第 182 页);

《跋褚河南书倪宽传赞》(本集卷二一;《黄溍全集》,第 185 页);

《跋寻僧图》(本集卷二一;《黄溍全集》,第 182 页);

《江浙乡试蒙古、色目人策问》《江浙乡试南人策问》(本集卷二〇;《黄溍全集》,第 138—139 页);

《送赵尧臣序》(本集卷一七;《黄溍全集》,第 248 页);

《跋陆继善双勾兰亭序》(本集卷二一《题唐临兰亭》;《黄溍全集》,第 186 页;台北故宫博物院藏);

《新城县学大成殿记》(本集卷一〇;《黄溍全集》,第 305 页);

《杭州路净慈寺无尽灯后记》(本集卷一三;《黄溍全集》,第 357 页);

《建千佛阁疏》(《吴都文粹续集》卷三一;《黄溍全集》,第 168 页);

《安阳韩先生(性)墓志铭》(本集卷三二;《黄溍全集》,第 456 页);

《雅州知州钱公(文煜)墓志铭》(本集卷三五;《黄溍全集》,第 510—511 页);

《朱君墓志铭》(本集卷三七;《黄溍全集》,第 538 页);

《蒋君(宗简)墓碣》(本集卷四〇;《黄溍全集》,第 599 页);

《丹阳县尹致仕薛君(观)墓志铭》(本集卷三七;《黄溍全集》,第 535 页);

《径山元叟禅师(行端)塔铭》(本集卷四一;《黄溍全集》,第 614—616 页);

《玄明宏道虚一先生赵君(嗣祺)碑铭》(本集卷二九;《黄溍全集》,第 635—636 页);

《元故中奉大夫、湖南道宣慰使于公(九思)行状》(本集卷二三;《黄溍全集》,第 421—423 页);

《重修广济库记》(本集卷九;《黄溍全集》,第 296 页)。

元惠宗妥懽帖睦尔至正二年壬午(1342)　六十六岁

时事

正月,倪瓒题陆继善双勾《兰亭序》。

二月,颁《农桑辑要》

三月初七,顺帝亲试进士七十八人,赐拜住、陈祖仁及第。其余出身有差。倪瓒访杨维桢。

九月,京师起义活动四起。

十二月,京师地震。

事迹

在杭州任江浙儒学提举。

二月,在杭州游龙井,与同郡士大夫及方外士凡四十有一人复至南山展谒乡先达故宋兵部侍郎胡公墓。

> 《黄文献集》卷三《谒胡侍郎墓祝文》:"维至正二年二月壬寅朔,越二十有二日癸亥,具位姓某等,敢昭告于故宋兵部侍郎胡公之神。"
>
> 本集卷一〇《南山题名记》。

二月庚申,为括苍陈镒之诗集《午溪集》作序。

> 《午溪集》(四库全书本,下同)卷首《午溪集序》文末有记云:"至正二年春二月庚申,翰林直学士、中顺大夫、知制诰同修国史兼经筵官黄溍序。"
>
> 陈镒,字伯铢,丽水(今浙江丽水)人。生卒年不详,约至元年间在世。工诗。曾任松阳教授。后筑室午溪之上,遂以"午溪"名其诗文集。著《午溪集》十卷。

四月,不雨,江浙行中书省宰执都司,亲自祷雨,二十日,黄溍直书其事。

> 本集卷一〇《天目山祷雨记》:"至正二年夏四月,不雨,江浙行中书省宰执都司,亲祷于杭之宗阳宫,俾真人唐永年为作符檄、朱书、铁简,命道士持诣天目山,祈灵于两龙祠。……爰命儒学提举黄溍直书其事,光扬神休。二十日庚申,谨记。"

四月十七,潮州路总管府知事孔涛卒。

> 本集卷三四《承直郎、潮州路总管府知事孔君(涛)墓志铭》有记,孔涛卒于至正二年(1342)四月十七日,享年五十有七岁。黄溍缔交于君,最久且亲,自谓知君莫予若。
>
> 孔涛(1286—1342),字世平,溧阳州儒学教授。泰定元年(1324)进士第,赐同进士出身,授从仕郎平江路昆山州判官。未上,丁内忧,服除,授吴江州判官。后调桂阳州判官。秩满,升承直郎、潮州路总管府知事。

五月,作《先大夫封赠祝文》。

> 本集卷二三《先大夫封赠祝文二首》其一:"维至正二年岁次壬午五月辛未朔二十七日丁酉,孝子奉政大夫、江浙等处儒学提举溍,敢昭告于先考秘府君:溍蒙赖教育,窃有禄位。疏恩分土,已表生荣。进秩升

朝,载扬恤典。"

七月二十八日,跋苏轼《虎跑泉》诗卷。

《式古堂书画汇考》卷一《跋苏东坡虎跑泉诗卷》:"余尝见林和靖手书所为诗一巨轴,多集中所不载。坡翁所作,视和靖尤富,一时不见于集中,固无怪其然。盖古人之文,亦有自删去者,此则坡翁得意之作,必非自删,或编录者未之见耳。至正二年七月廿八日黄溍书。"

七月二十九日,玄和明素葆真法师陈彦俭卒。

本集卷四〇《玄和明素葆真法师陈君(彦俭)碣铭》。

陈彦俭(1289—1342),字鹏举,饶州路鄱阳(今江西鄱阳)人。正一派道士。泰定三年(1326)授玄和明素葆真法师,提点观事。

八月二日,上天竺湛堂法师姓澄卒,作塔铭。

本集卷四一《上天竺湛堂法师(姓澄)塔铭》。

姓澄(1265—1342),俗姓孙,以字为号,曰湛堂,又号越溪。师从佛鉴铦法师为天台之学。著《金刚经集注》《经消灾经注》《阿弥陀经句解》等。

八月,为《重修无锡州儒学记》篆额。

《重修无锡州儒学记》由孟潼撰书,黄溍篆额,何源刻石。记薛世昌督建无锡宫学事。碑现存无锡碑刻陈列馆。

九月,为华亭江浙塾作《邵氏义塾记》。

本集卷一〇《邵氏义塾记》中有记云:"义塾创于元统二年之夏四月,其来谒记,则至正二年之秋九月也。"

邵天骥,号翠岩处士,华亭(今属上海)人。

冬十月既望,作《婺州通济桥记》

本集卷九《婺州通济桥记》中有记:"至正二年夏四月庀事……其年冬十月既望,张公率宪府暨文武官属以落焉佋来,俾为之记。"

十二月二十六日,杭州天竺灵山教寺玉冈蒙润卒。

本集卷四一《下天竺玉冈法师(蒙润)塔铭》。(《黄溍全集》,第613—614页)

蒙润(1275—1342),号玉冈,嘉禾(今浙江嘉兴)人。

是年,王祎(子充)、陈秉彝(性初)约于钱塘拜黄溍为师。

《明文衡》卷六十二有郑济《故翰林待制华川先生王公行状》云:"稍

长，习古学，师事侍讲黄文献公溍。是时文献为文章宗工，天下所师仰，然性介持，慎许可，见公所业，独深器之，即属以斯文之任。"

《王忠文公集》卷一《性初，余同门友也。至正初，定交钱塘，及兹两纪，中间出处离合之不同，有足慨者。顷辱以先师黄文献公所赠诗见示，感今念昔，抚卷泫然，因用次韵追和。虽辞不能工，而师友之谊，庶几见之矣》云："忆昔与子游，我齿始逾冠。子年颇少我，已复饱经传。白璧信少双，明珠合同穿。吾师文献公，清慎寡推荐。而独敬爱子，揄扬侪众彦。庶将托斯文，岂特夸词翰。……"

按：徐永明《元代至明初婺州作家群研究·黄溍年谱》指"性初"为义乌丁存。丁存，字性初。崇祯《义乌县志》卷十五"人物传"有记。然此"性初"应为天台陈秉彝。

民国续修《台州府志》卷一百二十三"人物传"："陈秉彝，字性初。天台人，父彦圣，欲作先祠，而未果，秉彝承父志卒成之。割田以供祠事。秉彝与同郡朱右、陶凯、郭公蔡、南阳堵简、金华王祎友，以诗相酬唱（题永思亭卷后）尝客钱塘归，祎送以诗。有'贾谊论高宜见屈，祢衡才俊莫教枉'之句。"

王祎《王忠文公集》卷二《钱塘赠别陈秉彝归天台，约九月来吾邑，故末及之》。

《钱塘赠别陈秉彝归天台，约九月来吾邑，故末及之》

寥落春城物色荒，况堪寒雨薄衣裳。
时危离别心浑醉，路远怀思梦倍长。
贾谊论高仍见屈，祢衡才俊莫教狂。
秋风肯负华川约，为子开尊举十觞。

徐一夔《始丰稿》（四库全书本，下同）卷三《题永思亭卷后》："同郡朱右伯言、陶凯中立、郭公蔡秉心、陈秉彝性初、南阳堵简无傲、金华王祎子充会于钱塘宗阳宫，时止善请论著其永思之亭，而伯言实为之记，中立、秉心、性初、无傲、子充暨一夔六人者为之赋诗。"

是年，溍欲致仕，有通邵氏之学者齐琦为溍起数，谓明年带秘阁职乃可致仕。又谓溍七十后可起位一品，然因其"性褊少容"，阶止二品耳。

《王忠文公集》卷二十一《齐琦传》云："琦既承家学，又兼得祝氏、傅氏之传，盖其为术由声色气味以起数，而推极乎元会运世。即其数之所见，天地气运之否泰，生人吉凶休咎之征，无不可以预定，纯乎邵氏先天之学，皇极之理也。故其为人言，凡未至之事，如在目前，无一不验者……江浙提学黄晋卿,年六十有六,将致仕,琦谓之曰:'来年乃可致仕,当带秘阁职名。七十后于是起位一品,然公性褊少容,止二品耳。'于是明年以秘书少监致仕。至七十有三,复召为翰林直学士,升侍讲学士而归。"

是年,作绍兴路儒学记。

　　本集卷九《重修绍兴路儒学记》。

　　按:时任绍兴路总管为宋文瓒,"至正元年秋,大熟。于是,量入为出,而给其经费;节缩浮蠹以资土木之役。……又明年春,甫告讫功,而公去为山东转运使,郡人夏君泰亨时教授杭学,谓公之嘉惠斯文,不可无以昭示方来,奉事状属溍书于贞石。"

是年,为高骥《云蓬集》作序。

　　本集卷一八《云蓬集序》:"延祐庚申秋,予忝预校文乡闱,得一人焉,曰高君骥……后三年,识君于钱塘……倏二十年,君不远千里,囊其歌诗杂著曰《云蓬集》者若干卷以示予。"

应文梓之请,为湖州路思溪圆觉法宝寺舍利塔作记。

　　本集卷一二《湖州路思溪圆觉法宝寺舍利塔记》有记云,此塔建造起于天历二年春,迄至正二年秋,凡十有五年,而告毕工。住山文梓重建塔成,伐石属溍书之,用图永久。

在钱塘,遇张祖光,与张雨往来。

　　本集卷三五《亚中大夫、同知湖州路总管府事张公(光祖)墓志铭》。

门生陈秉彝归天台,以诗赠之。

　　本集卷四《送陈生归天台》。

是年前后,作《行中书省上梁文》。

　　本集卷二〇《行中书省上梁文》。

作《海盐州新作大成乐记》《海宁州三皇庙祭田记》。

　　本集卷一〇《海盐州新作大成乐记》(亦见光绪《海盐县志》卷十一)、《海宁州三皇庙祭田记》。

作《江浙行中书省左右司题名记》。

　　本集卷八《江浙行中书省左右司题名记》。

作《重修钓台书院记》《婺州通济桥记》。

本集卷九《重修钓台书院记》《婺州通济桥记》。

约是年作《行中书省禳火醮青词》。

本集卷二三《行中书省禳火醮青词》。

约是年作《与四窗大法师书》。

详见《式古堂书画汇考》卷一八《与四窗大法师书》。

约是年作《请钦公住圆觉疏》。

详见本集卷二三《请钦公住圆觉疏》。

是年,为正奉大夫、江浙等处行中书省参知政事王都中作墓志铭。

本集卷三一《正奉大夫、江浙等处行中书省参知政事王公(都中)墓志铭》:"至正元年十有一月□日,江浙等处行中书省参知政事王公薨于平江里第,诸孤以二年正月□日襄大事于吴县长洲乡阳山金井坞,奉知宿州叶大中之状以授溍。"

是年,谢晟孙卒。

本集卷三一《信州路总管府判官谢公(晟孙)墓志铭》:"因感微疾,以至正二年(1342)七月二十四日卒,享年八十有六。"黄溍与谢公有畴昔之雅,其子谢池致书及状来向黄溍征铭。

谢晟孙(1257—1342),字唐卿,台州临海(今浙江临海)人。以恩补官至太社令,宋亡后,终不以仕进屑其意,蓄书数千卷,日以教子为务。谢公与黄溍之先人同岁,溍每造公,未尝废弟子礼,而公让不肯当,以某为忘年友。

是年,为化州路儒学教授王勋作墓志铭。

本集卷三二《化州路儒学教授王君(勋)墓志铭》有记,王勋卒于重纪至元之岁五月十四日,年七十七。以至正改纪之明年三月二十日葬。葬之日,王勋之子王堪以书请黄溍作铭。

王勋(1259—1335),字仲昭,浙江山阴(今浙江绍兴)人。

是年,汴梁稻田提举周应星卒。

本集卷三五《汴梁稻田提举周公(应星)墓志铭》有记,周公以至正二年(1342)九月某日,以疾卒于家,享年七十有四。其从子周伯琦缘僚友之契,请黄溍为其从父作铭。

周应星(1269—1342),字辰翁,江西鄱阳人。

是年,为进士赵由钦父亲赵孟赉作墓志铭。

本集卷三六《赠从仕郎、浙东道宣慰使司都元帅府都事赵府君（孟赍）墓志铭》。

赵孟赍（1273—1336），字仲良，镇江人，南渡后定居台州黄岩。曾为蒙古字学教授。

作《溧阳孔君（学诗）墓志铭》。

本集卷三九。

是年，为谷城县尉蒋吉相作墓志铭。

本集卷三七《谷城县尉蒋君（吉相）墓志铭》有记云，在蒋吉相改葬后七年，即至正二年（1342），其子蒋玄奉婿李裕所为状请黄溍作铭。

蒋吉相（1274—1321），字迪卿，号溪逸，婺州东阳（今浙江东阳）人。服侍仁宗皇帝驱驰上京，侍上起居服御以恭谨，数被称奖。蒋君有贤能，但未显，一直俯首下僚。

是年，诸暨陈嵩卒。

详见本集卷三九《诸暨陈君（嵩）墓志铭》。

陈嵩（1273—1342），字以高。与其兄以尚义称其乡。雅志丘壑，无意仕进，为人孝敬父母，友爱兄长。

为龙泉章格作墓碣铭。

《文献集》卷九下《龙泉章府君（格）墓碣铭》："龙泉章府君，以至治辛酉八月壬申终于家。后八年，当天历己巳十二月己酉，夫人李氏亦卒。又二年，至顺辛未七月庚申，合葬县北西宁乡古莱山之柯林。墓上之石未有刻文，又十有一年，其子遇孙以状来谒铭。予虽不敏，尝执笔从太史氏之后，以文字为职业，不敢以不敏辞。"

章格（1267—1329），字元寿。不意仕进，为人孝友。善于制药，为间巷之人治病，不求偿还。

索元岱来访，其以御史赴阙，作《送索御史诗序》。

本集卷一七《送索御史诗序》："（索元岱）遂持部使者节，分按浙河之东，溍方倦游，不俟引年，预引请纳禄而归，实受廛于属郡，辱公临贶者，再握手道旧，故殊款洽。今年春，公以御史召赴阙，士之见知于公者，相率赋诗，以道其缱绻之意，俾溍序其篇端。"

按：至正二年（1342），索元岱以奉议大夫迁南台监察御史。次年，任南台都事。后调浙东金宪。（《桧亭集》[四库全书本，下同]卷二《送索都事调浙东金宪》；《金陵新志》卷六下《题名》）

是年,为绍兴路总管宋文瓒作去思碑铭。

《两浙金石志》卷一七《绍兴路总管宋公(文瓒)去思碑铭》文末云:"至正二年三月□日,越郡士民立石。"

本集卷九《重修绍兴路儒学记》,宋文瓒下车伊始,"以导扬德意,化民成俗为务",重建庙学。

宋文瓒,生卒年不详,字子章,世居南阳府裕州(今河南南阳)。

是年后,作《平江路报恩万岁教寺兴造记》。

详见本集卷一二《平江路报恩万岁教寺兴造记》。

是年,作《义乌县真如院钟楼记》。

详见本集卷一三《义乌县真如院钟楼记》。

秋,夏溥、吴暾来请,作《石峡书院序》。

详见本集卷一六《石峡书院序》。

作《方君(泽)墓碣》。

本集卷四〇《方君(泽)墓碣》云:"予诸暨州判官之二年,州人方君卒。后一年,予受代去。又后十二年,而其子始来谒铭。"

江阴吴方卒后三年,作《江阴吴君(方)墓志铭》。

本集卷三九《江阴吴君(方)墓志铭》。

吴方(1288—1339),字季仁,江阴(今江苏江阴)人。以自号懒庵居士,绝意仕进。"诸子百氏、医药卜筮、数术之书,靡所不知。作诗尚理政,不事雕琢,然未始自以为高。教其子率能有所成立,其奖饰后进,虽小善弗遗,有过辄面斥之,亦无少恕。"(道光《江阴县志》卷十六有记)

门生明善中进士,黄溍之梦始验。

本集卷一九《纪梦诗序》:"及予请外南还,而中书用台臣之请计奏,被上旨复以科举取天下士,予亦复梦如初,至正改纪之年也。是岁,明善果在荐于京师。二年春,以正奏名入对大廷,遂为进士第一,予梦于是始验。"

十一月九日,同郡好友柳贯卒。

本集卷三〇《元故翰林待制柳公(贯)墓表》:"到官仅八阅月,俄以疾卒于寓舍,至正二年十一月九日也,享年七十有三……公气韵沉默,局度坚凝,平居未尝见其疾言遽色,虽有桀骜者,亦皆望之而意销。孝友本乎天性,弟实出后外家俞氏,遇之恩意弥笃。读书博览强记,自经、史、百氏，至于国家之典章故实、兵刑、律历、数术、方技、异教外书，靡所不通。故其文涵肆演迤，舂容纡徐，才完而气充，事详而词覈，蔚然成一家言。老不废诗，视少作尤古硬奇逸，而意味渊永。后学之士争传诵之。工篆籀楷法，善鉴定古彝器、书画，而别其真赝。晚益沉潜于理学，以为归宿之地焉……溍与公居同郡、学同志、辱游于公为最久，知公为最深。"

《潜溪前集》卷十《元故翰林待制承务郎兼国史院编修官柳先生行状》："读书博览强记，自礼乐、兵刑、阴阳、律历、田乘、地志、字学、族谱及老佛家书，莫不通贯，国朝故实，名臣世次，言之尤为精详。善楷法，工篆籀，京兆杜公本谓其妙处不减李阳冰。为文章有奇气，舂容纡徐，如老将统百万兵，虽旗帜鲜明，戈甲煜煌，不见有暗鸣叱咤之声。若先生者，庶几有德有言，为一代之儒宗者矣。"

《柳待制文集》卷二有《草堂琳藏主得往年黄晋卿、吴正传、张子长北山纪游八诗，演成卷，要予继作。因追叙旧游，为次其韵，增诸卷轴》。

《草堂琳藏主得往年黄晋卿、吴正传、张子长北山纪游八诗，演成卷，要予继作。因追叙旧游，为次其韵，增诸卷轴》

灵 源

禅堂生暮寒，客至不成宿。
岩云忽飞堕，深灯出他屋。
仰见星斗高，阑干转空曲。

草 堂

半陂纯浸山，山空时见景。
老禅行道处，水木余凄冷。
文字岂其机？无言坐移顷。

三 洞

高高三洞门，中天开积翠。
阴火发晶荧，坤珍抉奇閟。
仙灵倘下来，归吾此焉迟？

鹿 田

尘飞天宇空，石破岩泉古。
葽花吹微香，林端夜来雨。
语客莫题诗，山灵忌多取。

宝　峰

到寺取径危，穿林限沮洳。
井气升为云，篁竹高于树。
清风翼我兴，纳屦下山去。

潜　岳

德人久归泉，何异舟藏壑？
僧庐出榴翳，楢桷亦颓落。
回望芙蓉城，杂花香漠漠。

山　桥

言寻磊磊亭，蹑云随下上。
涧回泫微流，山空答遥响。
我已后斯人，寥哉得其赏！

宝　石

余春不可挽，风花吹满路。
向来一宿觉，窹语知其处。
却望北山南，城深昼多雾。

《柳待制文集》卷五有《与晋卿夜坐道，旧因书赠别》。

《与晋卿夜坐道，旧因书赠别》

去岁离京秋叶黄，客间看客又新霜。
澄江不碍浮云影，寒月空惊过雁行。
文苑即今谁醒藉，宦途何许是康庄。
红颜青鬓非前日，却愧人称两骕骦。

《柳待制文集》卷六有《得晋卿博士自京寄书，道左辖王公、参议韩公存省顾问之意》。

《得晋卿博士自京寄书，道左辖王公、参议韩公存省顾问之意》

朔雪干时一雁征，遥传书札到柴荆。
自投瘠土从耕牧，几辱平津问姓名。
白月寥寥虚近映，青山寂寂动余荣。
果然不负丹砂诺，熏校吾将谢墨卿。

编年诗

《送陈生归天台》(本集卷四;《黄溍全集》,第 24 页)。

编年文

《午溪集序》(《午溪集》卷首;《黄溍全集》,第 276 页);

《天目山祷雨记》(本集卷一〇;《黄溍全集》,第 317—318 页);

《先大夫封赠祝文二首(其一)》(本集卷二三;《黄溍全集》,第 116 页);

《跋苏东坡虎跑泉诗卷》(《式古堂书画汇考》卷一;《黄溍全集》,第 219 页);

《玄和明素葆真法师陈君(彦俭)碣铭》(本集卷四〇;《黄溍全集》,第 604 页);

《上天竺湛堂法师(姓澄)塔铭》(本集卷四一;《黄溍全集》,第 609—611 页);

《邵氏义塾记》(本集卷一〇;《黄溍全集》,第 314 页);

《婺州通济桥记》(本集卷九;《黄溍全集》,第 299 页);

《重修绍兴路儒学记》(本集卷九;《黄溍全集》,第 291 页);

《云蓬集序》(本集卷一八;《黄溍全集》,第 258 页);

《湖州路思溪圆觉法宝寺舍利塔记》(本集卷一二;《黄溍全集》,第 340 页);

《行中书省上梁文》(本集卷二〇;《黄溍全集》第 116 页);

《海盐州新作大成乐记》《海宁州三皇庙祭田记》(本集卷一〇;《黄溍全集》,第 306—308 页);

《江浙行中书省左右司题名记》(本集卷八;《黄溍全集》,第 287 页);

《重修钓台书院记》《婺州通济桥记》(本集卷九;《黄溍全集》,第 292—298 页);

《行中书省禳火醮青词》(本集卷二三;《黄溍全集》,第 114 页);

《与四窗大法师书》(《式古堂书画汇考》卷一八;《黄溍全集》,第 171 页);

《请钦公住圆觉疏》(本集卷二三;《黄溍全集》,第 168 页);

《正奉大夫、江浙等处行中书省参知政事王公(都中)墓志铭》(本集卷三一;《黄溍全集》,第 441—446 页);

《化州路儒学教授王君(勋)墓志铭》(本集卷三二;《黄溍全集》,第 455 页);

《汴梁稻田提举周公(应星)墓志铭》(本集卷三五;《黄溍全集》,第 512 页);

《赠从仕郎、浙东道宣慰使司都元帅府都事赵府君(孟贲)墓志铭》(本集

卷三六;《黄溍全集》,第523—524页);

《溧阳孔君(学诗)墓志铭》(本集卷三九;《黄溍全集》,第568页);

《谷城县尉蒋君(吉相)墓志铭》(本集卷三七;《黄溍全集》,第531页);

《诸暨陈君(嵩)墓志铭》(本集卷三九;《黄溍全集》,第570—571页);

《龙泉章府君(格)墓碣铭》(《文献集》卷九下;《黄溍全集》,第603页);

《送索御史诗序》(本集卷一七;《黄溍全集》,第248页);

《绍兴路总管宋公(文瓒)去思碑铭》(《两浙金石志》卷一七;《黄溍全集》,第627—629页);

《平江路报恩万岁教寺兴造记》(本集卷一二;《黄溍全集》,第337页);

《义乌县真如院钟楼记》(本集卷一三;《黄溍全集》,第357页);

《石峡书院序》(本集卷一六;《黄溍全集》,第227页);

《方君(泽)墓碣》(本集卷四〇;《黄溍全集》,第600页)。

《江阴吴君(方)墓志铭》(本集卷三九;《黄溍全集》,第566—567页)。

元惠宗妥懽帖睦尔至正三年癸未(1343) 六十七岁

时事

三月二十八日,诏修辽、金、宋三史。以中书左丞脱脱为都总裁官,中书平章政事铁木儿塔识、中书右丞太平、御史中丞张起岩、翰林学士欧阳玄、侍御史吕思诚、翰林侍讲学士揭傒斯为总裁官。

柯九思卒。

事迹

春,黄溍辞官还家。俄有旨,命预修辽、金、宋三史,适遇为母亲服丧期间未复命。

> 张雨《送黄先生归乌伤序》:"先生居官,甫逾三载,不俟引年,纳禄而去,人又美以为不可及。于是上方用中书奏,妙柬文臣,付以史事,先生名在史官中,使者及门,而夫人之殡在堂已九日矣。……夫人既合葬,先生遂庐于墓左,而为寿藏于其旁。有乳虎往来,驯伏墓侧,与人相狎而不敢伤,数月乃去,盖孝感所致云。"

> 《行状》:"至正三年春,先生始六十有七,不俟引年,亟上纳禄侍亲之请,绝江径归。俄有旨命预修辽、金、宋三史,丁内忧,不赴,除服,以中顺大夫、秘书少监致仕。"

> 本集卷四〇《先考墓志铭后记》:"以先夫人春秋高,不俟引年,纳禄

而归。……先夫人年二十,归于先君,后先君十二年卒,至正三年六月二十三日也,享年八十有八。其年八月二十七日,奉枢袝于先君之右。"

本集卷一四《干氏赠封碑阴记》:"今天子用言者建白,肆命宰臣,总裁三史,旁招群彦,俾预纂修,公既首膺召节,下至溍之疏贱黯浅亦所不遗。溍适有内艰,不果行。"

陈元英《先考墓志铭后记》:"先生去官之明年,居母忧且终制。"

杨维桢《送金华黄先生序》:"明年,朝廷以三史之事,遣使聘文墨老成,先生实在聘中。"(《黄文献集》卷十二附录)

本集卷二七《嘉议大夫、礼部尚书致仕干公(文传)神道碑》:"始公入秉史笔,溍实同被召命,适遭内艰,弗果赴。"

友人金华张枢被命修三史,未赴。

本集卷三○《张子长(枢)墓表》:"上即位之十一年,分命儒臣纂修辽金宋三史,今师相以监修国史领都总裁。既进,拟收擢遗逸之士四人,以两院次对之职,俾参笔削,仍奏辟子长为本府长史。使者奉驿券行四千里,求得子长于金华山中,力辞不拜。四方之士,莫不高其风。"

约是年三月,陈基作《送危太朴四首兼简金华黄先生、兰溪吴博士》。

《送危太朴四首兼简金华黄先生、兰溪吴博士》

其 一

海内闻名二十年,班荆长记客幽燕。

天官载笔推良史,延阁谈经列众贤。

三月风花愁送别,五湖春色好言旋。

只缘鞍马劳王事,未许扁舟听雨眠。

其 二

故人迢递日边来,驻马江亭访草莱。

谈笑岂惟能愈疾,欢娱兼肯共持杯。

李膺舟里神仙侣,郭隗堂中国士才。

芳草萋萋天欲暮,送君南浦思徘徊。

其 三

壮怀荦荦负经纶,匹马翩翩走驿尘。

南国梅黄逢细雨,上林莺老忆余春。

名山尽拟搜玄秘,沧海宁忘问隐沦。

若著清朝耆旧传,金华遗得老成人。

其 四

泰伯城中五日游,懒骑官马厌登舟。

步寻郑老通宵语,坐爱黄山竟日留。

只把简书询故旧,不将名姓答诸侯。

石榴花发缘江去,应访兰溪一散愁。

(顾瑛《草堂雅集》卷一)

按:危太朴,即危素;吴博士,即吴师道。

徐显《稗史集传》载,至正三年(1343)冬"公(柯九思)与临川饶旭及予出游于上方,移舟陆庵,暨临海陈基、吴人钱逢皆会"(《四库全书存目丛书》第 87 册)。可见陈旅卒后陈基则南归。其《寄葛子熙杨季民》诗云:"今日江南春雨歇,乱啼黄鸟正愁予。"序云:"去年客京师,与江西葛子熙、杨季民饮于济南张署令家……予还江南一载,而二子尚留京师,张君亦未离太常。感时抚事,怅然兴怀……"(顾嗣立编,《元诗选初集》,中华书局,1994 年,第 1911 页)

危素《说学斋稿》卷三有至正六年(1346)所作《送葛子熙序》,葛子熙即葛将,至正四年(1344)修宋、辽、金史,入选缮写宋文,次年史成授职。郑玉《师山集》卷三有《送葛子熙之武昌学录序》。陈基还乡一年后寄诗,葛将还在朝中,则此诗作于至正四年。

吴师道于至正元年(1341)升博士,至正三年(1343)母丧南还。次年八月,因疾卒于家。朝廷于是年诏修宋、辽、金三史,危素乃受聘之列,故此诗当为陈基在吴中送别危素北上时所作。

八月,为松江府重建庙学作记文,和立平书,泰不华篆。

正德《松江府志》卷一二《松江府重建庙学记》:"癸未秋八月,奉政大夫、前江浙等处儒学提举黄溍记,中大夫、平江路总管兼管内劝农事、知渠堰事和立平书,亚中大夫、绍兴路总管兼管内劝农事、知渠堰事泰不华篆。"

泰不华(1304—1352),字兼善,初名达普化,元文宗赐名"泰不华"。西域色目人,随父定居临海。元至治元年(1321)赐进士及第,授集贤殿修撰,转秘书监著作郎,调江南行台监察御史。后入史馆,参与编修《辽史》《宋史》《金史》。书成,任秘书卿,升礼部尚书,兼会同馆事。至正八年(1348)黄岩方国珍起兵。至正十一年(1351)泰不华任浙东道宣慰使都元帅。至正十二年(1352)行台州路达鲁花赤,与方国珍战,阵亡。追赠荣禄大夫、江浙行省平章政事,封魏国公,谥忠介。著有《复古编》。《元史》有传。

胡助北上任国史院编修。黄溍作诗《送胡古愚》。

《送胡古愚》(本集卷五)

白沟河水照行装,杨柳春旗日影长。

傲兀郑公新座席,敛藏马史旧文章。

谈经安用青油幕?载笔徐归白玉堂。

北望京华天尺五,剩收余兴入奚囊。

是年,为李洧孙文集作序。

本集卷一八《霁峰文集序》:"延祐初,朝廷设科士,溍以非材,叨预荐书,先生实预秉文衡。后十有五年,而先生以高寿终。又十有五年,某亦以年逾六十,上谢事之请,归休于田里。先生之季子㮚,始袤辑遗文,诠次为二十卷,俾某序之。"

"宇宙间清灵秀淑之气,未有积而不发,天不能閟藏,而以畀于人;人不能閟藏,而复出以为文。遭时遇主,咏歌帝载,黼黻王度,则如五纬丽天下、烛万物,有目者孰不仰其余光?退而托于空言,以俟来哲。则如珠捐璧委,而辉山媚川,终不可掩盖。有得于天者,不必皆有合于人,显晦虽系乎时,天之所不能閟藏者,人亦不能閟藏之也。此理之所必至,夫何疑焉?"

《霁峰李先生(洧孙)墓志铭》:"天历二年三月二十八日,卒于家,上距生年癸卯,得寿八十有七。"

跋蔡襄《茶录》。

《庚子销夏记》卷七载黄溍跋文:"蔡君谟小楷《茶录》,结体似颜平原,张景隆刻之汴京。又有墨本入绍兴焕章阁,模勒禁中,无八分题序。字势飘逸,颇具晋人风轨,此搨是也。今皆不传,恐当日所书不止一二,或别有真迹,旦暮遇之,亦未可知耳。至正三年佛日,黄溍记。"亦见《六艺之一录》卷一百二十五。

蔡君谟,即宋代著名书法家蔡襄。

作《义乌县上清资圣院复田记》。

详见本集卷一三《义乌县上清资圣院复田记》。

作《翰林待制柳公(贯)墓表》。

至正二年(1342)十一月九日,柳贯卒。至正三年(1343)十二月二十三日与夫人盛氏合葬于县西通化乡荆山之原。柳贯长子柳卣等复奉宋濂之状,属黄溍为之表。详见本集卷三〇《翰林待制柳公(贯)

墓表》。

是年,杭州路总管府治中范景文卒。

本集卷三八《朝列大夫、杭州路总管府治中致仕范府君(景文)墓志铭》。(《黄溍全集》,第 555—556 页)

范景文(1285—1343),字焕卿,真定(今河北正定)人。延祐二年(1315)入江南御史台为察院书吏,后入宣政院掾吏。

是年,为青田郑德璋作墓志铭。

本集卷三七《青田县尉郑君(德璋)墓志铭》有记,在郑德璋既没且葬三十有七年,其子郑大和乃以书来请黄溍作铭,郑德章卒于大德九年(1305),葬于大德十年(1306),可推知作墓志铭时为至正三年(1343)。

郑德璋(1245—1305),字子振。祖籍睦州(今浙江淳安),后迁浦江(今浙江浦江)。

作《杭州路崇寿院西方三圣铜像记》。

详见本集卷一一《杭州路崇寿院西方三圣铜像记》。

作《下天竺玉冈师塔铭》。

详见本集卷四一《下天竺玉冈师(蒙润)塔铭》。

作《杭州路南天竺崇恩演福寺记》。

详见本集卷一二《杭州路南天竺崇恩演福寺记》。

约是年,绘《枯木竹图》。

丁复《桧亭集》卷六《题黄晋卿寄用堂枯木竹图并序》,此诗序云"用堂尝寄兰与黄公,公时丧母",黄溍至正三年(1343)丁母忧,则黄溍绘《枯木竹图》回赠用堂当即此时。

《题黄晋卿寄用堂枯木竹图并序》

太史悲萱树,幽人赠佩兰。

故挥风木泪,持答翠琅玕。

丁复,生卒年不详,字仲容,号桧亭,天台(今浙江天台)人。元代诗人。延祐初游京师,与杨载、范梈同时被荐,辞不就。放情诗酒,浪迹江淮间。徙居三次,晚寓居金陵城北,南窗有两棵桧树,便名诗集为《桧亭集》(《双桧亭诗》),共九卷。

用堂,奉化人。俗姓陈。住鄞之护圣、奉化之清泰二寺。

约是年作《刘忠公奏议集序》。

本集卷一六《刘忠公奏议集序》："公殁迨今垂百年,曾孙德辉,惧其遗编久且坠轶,探旧藏,得奏草及经筵所上辑语,附以官职策,总二十有七篇,以授溍,使志诸篇末,庸俟后之秉史笔者。"刘忠,即刘汉弼也。

刘汉弼(1188—1245),字正甫,上虞(今浙江上虞)人。嘉定九年(1216)举进士,授吉州教授。历江西安抚司干官,监南岳庙、浙西提举茶盐司干官。召试馆职,改秘书省正字,序迁秘书郎兼沂王府教授,改著作佐郎兼史馆校勘,权考功员外郎。升著作郎、知嘉兴府兼兵部员外郎,改兼考功。寻为考功员外郎兼崇政殿说书、编修国史、检讨实录,擢监察御史。出知温州。寻擢太常少卿,以左司谏召,擢侍御史兼侍讲,以户部侍郎致仕。

光绪《上虞县志》卷四十六"文征外编"载有程公许撰《宋户部侍郎刘忠公墓志铭》："乙巳正月三日卒于台治之正寝……年五十有八。"则刘汉弼卒于淳祐五年乙巳,即1245年。"赠中奉大夫,谥曰忠,敕绍兴府给丧事,赐官田五百亩,缗钱五千赡其家。表所居坊曰'忠谏',崇祀乡贤。子怡,以荫为婺州太守。"百年后黄溍跋之。黄氏亦曾为刘汉弼之《曾巩谥议稿》作《跋南丰曾公谥文定覆议》。

编年诗

《送胡古愚》(本集卷五;《黄溍全集》,第76页)。

编年文

《松江府重建庙学记》(正德《松江府志》卷一二;《黄溍全集》,第402页);

《霁峰文集序》(本集卷一八;《黄溍全集》,第259页);

跋蔡襄《茶录》(《庚子销夏记》卷七;《六艺之一录》卷一百二十五);

《义乌县上清资圣院复田记》(本集卷一三;《黄溍全集》,第348页);

《翰林待制柳公(贯)墓表》(本集卷三〇;《黄溍全集》,第722页);

《朝列大夫、杭州路总管府治中致仕范府君(景文)墓志铭》(本集卷三八;《黄溍全集》,第555—556页);

《青田县尉郑君(德璋)墓志铭》(本集卷三七;《黄溍全集》,第530—531页);

《杭州路崇寿院西方三圣铜像记》(本集卷一一;《黄溍全集》,第324页);

《下天竺玉冈师塔铭》(本集卷四一;《黄溍全集》,第613页);

《杭州路南天竺崇恩演福寺记》(本集卷一二;《黄溍全集》,第345页);

《刘忠公奏议集序》(本集卷一六;《黄溍全集》,第226页)。

元惠宗妥懽帖睦尔至正四年甲申（1344）　六十八岁

时事

五月十六日，康里巎巎跋赵孟頫《常清静经》，赴杭州任浙江平章政事。
九月，命御史大夫也铁木儿、平章政事铁木儿塔知经筵事。
《辽史》成。
是年，杨维桢上《三史正统辨》，凡二千六百余言。

事迹

居母丧。
教弟子王祎以作文之道。

　　《王忠文公集》卷十九《文训》云："华川王先生学文于豫章黄太史公，三年而不得其要，伥伥焉食而不知其味，皇皇焉寝而不安其居，望望焉如有求而不获也。太史公一日进生而训之曰：子之学文有年，于兹志则勤矣，吾闻天地间有至文焉，子岂尝知之乎？"

作《义乌县学明伦堂记》《义乌县尉司记》。

　　详见本集卷九《义乌县学明伦堂记》《义乌县尉司记》。

作《杭州路上天竺寺观音殿记》《杭州路天竺灵山教寺大殿记》。

　　详见本集卷一一《杭州路上天竺寺观音殿记》《杭州路天竺灵山教寺大殿记》。

作《杭州路弥陀兴福教院重建大殿记》。

　　详见本集卷一三《杭州路弥陀兴福教院重建大殿记》。

为松溪县王严作墓志铭。

　　本集卷三八《松溪县王君（严）墓志铭》有记，王严既殁且葬，其女孙婿叶渭以状来向黄溍谒铭。

　　王严（1258—1342），字敬之，丽水（今浙江丽水）人。

夏月，绘《浅绛山水条幅》赠觉海上人。

　　邓以蛰《辛巳病余录》之《黄溍浅绛山水条幅》（《邓以蛰全集》，安徽教育出版社，1998年，第312页）有记："幽林蓊蔚水湾环，萧寺钟声高落寒。把酒清谈消永昼，暮鸦归尽不知还！甲申夏朔日觉海上人持酒肴游岩山,相与盘礴林影水光中,清言永日,流连忘返,恍如致身尘埃之外!酒阑,上人乞画为别,遂援笔成此以归之。溍。"

此书分九行题于画之右上角。引首盖"风月我"朱文腰圆小印,末尾"溍印"朱文小长方印押于溍字上。右另纸签题:"元黄文献公山水立幅项圣谟题",装于边绫隔水右方,行书。尾押"项圣谟诗画""孔彰"两白文小方印。此作为薄棉纸本,长158.5厘米,宽38.5厘米。明景泰间李铺跋之曰:"元季黄文献公雅好文艺,尝与虞奎章、柯博士辈论书评画,深入古人妙致。阅此图运笔秀劲,堪与黄鹤山樵媲美矣。"刘完庵跋云:"戊寅孟夏朔日,西田上人持酒肴过余清白轩中,相与燕乐,恍若致身埃壒之外!酒阑,上人乞诗画为别,遂援笔成此以归之。先得诗者座客薛君时用也。彭城刘玉识。"至明末则归于陈元素、李流芳诸氏,故"元素"朱文方印、"陈氏子子孙孙永宝之"白文方印、"李印流芳"白文方印犹在画之左下角,右下角有"太史氏"一印。

七月,揭傒斯卒于京师。

本集卷二六《翰林侍讲学士、中奉大夫、知制诰、同修国史、同知经筵事、追封豫章郡公,谥文安揭公(傒斯)神道碑铭》:"公薨于至正四年秋七月戊戌,享年七十有一。"

十一月,作《(浦江县)化城院记》。

本集卷一三《化城院记》有记,方凤墓地在化城院北一里地,故方凤学生常来化城院祭祀,柳贯为方凤所作的墓志铭刻于祠下,而院之构兴未有登载,方凤之子方樗来请记,黄溍作于至正四年冬十一月甲午。

十二月二十八日,明威将军、管军上千户所达鲁花赤逊都台脱帖穆耳卒。

本集卷三五《明威将军、管军上千户所达鲁花赤逊都台公(脱帖穆耳)墓志铭》有记,公卒于至正四年(1344)十二月二十八日,享年八十有四。其诸孤"以溍于公父、子间有一日之雅,奉乡贡进士赵俶所为状来征铭"。

脱帖穆耳(1261—1344),字可与,蒙古逊都台氏,属于蒙古四大家族赤老温家族。

是年钱良佑卒,作《钱翼之(良佑)墓志铭》。

本集卷三三《钱翼之墓志铭》云:"至正四年五月八日,以疾卒于家,享年六十有七。子钱逵既以其月十八日奉枢葬,而刻石志其岁月,且遵治命,以状来征铭。"

钱良佑（1278—1344），字翼之，号江村民，又称江村先生，平江（今湖南平江）人。吴县儒学教谕。篆隶真行草，无不精绝。文徵明评："晚年真、行间出，姿态横生，不少衰竭。"

是年，为卢景作行状。

本集卷二三《元故正议大夫、卫辉路总管兼本路诸军奥鲁总管、管内劝农事、知河防事卢公（景）行状》，卢景之孙卢弘坚踌门以请黄溍作状。"溍幸尝辱与公有雅，故不敢以不敏为解，第愧与公游之日浅，莫能备著其详，谨以所知者序次如左，以俟采择。"

是年，为上都新军管军千户夹谷公作墓志铭。

本集卷三五《上都新军管军千户夹谷公（明安答儿）墓志铭》有记，至正四年（1344）公之子夹谷瑛等奉状向黄溍谒铭。

明安答儿（1286—1344），字齐卿，南阳郏县（今河南南阳）人。

约是年，作《跋南丰曾公谥文定覆议》

《曾巩谥议稿》卷，宋刘汉弼书，纸本，手卷，纵35厘米，横97.5厘米，行书，33行，623字，现藏故宫博物院。引首有明张文渊行书"先公手泽"四字。卷后依次有元代韩性（1235年跋）、黄溍、危素（1344年跋）、周伯琦（1352年跋）、盛景年（1357年跋），明代魏骥、张居杰，清代王懿修、胡如瀛、许正绶、胡佚民题诗及题跋。

曾巩（1019—1083），字子固，出生于建昌军南丰（今江西南丰），后居临川，北宋文学家、史学家、政治家。嘉祐二年（1057）进士及第，任太平州司法参军。熙宁二年（1069）任《宋英宗实录》检讨，不久外放越州通判。熙宁五年（1072）后，历任齐州、襄州、洪州、福州、明州、亳州、沧州等地知州。元丰四年（1081）任史官修撰，管勾编修院，判太常寺兼礼仪事。曾巩为政廉洁奉公，勤于政事，关心民生疾苦，文学成就突出，为唐宋八大家之一，世称南丰先生。卒后，因官卑而无谥号，直至南宋追谥为"文定"。

此卷为刘汉弼任考功员外郎时为曾巩谥议所写的草稿，久藏于家。其后世到元代请名家题跋，述名为"先公手泽"。据题跋文稿落款，黄溍自称"前史官"，且在落款处钤有"了债人清"一细朱文印。应为辞官还家之后，纳禄奉养一二年之内所书。按题跋装裱顺序，列于黄溍之后的危素跋于至正四年（1344），故黄氏之题必不迟于本年。跋文详见本集卷二一《跋南丰曾公谥文定覆议》。

是年,龙翔集庆寺笑隐大䜣卒,并作塔铭。

本集卷四二《龙翔集庆寺笑隐禅师(大䜣)塔铭》。

大䜣(1284—1344),俗姓陈,字笑隐,龙兴南昌(今属江西)人。九岁出家,师法于晦机熙公,"乃益研教典,旁及儒家、道流、百氏之说。"后受行宣政院札,历任杭州报国寺、中天竺寺住持。天历元年(1328)文宗即位,以金陵潜邸为大龙翔集庆寺,选为开山住持,拜大中大夫、广智全悟大禅师。明年入阙,应对称旨,赏赉优渥。元顺帝即位,参与校正《丛林清规》,"书成,四方咸取法焉"。至元元年(1335)加号释教宗主、兼领五山寺。善书。有《蒲室集》十五卷、《笑隐大䜣禅师语录》等传世。

七月,揭傒斯卒。

八月,吴师道卒。

编年文

《义乌县学明伦堂记》(本集卷九;《黄溍全集》,第 292 页);

《义乌县尉司记》(本集卷九;《黄溍全集》,第 295 页);

《杭州路上天竺寺观音殿记》(本集卷一一;《黄溍全集》,321 页);

《杭州路天竺灵山教寺大殿记》(本集卷一一;《黄溍全集》,322 页);

《杭州路弥陀兴福教院重建大殿记》(本集卷一三;《黄溍全集》,第 355 页);

《松溪县王君(严)墓志铭》(本集卷三八;《黄溍全集》,第 565—566 页);

《(浦江县)化城院记》(本集卷一三;《黄溍全集》,第 346 页);

《明威将军管军上千户所达鲁花赤逊都台公(脱帖穆耳)墓志铭》(本集卷三五;《黄溍全集》,第 505—507 页);

《钱翼之墓志铭》(本集卷三三;《黄溍全集》,第 486—487 页);

《元故正议大夫、卫辉路总管兼本路诸军奥鲁总管、管内劝农事、知河防事卢公(景)行状》(本集卷二三;《黄溍全集》,第 425 页);

《上都新军管军千户夹谷公(明安答儿)墓志铭》(本集卷三五;《黄溍全集》,第 514—515 页);

《跋南丰曾公谥文定覆议》(本集卷二一;《黄溍全集》,第 180 页);

《龙翔集庆寺笑隐禅师(大䜣)塔铭》(本集卷四二;《黄溍全集》,第 618—620 页)。

元惠宗妥懽帖睦尔至正五年乙酉(1345) 六十九岁

时事

正月,苏州地震。

三月初七,顺帝亲试进士七十八人,赐普颜不花、张士坚进士及第,其余赐出身有差。

十月,《金史》、《宋史》成书。

康里巙巙赴京。帝以翰林学士承旨诏还。至京七日卒。谥号文忠。

十一月十四日,元廷《至正条格》成,诏于明年四月颁行天下。

黄公望题赵孟頫《黄庭经卷》。

事迹

除服。

二月七日,弘文裕德崇仁真人薛玄曦卒,作《弘文裕德崇仁真人薛(玄曦)碑》。

> 本集卷二九《弘文裕德崇仁真人薛公(玄曦)碑铭》。
>
> 薛玄曦(1289—1345),字玄卿,号上清外史,贵溪(今江西鹰潭)人。师从张留孙,延祐四年(1317)授大都崇真万寿宫提举。延祐七年(1320),授上都崇真万寿宫提点。后辞归,士大夫咸送以诗,虞集为其作序。至正三年(1343)授公弘文裕德崇仁真人、佑圣观住持,兼领杭州诸宫观。有《上清集》若干卷,《樵者问》一卷,《琼林集》若干卷。

三月,以中顺大夫秘书少监致仕,父赠中顺大夫、同金太常礼仪院事、上骑都尉,追江夏郡伯,母赠江夏郡君。

> 本集卷二三《先大夫封赠祝文》:"伏奉至正五年三月制书,先考赠中顺大夫、同金太常礼仪院事、上骑都尉,追封江夏郡伯,先妣追封江夏郡君。"
>
> 黄玠作《送黄少监晋卿还金华》赠之。

《送黄少监晋卿还金华》

惟我宗人兄,早登南宫试。 当时太极赋,可使纸价贵。
文章有余勇,一鼓作士气。 旋收成均誉,遂发兰台秘。
迎亲来远游,禄仕见初志。 悬车不及晚,重是爱日意。

桓楗树阡表,彝鼎铭祭器。哀荣两无忝,子道兹盖备。
昔往弗可追,今归复何巫！江皋冠盖集,潮水舟楫驶。
能无英琼瑰,持用答嘉遗？回首望金华,草树亦增贲。

（《弁山小隐吟录》卷上,四库全书本）

黄玠,字伯成,号弁山小隐,庆元定海（今宁波慈溪）人,黄震曾孙。幼励志操,不随世俗,躬行力践,以圣贤自期。隐居教授,孝养双亲。晚年乐吴兴山水,卜居弁山。卒年八十。有《弁山集》《知非稿》等。《新元史》卷二百三十八有记。

八月,为义乌县圣寿院作记。

详见本集卷一三《义乌县圣寿院记》,亦载入崇祯《义乌县志》卷十七"寺观"。

九月二十日,跋赵孟頫《快雪时晴》。

《书画题跋记》（四库全书本,下同）卷七《跋赵文敏大书〈快雪时晴卷〉》:"赵公展《快雪时晴》为大书,与昔人促《兰亭》为小本,同一机括。如画龙者,胸中先有全龙,则或大或小,随时变化在我矣。此四字,公为黄君子久作。子久以遗莫君景行,而景行遂以名其斋云。至正五年九月廿八日,黄溍观。"此卷现存故宫博物院,纸本淡设色,纵104.6厘米,横29.7厘米。后有张肃、黄公望、张雨、莫景行等题跋。从跋文可知"快雪时晴"四字系赵孟頫为黄子久（公望）而作,系赵孟頫存世墨迹中书法最大者。缪曰藻《寓意录》载宋克曾亲见"字方五六寸,笔法位置,全然相似"。因是展临,故芒角虽隐而神格跃如。

弟子高明（则成）以《春秋》史论中进士第,授处州录事。

隆庆《东阳县志》卷二三云:"元时永嘉高则诚从乌伤黄文献（溍）游,不闻其读书。既辞归,黄偶登其所居楼,壁间书乃《琵琶记》草,文词淹博,意义精工。读而奇之,追钱此亭,三杯而别,因传来为三杯亭。"《东阳县志》卷二十三云:"三杯亭,即古峰回亭,在县南桃岩之后,俗称三背亭。"

高明（约1305—1359）,字则诚,温州永嘉人。至正五年（1345）进士,授处州路录事。至正八年（1348）,辟江浙省掾,从讨方国珍乱,国珍就抚,辞归。至正十年（1350）,任绍兴路总管府判官,至正十九年（1359）,任福建行省都事（驻地在宁波）,是年卒。以南戏《琵琶记》闻名。《宋元学案》卷六十九至七十《沧州诸儒学案》所列黄溍之弟子,高明在焉。

高明与杨维桢、陈基等有交。杨维桢《东维子文集·送沙可学序》中推许高明是"从事掾之贤能者"，陈基亦有七律《送范德辉赴绍云教谕兼简高则诚》等诗作。

中秋，与张雨桂花下约饮。

《式古堂书画汇考》卷之十九《张伯雨书近诗并赋》云："适写近诗未满纸，洙水孔肃夫过涧阿，因以为赠仆老矣。倦于笔研，肃夫毋责备也。张雨书以乙酉中秋望后一日。"

《桂花下约黄秘监饮》

翡翠黄金屑，檀栾秋桂枝。
凉风何日到，庭树已先知。
一杯持问月，更待贾淳来。

黄秘监，是年黄溍以中顺大夫秘书少监致仕，故称其为黄秘监。

十一月，门生宋濂作义乌《蜀墅塘记》。

《潜溪前集》卷十："塘在义乌县南四十里，许谦门人朱震亨经画筑堤之役，里耆求宋濂为其作记。"

冬，与张雨游钱塘夕佳楼。张雨有《明静院夕佳楼晋卿秘监、绝宗法师同赋》诗作。

徐一夔《始丰稿》（四库全书本）卷七有《夕佳楼记》云："夕佳楼，在杭之南山演福教寺。寺有明净塔院，盖佛海大师之徒，窆其师爪发之所。院有东、西二楼，夕佳，盖西楼也。其地右瞰澄湖，左挹高峰；二麦岭在其前。每日轮西下，余光返照，徘徊于林岫之间，烟霏霞气，乍浓乍淡，五色相鲜，虽精绘事者不能貌，是所谓'夕佳'者也。昔在至正中，佛海之大弟子海慧法师继公，以硕德重望唱道大方而归，遂居兹楼，与黄文献公溍、张外史雨为方外友。二老既至，海慧辄相携登楼，揽观景物，瀹茶赋诗，久之而去。"

《明静院夕佳楼晋卿秘监、绝宗法师同赋》

西山朝气爽，南山夕气佳。
朝爽人共忻，夕佳吾所怀。
山僧阅世久，结庐深避乖。
蕙楼将对峙，菌阁亦双排。

维南列崇阜，不受烟岚霾。

我亦迟暮人，心迹倦鸟偕。

兹焉托高躅，庶与静者谐。

（《句曲外史贞居先生诗集》卷二）

冬，至钱塘买石刻为其母作墓志铭。归时，钱塘应本、天台王景顺、霞城王忠、润州堵简、楚郡叶森、四明姚安道、武林钱惟善、吴郡杨彝、彭城刘俨、钱塘何庆余、虎林张世华、浦城章迪、会稽韩文玙、桐江俞和、慈溪黄玠等赋诗送行。其间张雨、杨维桢等偕黄溍游。张雨作《送黄先生归乌伤序》、陈元英作《送黄先生归乌伤后序》、吴克恭作《送黄秘书归金华》、杨维桢作《送金华黄先生归里序》。

张雨《送黄先生归乌伤序》云："五年冬，先生来钱塘，买石作先府君墓道之碑，碑之文若书篆，出于欧阳（玄）、许（有壬）、张（起岩）三公，皆先生同年也。碑事竟，载以东归，士大夫与凡从游。……今咸欲为诗送焉。"

陈元英序云："科举初行，金华黄先生为乡里所强，荐试于有司，既领乡荐上春官，对策于大廷，在济南张君梦臣榜赐同进士出身，宦游魄三十有三年，始以秘书少监致仕。常时同年与后进者出入侍从赫然居嵩阁富且贵，而先生方食贫索居与未仕时无少异，或者谓先生亦漫为游者欤！盖先生性廉静寡，嗜欲薄名宦，故所处恬然亦无不自足者，而凡所至止四方贤士大夫与方外之友踵门而来求，所谓公堂厅壁园池亭轩寺观塔庙祠宇阡垅，以至于前人法书名画，谓得先生之文，凡官有善政，士有隐德泯灭而无闻者，遂得托声光于不朽，而有所取信于世。其见欣慕于人者，如此先生既去官之。明年居母忧，且终制。今年秋八月，携子来钱塘，买石刻先君子太常府君并母夫人墓志铭，因得方故旧亲戚，而门生故吏来谒见，贺先生之悬车致事，又贺当荫子可得官八品。愿且留湖山间，笋舆桂檝，岩阿涧曲，可以盘桓，而四方之人，不以贤否，又不择其可不可，闻风而来，杂然请为文章者，殆无虚日。先生峻辞拒之勿去，继之以怒亦弗退，因辄治行，将归金华。未戒行，而吴兴之高士逸人，已造舟久待于西湖之上滨，将邀先生游计筹何山之间矣。业已治行，其去与留，而先生初无固必，又岂所谓漫游者欤？郡之人士既赋歌诗为饯，而先生之门人俾走为后序，不得辞，遂以序于后，以补张伯雨前书之所未备者云。东里陈元英书。"（《黄文献集》卷十二附录）

顾瑛《草堂雅集》卷三有吴克恭《送黄秘书归金华》（作于张贞居灵石坞）。

《送黄秘书归金华》

秘书古曡洗，金玉间追琢。真之宗庙间，乃复敦素朴。

科诏昔求贤，明经以为学。君虽第三甲，文气已磅礴。

凤毛联五色，麟定峙一角。于时日正中，青冥翔寥廓。

迄今半台省，往者俱馆阁。枚数尽英雄，隐显关述作。

伟哉尚书宋，继起秋天鹗。一魁四海望，旋复凄夜壑。

盛衰互绝续，天意岂厚薄。吾子幸老翁，挂冠弥矍铄。

安车大江左，杖藜名山郭。清言穷理窟，私淑仰先觉。

况及大夫公，生世縻好爵。述德纪丰碑，山木工则度。

宛宛白虹下，剡剡翠螭襮。无双江夏姿，豫章元祐脚。

清标溢素羽，皭若离群鹤。翁然万里思，芝草焉用啄。

不食固不饥，风清九皋乐。回首汉廷倨，倒行竟前却。

疏广非甚贤，知止自宽绰。仆也畎亩中，讴歌以耕凿。

闻名三十载，交谊欣所托。鹏鹥各栖飞，萍蓬殊依泊。

天寒望古柏，孤翠几巉错。深期帝子陼，仿像洞庭乐。

余音今在无，大雅其寂寞。缅怀虞阁老，安问颇悠邈。

空花结臀业，不疗金篦膜。沧江落日远，一苇中流弱。

外史论文章，谭君口谔谔。语我盍赋诗，持赠勤有恪。

君家金华邻，冉冉仙意作。神光运草木，白石俱起跃。

摊书日间怅，洗琖松下酌。生荣毕志愿，俯仰何愧怍。

六经圣道微，沿流到伊洛。其文有蕴奥，其义则博约。

后生待来兹，前辈已零落。往往轻师说，授受工摹掠。

虚辞相矜夸，体认迷执捉。君归善自谋，何以同矩矱。

诗教本人心，烦君晓粗略。

（顾瑛《草堂雅集》卷三）

按：此诗又见《元诗选》三集吴克恭《寅夫集》。吴克恭，字寅夫，昆陵人。作诗体格古淡，为时所称。至正十二年（1352）寇陷常州，未几官军来收复，克恭以从逆伏诛。

十月二十三日，杨维桢《送金华黄先生归里序》（《黄文献集》卷十二附录）。《送金华黄先生归里序》："古者大夫七十而致仕，则年未及者，礼所未许乎。况七十而去者，不得谢而后有。凡杖安车之赐，今法大夫之去不限七帙，则以有故如养疴特亲者是矣。然又必优加以爵，秩倬后之人语之以世其进为廷之侍臣，始终何其恩数之至哉。金华黄先生提举江浙儒学,年考未周,郡以致仕之义,去时于古之引年,犹末及也。盖太夫人在里第,春秋且八十有六矣。此其去有义官不得而留也。明年朝廷以三史之事遣使聘文墨老臣,先生实在聘中而太夫人逝矣。以为太夫人借无恙先生其起乎,非也。夫先生以忠孝徇己而又持以教人事亲孝,故忠可移于君,忠孝本非二道也。至闻先生庐亲之墓于颜孝子塚傍五里所,与乳虎狎于庐南,此非至孝之感天而能动,物之不仁者,不能如是也。故观先生之孝,而知先生之去为可咏,不以其轻禄于未及之年也。服既阕中书以致,故事升高秩秘书少监嗣某得以八品入官。先生终老于家,文献之相禅谷禄之相,仍与一二同志仕而休者,不在山南即在水北,胥来胥会以乐其余,龄于太平之世,非事之至盛者乎。惜余尚以升斗之食,去其故乡,而未遑迫先生后也,为之慨然。时至正五年冬十月二十三日,会稽杨维桢书。"

十二月,作《先考墓志铭后记二首(其一)》。

详见本集卷四〇《先考墓志铭后记二首(其一)》。

胡助之子胡瑜北上迎候,黄溍作《送胡季珹序》。

本集卷一八《送胡季珹序》。

胡季珹,名瑜,东阳人。黄溍友胡助次子,荫贺州通判,擢杭州路总管府照磨,后为广西阳朔主簿。著有《甑山存稿》。是年,胡助致仕,胡瑜北上迎候。详见《纯白斋类稿》卷十八《纯白先生自传》,参见张以宁《胡太常甑山存稿序》。

是年,戴良学文于黄溍。

揭汯《〈九灵山房集〉序》云:"先生以聪敏之资,笃诚之志,而学文于柳待制先生、黄文献公,又学诗于余忠宣公阙。"

戴殿庆《浦阳建溪戴氏宗谱》卷十六,戴思乐《信三府君元配先姚赵宜人圹志》:"(良)自幼学经于柳文肃公贯家十有余年。文肃公殁,至其家中,心丧三年而还。复学文于黄文献公溍,学诗于余宣公阙。"柳贯于至正二年(1342)卒,戴良学文于黄溍殆于此时。

作《杭州路明庆寺记》。

详见本集卷一二《杭州路明庆寺记》。

作《杭州凤凰山禅宗大报国寺记》。

详见本集卷一一《杭州路凤凰山禅宗大报国寺记》。

作《湖州路菁山普明寺记》。

详见本集卷一一《湖州路菁山普明寺记》。

是年后作《湖州路普明寺藏殿记》。

详见本集卷一一《湖州路普明寺藏殿记》。

是年,受黄玠托为慈溪黄正孙作墓志铭。

本集卷三六《慈溪黄君(正孙)墓志铭》有记,黄正孙卒于至正五年(1345),其子黄玠请托黄溍为其父母作墓志铭,黄正孙与黄溍有文字交。

黄正孙(1265—1345),字长孺,晚号尚纲翁,慈溪(今浙江慈溪)人。黄震之子。

作《平江路虎丘云岩禅寺兴造记》。

本集卷一二《平江路虎丘云岩禅寺兴造记》:"至元之四年,今住山明公嗣领寺事⋯⋯阅七年如一日。"

约是年,为吴师道文集作序。

本集卷一八《吴正传文集序》。序言:"吾亡友吴正传氏,可谓有志之士矣。正传自羁卯知学,即善记览,工辞章,才思涌溢,亹亹不已,时出为歌诗,尤清俊丽逸,人多诵称之。⋯⋯正传既以道自任,晚益邃于文,剖悉之精,援据之博,论议之公,视古人可无愧。其所推明者,无非紫阳朱子之学,其好己之道胜,则昌黎韩子之志也。正传冢子深前卒,仲子沉衰其诗文,彙次成若干卷,以授溍曰:先人所与游,相知之深而居相近者,多已凋谢。而执事与东阳张君独存。先人之葬,张君已揭表于墓道,惟是家集,宜有序以传,非执事,将谁属?溍不敢以不敏辞,谨考论其师友源流之懿,使览者知正传之文,非徒以才驱而气驾、其凤知而莫成,由其有志以基之,而又能成之以学也。

作《休宁县新门楼记》。

至正五年春,休宁县尹唐棣"顾瞻太息,将舍旧图新"。"以礼延至大家之有余资而无杂役者"合力庀事。(嘉庆《休宁县志》卷二一)

唐棣(1286—1364),字子华。吴兴(今湖州)人。工山水画,犹存宋人遗法。待诏集贤院。授嘉兴路照磨,除徽州路休宁县尹,进平江路吴江州知州。传世作品有《林阴聚饮图》《霜浦归渔图》等。著有《唐子华诗集》。

作《沈氏义庄记》。

详见本集卷一〇《沈氏义庄记》。

沈氏,名野先,字进之。

余姚州知州范文忠卒。

本集卷三八《奉议大夫、余姚州知州致仕范公(文忠)墓志铭》。

范文忠(1275—1345),字焕章。治家有井,不惧权贵,善于断案,公正有法。

是年,作灵隐悦堂禅师(祖闇)塔铭。

塔成后三十七年,弟子希清、希白等人以状来谒铭。

祖闇(1234—1308),号阅堂。元贞元年(1295)奉诏赴阙,入对称旨,赐玺书,号通慧禅师,并金襕法衣,以荣其归。

是年,为金华王蕙作墓志铭。

《文献集》卷九下《故处士金华王君(蕙)墓志铭》有记,王蕙葬于至正五年,其子王浩存介黄溍之友张枢之状来谒铭。

王蕙(1289—1344),字光庭,金华人。

作《将仕郎、建德录事刘君(环翁)墓志铭》。

本集卷三七《将仕郎、建德录事刘君(环翁)墓志铭》。

刘环翁(1303—1345),至正五年(1345)登进士第。

编年文

《弘文裕德崇仁真人薛公(玄曦)碑铭》(本集卷二九;《黄溍全集》,第633—635页);

《先大夫封赠祝文》(本集卷二三;《黄溍全集》,第116页);

《义乌县圣寿院记》(本集卷一三;《黄溍全集》,第348页);

《跋赵文敏大书〈快雪时晴卷〉》(《书画题跋记》卷七;《黄溍全集》,第219页);

《先考墓志铭后记二首(其一)》(本集卷四〇;《黄溍全集》,第389页);

《送胡季珹序》(本集卷一八;《黄溍全集》,第255页);

《杭州路明庆寺记》(本集卷一二;《黄溍全集》,第344页);

《杭州路凤凰山禅宗大报国寺记》(本集卷一一;《黄溍全集》,第319页);

《湖州路菁山普明寺记》(本集卷一一;《黄溍全集》,第327页);

《湖州路普明寺藏殿记》(本集卷一一;《黄溍全集》,328页);

《慈溪黄君(正孙)墓志铭》(本集卷三六;《黄溍全集》,第526页);

《平江路虎丘云岩禅寺兴造记》(本集卷一二;《黄溍全集》,第338页);

《吴正传文集序》(本集卷一八;《黄溍全集》,第260页);

《休宁县新门楼记》（《（嘉庆）休宁县志》卷二一；《黄潛全集》，第 403 页）；

《沈氏义庄记》（本集卷一○；《黄潛全集》，第 315 页）；

《灵隐悦堂禅师（祖闿）塔铭》（本集卷四一；《黄潛全集》，第 611 页）；

《故处士金华王君（蕙）墓志铭》（《文献集》卷九下；《黄潛全集》，第 590—591 页）；

《将仕郎、建德录事刘君（环翁）墓志铭》（本集卷三七；《黄潛全集》，第 537 页）。

元惠宗妥懽帖睦尔至正六年丙戌（1346） 七十岁

时事

四月，颁《至正条格》于天下。

五月，王冕作《梅花图卷》。

七月，杨维桢适杭，作《优戏录序》。有诗寄张雨。张雨为吴复所辑《铁厓先生古乐序》撰序。

九月，欧阳玄题赵孟頫《黄庭经卷》。

十二月，山东、河南农民起义不断。

事迹

正月，黄潛为父母作《先大夫封赠祝文》。

> 本集卷二三《先大夫封赠祝文二首（其二）》："维至正六年岁次丙戌正月庚辰朔三日壬午，孝子中顺大夫、秘书少监致仕潛，敢昭告于先考太常郡伯府君、先妣郡君童氏……而获被加恩。"

正月，为天台陈泽云《周易艾变易蕴》作序。

> 详见《黄文献集》卷一一《陈泽云周易艾变易蕴序》。

正月四日，黄潛好友胡助妻陈氏卒，后三年为之作墓志铭。

> 详见本集卷三九《宜人陈氏墓志铭》。

正月，作《跋傅氏所受诰命》。

> 《杜门傅氏宗谱》卷一有记："元至正六年丙戌正月，翰林侍讲学士沐恩门生黄潛拜题。"（本集卷二二）

是年，门生傅藻受业于黄潛。

> 本集卷二二《跋傅氏所受诰命》："潛八岁入学，受书于傅先生。后

七十年,乃辱与先生从孙傅藻游。"

二月三日,水西翁吕汲卒。

> 本集卷三四《水西翁吕府君(汲)墓志铭》。
>
> 吕汲(1268—13446),字仲修,晚号水西翁,浙江永康人。

六月十五日,为钱良佑《书四体千文》作跋。

> 详见本集卷二一《跋钱翼之(良佑)书四体千文》。

六月,为天台许嗣诗集作序,并为之作墓志铭。

> 民国续修《台州府志》卷七六《得静斋集序》:"清高而不失乎迂,平实而不近乎俚。……至正六年六月戊申朔。"(《天台县志》卷十三)
>
> 《赠文林郎、江浙等处儒学副提举许公(嗣)墓志铭》:"前进士许广大为武义之明年,以内艰去,衔哀致辞于予。……宜人卒于至正六年七月九日。"
>
> 许嗣(1281—1325),字继可,武义(今属浙江金华)人。其长子许广大为元统元年(1333)进士。

七月十七日,与汪祀(元明)、许元(存仁)同游北山,遂宿鹿田寺。明日,乃由山桥回至芙蓉峰而别,并作诗同赋。

> 本集卷四《丙子七月十七日,同辉公登紫薇岩,汪生元明、许生存仁来会,遂宿鹿田寺。明日,乃由山桥回至芙蓉峰而别。追念数十年间,并游之士,往者已不可作,在者又莫之与同。两生顾能不惮其勤,相从跻𪨗,行风雨中,诚一时清事也。第未知后游为何日?同游为何人?抚事述情,成二十韵。邀两生同赋,奉呈审言、子长》。
>
> 该诗题"丙子"实为"丙戌"。丙子年(1336)黄溍在国子博士任上,难以回乡遨游。且元刻本《黄文献公全集》(二十三卷)之卷十一,诗题为"丙戌"。
>
> 汪祀(1305—1352),字元明,金华(今浙江金华)人。王祎有《汪元明哀辞》。
>
> 许元,字存仁,许谦子。见《明史》卷一百三十七"列传"第二十五。

七月二十五日,婺源州知州致仕程郁卒。

> 本集卷三二《奉训大夫、婺源州知州致仕程公(郁)墓志铭》:"公卒于今至正六年七月二十五日,享年七十有八。"
>
> 程郁(1269—1346),字晋辅,湖州人。曾署嘉兴路儒学录,历任江山、慈溪县令,以徽州路婺源知州致仕,有《柳轩退稿》十卷。

八月十日，为徐玺作《徐氏咏诗后序》。

　　本集卷一七《徐氏咏诗后序》。

　　徐玺，字秉国。徐道济，名津，为徐玺次子。据《皕宋楼藏书志》卷九十三徐玺秉国《史咏二卷》提要所载黄溍序落款时间为"至正六年秋八月十日"。

中秋，宿留徐道济书房，作诗一首。

《丙戌中秋，宿徐道济书房，即事兼怀永之郎中》（本集卷六）

天开屏障列奇峰，水满方塘碧鉴空。
十里平原无旷土，百年乔木有清风。
高斋偶尔成三宿，美酒欣然为一盅。
坐对良辰并乐事，兴怀存殁思何穷！

　　徐永之，名一清，为徐津堂兄弟。任江浙行省儒学副提举，晋江浙行省左右司郎中，元敕授奉议大夫。

九月九日，至兰溪，为赵敬德的聚星楼作记文。

　　嘉庆《兰溪县志》卷一七《聚星楼记》有记云，至正丙戌（1346）九月九日黄溍偶寓其处，赵敬德求文。

　　正德《兰溪县志》卷四有云："聚星楼：宋宗室子赵良恭敬德所建，以延接士大夫，在邑之隆礼坊，京兆杜清碧（本）为书其扁曰'聚星'，黄文献公为之记。良恭尝试场屋不利，遂弃去，专事古学，尤精于诗。二子约，字博文，纲，允文。皆读书，博雅善诗词。"

　　记云："赵君敬德居兰溪阛阓中，面溪为楼，下瞰市区，敬德处之如在山林间也。敬德，故宋宗室子，尝师其乡先生吴礼部正传（吴师道），所交皆海内知名云，而敬德以佳子弟，悉与之相周旋。至元己卯（1339），杜待制原父（本）来自武夷，与正传同登斯楼，同郡柳待制道传（贯）、张长史子长（枢）实来会焉。虽无车马仆役之盛，而有琴书觞咏之适。威仪进退，不越乎俎豆，而议论雍容，乃上下于天人，一时风致，殆犹汉陈太丘之莅朗陵，原父因用小篆扁其楼曰'聚星'。后八年，是为至正丙戌（1346），余偶来寓其处，于是，敬德来求予文，追记其盛集。予惟四君子者，并以文学行义为世所推，然有见用于时者。亦有时不得而用之者，其出处之迹，固不能以不异。要其归，则皆可以无愧于古人也。至于过从之际，乃独尚友于太丘、朗陵，岂非以其高风懿范，足以师表百世乎?且向之会者四人,余辱与三人者居同郡。然以宦游奔走四方,不获参与其列。乃今请老而归,则道传、正传已谢世矣,独幸原父、子长无恙,又皆高蹈丘园,坚卧不出,虽欲如敬德畴昔追游之乐,不可复得,顾独执笔记其陈迹于空山落木之秋。俯仰今昔,得不重为之兴感乎?是岁秋九月九日黄溍记。"

赵敬德,生卒年不详,宋宗室,善书画。

杜本(1276—1350),字伯原、原父,号清碧,清江(今江西樟树)人,博学能文。危素《元故征君杜公伯原墓志铭》载,杜本为人"清净寡欲,终日无疾言举色,夜则嗒然而坐,或达旦不寐。与人交,犹笃于义"。

是年冬受召,除翰林直学士、知制诰、同修国史、同知经筵事,进阶中奉大夫。

本集卷三二《赠太常博士危府君(永吉)墓志铭》:"至正六年也。其年冬,(危)素由助教迁应奉翰林文字、文林郎、同知制诰兼国史院编修官,而溍以退休之余,蒙恩召入,寓直词林,与素命同日下,而同官为僚,且有平生之雅。"

《行状》:"以中顺大夫、秘书少监致仕。居四岁,故湖广行省平章公朵尔直班、今中书省左丞相太平开府公力交荐之,被上旨,著致仕,仍旧阶,除翰林直学士,知制诰同修国史、同知经筵事,进阶中奉大夫。"

《神道碑》:"素宦学京师,辱公为知己。公入直翰林,素为供奉,同日命下,及迁宣文阁授经郎,从公于经筵。"

作《信州龙虎山仙源观记》。

本集卷一四《信州龙虎山仙源观记》。

作《庆元路玄妙观玉皇阁记》。

详见本集卷一四《庆元路玄妙观玉皇阁记》。

作《奉议大夫、余姚州知州致仕范公(文忠)墓志铭》。

详见本集卷三八《奉议大夫、余姚州知州致仕范公(文忠)墓志铭》。

作《玄静庵记》。

详见本集卷一五《玄静庵记》。

作《嘉兴路景德寺记》。

《黄文献集》卷一一《嘉兴路景德寺记》有记。

作《送富州陈教授诗序》。

本集卷一七。序云:"浦江陈彦正教授富州,里友方寿甫合同志之士,为歌诗以饯之,征予言序其首。"

陈彦正(1302—1346),名士贞,远大子,荐授处州石门书院山长,历长建德钓台、衢州柯山二书院,至正六年(1346)迁富州儒学教授,未上已卒。《九灵山房集》卷七有《陈彦正哀辞》《陈府教扩记》。

作《集庆路蒋山宝公塔院记》。

详见本集卷一一《集庆路蒋山宝公塔院记》。

作《闽清县主簿张君(暨)墓志铭》。

本集卷三一:"至正四年十月十八日卒于家……后二年,始以状来谒铭。"

张暨(1265—1344),字叔器。杭州人。授福州路闽清县主簿,受而不赴。

作《记高祖墓表后》。

详见本集卷二二《记高祖墓表后》。

十月,与叶谨翁(审言)相见于双溪之上,别后一月卒。十一月,黄溍为挚友作墓志铭。

叶谨翁卒于至正六年(1346)。本集卷三三《叶审言墓志铭》:"审言力挽之出,而游宦不遂,晚通朝籍,以亲老请外,遂纳禄而归。审言适已挂冠,往见之双溪上,握手道旧故,殊款洽别去。甫一月,而审言逝矣。"

是年,为危素之父危永吉作墓志铭。

本集卷三二《赠太常博士危府君(永吉)墓志铭》。至正六年(1346),黄溍与危素同为翰林国史院编修官,作为同僚并且有共同雅好,危素请黄溍为其父亲作铭。

危永吉(1272—1328),字德祥,金溪(今江西金溪)人。危素之父。

是年,乾宁军民安抚司文昌县尹王文锷卒。

本集卷三七《乾宁军民安抚司文昌县尹王君(文锷)墓志铭》。

王文锷(1270—1346),字胜达,临川(今江西)人。曾在海南任巡检,平定盗贼,安定社会,卓有成效。

是年,为从仕郎、绍兴路诸暨州判官蒋(葵)作墓志铭。

本集卷三七《从仕郎、绍兴路诸暨州判官致仕蒋府君墓志铭》有记,蒋葵卒葬于至元四年,后八年,其子蒋宏等涉涛江走金华山中,持翰林编修官陈绎所状请黄溍作铭。

蒋葵(1262—1338),字昌南,自号竹斋。至元二十四年(1287)蒋君为两浙转运司,为官正直清廉。

作《明威将军管军上千户所达鲁花赤逊都台公(脱帖穆耳)墓志铭》。

详见本集卷三五《明威将军管军上千户所达鲁花赤逊都台公(脱帖穆耳)墓志铭》。

是年,为退藏山人赵若馨作墓志铭。

《文献集》卷九下《退藏山人赵君(若磬)墓志铭》有记,君殁后十年即至正六年(1346),次子赵嗣鸿奉状来请黄溍作铭。

赵若磬(1265—1336),字仲和。居家孝于母,友爱兄弟,教子笃严,待族人有恩,不耿怀于往事。

编年文

《先大夫封赠祝文二首》其二(本集卷二三;《黄溍全集》,第116页);

《陈泽云周易艾变易蕴序》(《黄文献集》卷一一;《黄溍全集》第275页);

《宜人陈氏墓志铭》(本集卷三九;《黄溍全集》,第578—579页);

《水西翁吕府君(汲)墓志铭》(本集卷三四;《黄溍全集》,第489—490页);

《跋傅氏所受诰命》(《杜门傅氏宗谱》卷一;本集卷二二;《黄溍全集》,第196页)

《跋钱翼之(良佑)书四体千文》(本集卷二一;《黄溍全集》,第193—194页);

《得静斋集序》(民国续修《台州府志》卷七六;《黄溍全集》,第279页);

《赠文林郎、江浙等处儒学副提举许公(嗣)墓志铭》(《黄溍全集》,第519页);

《奉训大夫、婺源州知州致仕程公(郇)墓志铭》(本集卷三二);

《徐氏咏诗后序》(本集卷一七;《黄溍全集》,第239页);

《丙戌中秋,宿徐道济书房,即事兼怀永之郎中》(本集卷六;《黄溍全集》,第87页);

《聚星楼记》(《嘉庆兰溪县志》卷一七;《黄溍全集》,第403页);

《信州龙虎山仙源观记》(本集卷一四;《黄溍全集》,第359页);

《庆元路玄妙观玉皇阁记》(本集卷一四;《黄溍全集》,第358页);

《奉议大夫、余姚州知州致仕范公(文忠)墓志铭》(本集卷三八;《黄溍全

集》,第 550—551 页);

《玄静庵记》(本集卷一五;《黄溍全集》,第 374 页);

《嘉兴路景德寺记》(《黄文献集》卷一一;《黄溍全集》,第 357 页);

《送富州陈教授诗序》(本集卷一七;《黄溍全集》,第 245 页);

《集庆路蒋山宝公塔记》(本集卷一一;《黄溍全集》,第 333 页);

《闽清县主簿张君(暨)墓志铭》(本集卷三一;《黄溍全集》,第 451 页);

《记高祖墓表后》(本集卷二二;《黄溍全集》,第 209 页);

《叶审言墓志铭》(本集卷三三;《黄溍全集》,第 483—484 页);

《赠太常博士危府君(永吉)墓志铭》(本集卷三二;《黄溍全集》,第 467 页);

《乾宁军民安抚司文昌县尹王君(文锷)墓志铭》(本集卷三七;《黄溍全集》,第 542—543 页);

《从仕郎、绍兴路诸暨州判官致仕蒋府君墓志铭》(本集卷三七;《黄溍全集》,第 547 页);

《明威将军管军上千户所达鲁花赤逊都台公(脱帖穆耳)墓志铭》(《黄溍全集》,第 505—507 页);

《退藏山人赵君(若磬)墓志铭》(《文献集》卷九下;《黄溍全集》,第 588 页)。

元惠宗妥懽帖睦尔至正七年丁亥(1347)　七十一岁

时事

二月,山东地震。河南、山东农民起义蔓延。

元顺帝以四月十九日发京师,五月十二日驻跸上京,八月十三日回銮。

九月,诏举才能学业之人,以备侍卫。

宋濂为义乌朱震亨所著《格致余论》作序。

应本题赵孟頫所作《黄庭经》。

事迹

正月,跋范仲淹书《伯夷颂》。

本集卷二一《跋范文正公书伯夷颂》:"范文正公为苏才翁书《伯夷颂》,后有秦桧之太师、贾师宪太傅两人图记。宋南渡后,此卷必流落江左,而尝入其家,至李侯戡得之于燕,则宋亡之明年也。范氏所居,近在吴中,两人不能举而归之,卒有待于李侯。而公之子孙,乃获敬受宝藏焉,岂偶然哉?盖自西方兵寝不用,公归而均逸外藩,因得以暇日游心于艺事。才翁善书,而深服公楷法之妙,求公写《乾卦》,而公以字数多,眼力不逮,故为写此《颂》。卷末第云:书法亦要切磋,未是处无惜赐教而已。后来一二大老,乃推广其说,谓公书此实为天下万世纲常计。至哉言乎!末学之士,毋庸赘述也。"

据《御题高义园世宝》第三册,范仲淹书《伯夷颂》石碑拓片所载文字与本集卷二一所载有不同:"范文正公所书《伯夷翁》……至哉言乎!不容复赞一辞也。"且有"至正七年春正月甲子后黄溍敬观"之落款,钤白文"黄溍"之章。碑石由江阴孔尧山摹勒,石存苏州文正书院。

范仲淹书《伯夷颂》长卷,小楷,共二十三行,每行十四字,共三百三十字。《伯夷颂》之文为韩愈所作。范仲淹在皇祐三年(1051)以户部侍郎知青州,应时任京西转运使的苏舜元之请,书小楷《伯夷颂》。宋南渡后,辗转流落,至元十四年(1277)李戡在燕获得墨宝,黄溍从李戡之孙处获睹真迹。

范仲淹(989—1052),字希文,祖籍邠州(今陕西彬县),后迁居苏州吴县(今江苏苏州)。北宋著名政治家、思想家、军事家和文学家,为政清廉,体恤民情,刚直不阿,力主改革,屡遭奸佞诬谤,数度被贬。皇祐四年(1052)卒于徐州。谥文正,封楚国公、魏国公。有《范文正公集》传世。

正月,跋《范文正与尹舍人师鲁二帖》。

本集卷二一《跋范文正与尹舍人师鲁二帖》:"尹公自谓与范公义兼师友,而其言谈罕及于性命。至尹公处死生之变,尤人所难能,非知道者,不足以与于此。盖是时风俗醇厚,士大夫多不言而躬行,未至立名字以相高,此宋三百年极盛之际也。伏观范公遗帖,安得不为之抚卷而三叹乎?至正七年春正月甲子,后学黄溍敬观。"(《铁网珊瑚》卷四)

二月,在朵尔直班和中书左承相太平的力荐下,重回翰林国史院。

《行状》:"居四岁,故湖广行省平章公朵尔直班、今中书左丞相太平开府公力交荐之,被上旨,著致仕,仍旧阶,除翰林直学士、知制诰同修国史、同知经筵事,进阶中奉大夫。"

二月甲子,为八世祖黄景珪墓重建石表作记。

见本集卷四《八世祖墓重建石表记》。

二月甲午,作《梅花书屋图》。

台北故宫博物院藏有黄溍《梅花书屋图》立轴(北平故宫博物院古

物馆编,《故宫书画集》第十六册,民国二十一年［1932］,第五页):"纸本
浅设色,纵三尺一寸,横一尺三寸八分。"款识为"作于至正七年春二月
甲午"。附有李镛题跋:"元季黄文献公雅好文艺,尝与虞奎章、柯博士
辈论书评画,深入古人妙致,阅此图,运笔秀劲,堪比黄鹤山樵媲美,时
景泰四年,岁在癸酉初伏日,李镛。"

春,为义乌文昌祠宋先达题名作记。

> 本集卷八《义乌先达题名记》:"义乌邑庠礼殿之西南,故有文昌祠,
> 宋先达题名在焉。祠废而石毁已久,至正七年春,主教事者暨先达诸公
> 之后人,始复修其祠事,而买石重刻置其中。"

> 按:此题名旧刻,黄溍的曾大父黄梦炎曾为之记。

过桐庐,四月抵京师,任翰林直学士,知制诰同修国史,寻兼经筵官。六
月至上京,作《丁亥春二月起自休致,入直翰林。夏四月,抵京师。六月,赴
上京。述怀六首》。期后执经进讲三十二次,是为少见。

《丁亥春二月起自休致,入直翰林。夏四月,抵京师。
六月,赴上京。述怀六首》(本集卷四)

其　一

凤予抱微尚,漫仕遂浮沈。决去不复疑,甘以投华簪。
春天动使星,空谷发跫音。仓忙遽就道,载笔归词林。
弱质幸未朽,茂恩一何深!义当不俟驾,事乃违初心。
揖与亲友别,长眺故山岑。临觞不能御,朗咏岩中吟。

其　二

扬帆越江淮,河水来活活。吕梁扼其冲,石芒殊峭拔。
溯河柂忽摧,度洪缆遽绝。前途总安流,风劲桅复折。
兼旬涉险艰,脱命争毫发。行行薄畿甸,值此正阳月。

其　三

皇舆方北狩,前旌晓已发。疾驱望清尘,我马不及秣。
出关历峻阪,下视原野阔。涧溪多萦回,冈岭互盈缺。
旧游如梦寐,古道无改辙。经时春草变,久旱夏云热。
远行诚苦辛,傥免蒙霜雪。

其 四

信宿憩虚馆，平明玉堂开。微风散灵雨，阶庑无纤埃。
良会秩初筵，芳醪湛罇罍。内官出黄封，飞鞚天际来。
承平多故事，鄙劣惭非才。抃跃向宸廷，庆云郁崔嵬。
乞身惧再渎，恋阙空徘徊。

其 五

日出旦气清，斋祓趋行宫。周陛夹驰道，大帐垂穹窿。
鸣鞘下霄汉，别殿临薰风。摄衣升玉除，穆穆瞻睟容。
谒拜未及己，回光赫重瞳。诏使侍经帷，通籍丹禁中。
斯荣非所希，十载庶一逢。怵惕久复前，旅进陪群公。
愿因奉清燕，忼慷输微忠。衰迟力不逮，劳心但忡忡。

其 六

圆象无停运，日驭转西陆。原野多归人，翩翩共驰逐。
念昔居闲曹，未老先纳禄。蒙恩列外监，放浪湖一曲。
薄田皆旧畲，敝庐非新卜。白首重见招，英游并华毂。
寒松虽复凋，幽兰岂再馥？宣尼讥惠失，伯阳贵止足。
时暮复何言？终期返初服。

本集卷三〇《盘峰先生墓表》："去年秋，溍以退休之余，被命复出，叙舟桐庐驿，先生之孙裕来谒，曰：吾祖之葬，子之乡先生方公凤，既为志于玄堂，而未有以表诸封隧，今三十有三年矣。"

《神道碑》："至正七年六月，至上京，中书传旨兼经筵官，召见慈仁殿。上语朵尔直班曰：'文臣年老，正宜于在朕左右。'"

《元史》卷一百八十一《黄溍传》："除翰林直学士，知制诰同修国史，寻兼经筵官，执经进讲三十有二，帝嘉其忠，数出金织纹段赐之。"

门生王祎、陈基一同北上。

陈基《飞云楼诗序》："沂河雒，上嵩岳，过秦、汉之故都，访邹鲁之遗迹。复自郑，浮孟津，道河内，蹂汲郡，达燕赵。与季野会炊不暇熟，又复度居庸，出云中，涉涞水，抵上京。"（《夷白斋稿》卷二二）

四月，为杭州路儒学兴造作记。

本集卷一〇《杭州路儒学记兴造记》云："始作于六年冬十一月，讫役于七年夏四月。谢君状其实，驰书京师，属溍记之。"

六月十三日，上京翰林院开院，适逢喜雨，黄溍作诗以纪。

《丁亥六月十三日，上京翰林开院喜雨，院长开府公俾为诗以志之》(本集卷六)

雨浥鳌峰长绿苔，佳辰良会玉堂开。

凉生薰殿宸居近，恩予官壶诏使来。

尽醉不愁骑马滑，新诗可待片云催。

作霖正尔须公等，行见文星入上台。

十月，朝廷赠封黄溍祖父为中顺大夫、礼部侍郎、上骑都尉、追封江夏郡伯。祖妣赠封江夏郡君。

　　本集卷四〇《先祖墓铭石表记》："钦承上旨，起自退休，入直翰林，备员侍讲，始用著令，得推恩二代。比年两膺锡命，公初赠中顺大夫、礼部侍郎、上骑都尉，追封江夏郡伯，再赠嘉议大夫、礼部尚书、上轻车都尉、追封江夏郡侯；夫人自江夏郡君进封江夏郡夫人。……赠封之制下，则至正七年十月八年十二月也。"

十一月十二日，为中书左丞相、冀宁文忠王铁木儿达识祠堂作记。

　　本集卷八《敕赐承相、冀宁文忠王祠堂记》："故丞相、冀宁文忠王以至正七年秋九月十八日丁巳薨于位，二十六日乙丑，祔葬京城和义门外之先茔。八年春某月某日某甲子，建祠堂顺宁府宣平县宫家庄之景贤书院。冬十一月十二日甲辰，宰执大臣奏事明仁殿而退，谕上旨，俾臣溍撰其先茔碑铭，并以祠堂记命臣溍制其文，赐王母弟、今大司农达世帖睦尔，使书于石，仍敕平章政事、议中书省事姚庸篆题其首而刻焉。"

　　铁木儿达识(1302—1347)，字九龄，国王脱脱之子。事明宗于潜邸。文宗初，由同知都护府事累迁礼部尚书，进参议中书省事，擢陕西行台侍御史，留为奎章阁侍书学士，除大都留守，寻同知枢密院事。至元六年(1340)，拜中书右丞。官中书左丞相、录军国重事，阶开府仪同三司，勋上柱国，赠开诚济美同德翊运功臣、太师、中书右丞相，追封冀宁王，谥文忠。

十二月八日，与张雨(伯雨)同登来鹤亭，作《次韵伯雨腊月八日雪中同登来鹤亭》。

《次韵伯雨腊月八日雪中同登来鹤亭》

兴来欲泛山阴雪，不奈舟胶野水凝。

朝士白头愁独步，仙人赤脚傲层冰。

招来尽是鸡群鹤，趋附空惭骥尾蝇。
夜久松龛同拥毳，绝胜爆值有青绫。

《四库全书》集部五《句曲外史集》别集类四卷中，有张雨作《十二月
五日雪晴》(丁亥)，黄溍和之。

《十二月五日雪晴》(丁亥)

日光玉洁千峰立，快雪晴时一气凝。
当昼垆亭摧扫巷，犯寒渔榜借收冰。
松皮石裂号饥鼠，窗隙尘消触冻蝇。
青苗菜芽浑可爱，倩谁春啖卷红绫。

按赵孟頫《松雪斋集》卷四："来鹤亭在杭州开元宫，吾往年游宫中
而适有鹤来，因为出二字以名亭。"本年黄溍是否回杭，待考。

宋濂代黄溍作《跋清凉国师所书栖霞碑》《邹府君墓志铭》《体仁守正弘
道法师金君碑》。

《宋文宪公集》卷三十九《跋清凉国师所书栖霞碑》："今年春，出游
吴中，始从报恩万岁寺住上人得此墨本，归而刻诸石，属余志于下方。"

按：国师以大历三年(768)受诏入内译经，为润文大德。是年三月
二日，律师示寂。而碑之建，在明年三月十二日，今去之已五百八十年。
黄溍于是年四月抵京师任翰林直学士。而此跋入本集卷二一。

《潜溪前集》卷九有铭曰："无锡邹君以至顺二年十一月二十六日
卒，元统元年九月某日葬。后十有四年，为至正七年，其子师尹乃奉故
礼部尚书宛平曹公所为行状来征铭，谨序而铭之。"据铭，邹氏名德修，
字君水。此铭入《黄文献集》卷九上。

本集卷二九《体仁守正弘道法师金君碑》，亦入宋濂《潜溪前集》
卷三。

作《教苑清规后序》。

本集卷一九《教苑清规后序》。

元代自庆编撰《增修教苑清规》，序末落款为："至正七年夏三月甲
子金华黄溍序。"

作《送徐彦礼赴冀州序》。

本集卷一七《送徐彦礼赴冀州序》："上即帝位之十有五年，并相勋

贤,更新庶政。"顺帝惠宗于 1333 年称帝,十五年后系是年也。

是年,从程钜夫之孙程世京处获睹程公遗像,黄溍作赞并序。

　　本集卷七《程楚公小像赞并序》:"故楚国文宪程公,以宏材硕学,被遇世祖,历事四朝,为时名臣。延祐纪元之初,溍举进士至京师,因拜公于安贞里第。后三十有三年,溍起自休致,入直词林,则公捐馆已久。幸从公之孙世京,获睹公遗像。抚时运之推迁,慨前修之莫作,赞以一辞,非敢曰美盛德之形容,聊志岁月云尔。赞曰:褐衣角巾,潇洒出尘。仰羡夫消,摇于丘壑。缅想其际,会于风云。觊一言之窍意,罄崇论而敷陈。灼灼乎龟蓍之可覆,洋洋乎鱼水之相亲。激扬奋励,以纪纲乎宪度;铺张润色,以黼黻乎人文。虽不以进退百官为职,未始一日忘吐握之勤。凡楚材之晋用,皆药笼之储珍。咸怀诚而秉忠,共尊主而庇民。奚必坐乎庙堂之上?然后大展其经纶。嗟仪刑之已远,俨丰彩之如新。古称达贤者有后,是将在其来昆。"

是年,为奉议大夫、御史台都事李拱辰作墓志铭。

　　本集卷三一《奉议大夫、御史台都事李公(拱辰)墓志铭》有记,李公葬于泰定元年(1324)六月十八日,公葬二十有四年,其子李益"奉本省照磨官刘金暨同知磁州事张公衍所为状,俾溍序次而为之铭"。

　　李拱辰(1268—1324),字廷弼,磁州(今河北邯郸)人。

是年,为亚中大夫、同知湖州路总管府事张光祖作墓志铭。

　　本集卷三五《亚中大夫、同知湖州路总管府事张公(光祖)墓志铭》有记,张光祖子孙在至正七年(1347)奉书向黄溍请铭。

是年,作《都功德使司都事华君(埜仙)墓志铭》。

　　本集卷三七《都功德使使司都事华君(埜仙)墓志铭》有记,华埜仙卒于皇庆元年(1312)。在华埜仙殁后三十五年,子华幼武介陈谦求黄溍作铭。

　　华埜仙(1287—1312),字子举,无锡人。黄溍曾为其父华璞作墓志铭,故不欲铭其父而又铭其子。

作《汴梁稻田提举周公(应星)墓志铭》。

　　详见本集卷三五《汴梁稻田提举周公(应星)墓志铭》。

是年,祁门李与廉卒。

　　《黄文献集》卷一一《祁门李君(与廉)墓志铭》:"君既葬,宿昔朋游之士念之不忘。"黄埭以状来谒铭。

李与廉(1292—1347),字子常,歙县篁墩(今属安徽黄山)人。

是年,为真如观主正寿作塔铭。

本集卷四二《真如观主寿公(正寿)塔铭》:"钱塘真如观主大师示寂后五年,弟子慧炬始以状求予铭其舍利之塔。"正寿卒于至正二年(1342)春二月。

正寿,俗姓徐氏,别号松壑,钱塘(今浙江杭州)人。

正月四日,集贤大学士、荣禄大夫史惟良卒。

本集卷二六《集贤大学士、荣禄大夫史公(惟良)神道碑铭》。

史惟良(1273—1347),字显夫,祖居亳州,后迁郓城。初任将仕郎、盐使司知事,后升任刑部主事、刑部员外郎、监察御史、中书右司都事、右司员外郎等。天历二年(1329),任资政大夫、御史中丞、知经筵事。至顺元年(1330)二月,授资德大夫、中书左丞,主持纂修《经世大典》;元统元年(1333),任山东东西道肃政廉访使;元统二年(1334)任枢密使。至元三年(1337)五月,任燕南河北道肃政廉访使;任江南诸道行御史台御史中丞,又召拜集贤大学士、荣禄大夫。铭曰:"历事七朝,闻召命即行,言不用即去","浮云飘忽而白日常新,颓波横溃而砥柱不改"。著有《泛云稿》。

奉命为揭傒斯作神道碑铭。

本集卷二六《翰林侍讲学士、中奉大夫、知制诰、同修国史、同知经筵事、追封豫章郡公,谥文安揭公(傒斯)神道碑铭》:"至正七年夏四月辛卯,皇帝时巡上京。秋七月丙戌,御慈仁殿,文学侍从之臣,咸就列以备顾问。当宁悯焉,兴念旧人,以故翰林侍讲学士揭傒斯神道之碑未立,俾同知枢密院事臣世杰班,传诏于学士承旨臣岳柱,命直学士臣溍为之文,仍敕河南江北等处行中书省左丞臣守诚、礼部尚书臣期颐书篆,以赐焉。臣溍蒙恩起自休退,惧志虑之凋落,无能发扬圣天子敬故尊贤之意,承命震惕,莫知所为。然窃自念忝以词臣执笔,隶太史氏,不敢控辞,谨按前修撰刘闻所上容台之状,及前学士承旨欧阳玄所为幽堂之铭。"

揭傒斯(1274—1344),字曼硕,号贞文,龙兴富州(今江西丰城)人。家贫力学,大德年间出游湘汉。延祐元年(1314)由布衣荐授翰林国史院编修官,迁应奉翰林文字,前后三入翰林,官奎章阁授经郎、迁翰林待制,拜集贤学士,翰林侍讲学士,阶中奉大夫,封豫章郡公,修辽、金、宋三史,为总裁官。《辽史》成,得寒疾,卒于史馆,谥文安,著有《文安集》,为文简洁严整,为诗清婉丽密。善楷书,尤工于行、草。朝廷典册,多出其手。与虞集、杨载、范梈同为"元诗四大家"之一,又与虞集、柳贯、黄溍并称"儒林四杰"。

是年,与方道壑同在史馆,作《蛟峰先生(方逢辰)阡表》。

本集卷三〇《蛟峰先生(方逢辰)阡表》。

方道壑,方逢辰之曾孙,至顺元年(1330)擢进士第,翰林国史院编修官,出为嘉兴路总管府推官。

是年,武德将军、沿海上万户府副万户石抹明里铁木儿卒。

本集卷二七《沿海上副万户石抹公(明里铁木儿)神道碑铭》有记,其子厚孙以葬之日,奉公门下士潘倬之状来请黄溍作铭。黄溍与公父、子间,有交游,与公婿泰不华为同僚,故不辞。

明里铁木儿(1281—1347),别名继祖,字伯善,"公负材而尚气,不肯为人下……驭军严肃而恩意周浃"。

作《乐平朱君(以寔)墓志铭》。

本集卷三九《乐平朱君(以寔)墓志铭》:"至正元年秋,予与建德推官李君粲同校文乡闱,南士预荐者二十有八,朱公迁其一也。又六年,而公迁用特恩为吾婺学正,奉李君所为状来谒铭。"

朱以寔(1263—1331),字寔传,饶州乐平(今江西乐平)人。自信特立,不失身于人,无意仕进,恬淡自适。有诗文集《偶得集》若干卷。

为徽州路儒学教授陆德原做作墓志铭。

《吴下塚墓遗文》卷二《元故徽州路儒学教授陆君(德原)墓志铭》有记,陆德原卒后葬于至元六年(1340),"君既葬之明年,元震代颐孙奉先友陈方之状来谒铭"。

陆德原(1282—1340),字静远,又字志宁,号杞菊,人称杞菊先生。甫里(今苏州甪直)人。他善于经商,重视教育,创义塾,聘陆文圭、龚璛、柳贯等有威望的名儒为先生。因办学业绩显著调任徽州路儒学教授,后人称他"兴学立教、厥功甚伟","能尚义而好礼"。与倪瓒、虞堪、郑元佑、张天英、谢常等有交往。能诗文,著有《杞菊诗》。

是年,杨维桢将《三史正统辩》交黄溍,望以引荐。然黄溍以"同乡""门下大生"等虑,避"朋党"之嫌而拒之。杨甚是遗憾,故作《金华先生避党辩》。(见孙小力,《杨维桢年谱》,复旦大学出版社,1997年)

许元以张枢之状,请为许谦作墓志铭。

本集卷三二《白云许先生(谦)墓志铭》云,许谦卒于至元三年(1337),葬于至元四年(1338)春正月,葬后十年,许谦之子许元以张枢之状请黄潛作铭。

许谦(1269—1337),字益之,号白云山人。祖父许应龙由金华迁东阳。师承金履祥,尽得其传。官府屡为辟荐,均固辞。延祐元年(1314)由金陵归乡,居东阳八华山开门讲学。声誉所及,"远而幽冀齐鲁,近而荆扬吴越"。及门弟子,鉴于著录者千余人,各有成就。学识渊博,缙绅先生之过其乡者,必即其家存问焉。人称白云先生。著有《白云集》《读书丛说》、《诗集传名物钞》等。

编 年 诗

《丁亥春二月起自休致,入直翰林。夏四月,抵京师。六月,赴上京。述怀六首》(本集卷四;《黄潛全集》,第 25 页);

《丁亥六月十三日,上京翰林开院喜雨,院长开府公俾为诗以志之》(本集卷六;《黄潛全集》,第 85 页);

《次韵伯雨腊月八日雪中同登来鹤亭》(本集卷六;《黄潛全集》,第 88 页)。

编 年 文

《跋范文正公书伯夷颂》(本集卷二一;《黄潛全集》,第 181 页);

《跋范文正与尹舍人师鲁二帖》(本集卷二一;《黄潛全集》,第 182 页);

《八世祖墓重建石表记》(本集卷四;《黄潛全集》,第 388 页);

《杭州路儒学记兴造记》(本集卷一〇;《黄潛全集》,第 309 页);

《敕赐承相、冀宁文忠王祠堂记》(本集卷八;《黄潛全集》,第 283 页);

《集庆路蒋山宝山塔院记》(本集卷一一;《黄潛全集》,第 333 页);

《教苑清规后序》(本集卷一九;《黄潛全集》,第 266 页);

《送徐彦礼赴冀州序》(本集卷一七;《黄潛全集》,第 246 页);

《程楚公小像赞并序》(本集卷七;《黄潛全集》,第 122 页);

《义乌先达题名记》(本集卷八;《黄潛全集》,第 286 页);

《奉议大夫、御史台都事李公(拱辰)墓志铭》(本集卷三一;《黄潛全集》,第 446—448 页);

《亚中大夫、同知湖州路总管府事张公(光祖)墓志铭》(本集卷三五;《黄潛全集》,第 509—510 页);

《都功德使使司都事华君(垫仙)墓志铭》(本集卷三七;《黄潛全集》,第 540—541 页);

《汴梁稻田提举周公(应星)墓志铭》(本集卷三五;《黄潛全集》,第 512 页);

《真如观主寿公（正寿）塔铭》（本集卷四二；《黄溍全集》，第 625 页）；

《集贤大学士、荣禄大夫史公（惟良）神道碑铭》（本集卷二六；《黄溍全集》，第 677—681 页）；

《翰林侍讲学士、中奉大夫、知制诰、同修国史、同知经筵事、追封豫章郡公，谥文安揭公（傒斯）神道碑铭》（本集卷二六；《黄溍全集》，第 682—685 页）；

《蛟峰先生（方逢辰）阡表》（本集卷三〇；《黄溍全集》，第 730 页）；

《沿海上副万户石抹公（明里铁木儿）神道碑铭》（本集卷二七；《黄溍全集》，第 691 页）；

《乐平朱君（以寔）墓志铭》（本集卷三九；《黄溍全集》，第 569—570 页）。

《白云许先生（谦）墓志铭》（本集卷三二；《黄溍全集》，第 459—462 页）；

《元故徽州路儒学教授陆君（德原）墓志铭》（《吴下塚墓遗文》卷二；《黄溍全集》，第 596—597 页）。

元惠宗妥懽帖睦尔至正八年戊子（1348）　七十二岁

时事

三月初七，顺帝亲试进士七十八人，赐阿鲁辉铁木儿、王宗哲进士及第，其余出身有差。

七月，杨维桢汇集《西湖竹枝词》为《西湖竹枝集》。

九月，杨维桢游虎丘，与张雨、倪瓒等追和苏轼留题石壁诗韵。

是年，张起岩、岳柱、拜拜任翰林学士承旨，泰不华任礼部尚书。

是年，虞集卒。

事迹

礼部春试，为考试官，寻为廷试读卷官。作《堂试汉人南人策问》（本集卷二〇）。

> 《行状》："至是被上旨考试礼部，寻又为廷试读卷官。"
> 见元刘贞仁编选《新刊类编历举三场文选》。

夏，黄溍官升侍讲学士、知制诰同知经筵事，并与危素等奉诏编修《后妃功臣列传》，任总裁官。

> 《行状》："在禁林，会修《本朝后妃功臣传》，先生为条陈义例，多所建明，士类服其精允。"

在京与贡师泰同官为僚。

本集卷一九《贡侍郎文集序》："侍郎由供奉翰林外补,而复以元官召,累升次对。潜适自退休,备员劝讲,同官为僚,日相款洽。属有史事,罔敢不亲其职业,辰入酉出,无须史间。与侍郎之高文大册、长篇短章,虽时获窥豹一斑,尝鼎一脔,终未能尽大观而无憾也。"

正月十三日,上海县主簿吴福孙卒。

本集卷三八《上海县主簿吴君(福孙)墓志铭》。

吴福孙(1280—1348),字子善,自号清容野史,杭州人。未弱冠,察举补嘉兴路儒学录,迁宁国学正。善楷法,兼工篆籀。至治二年(1322),以教官借授潮州青洋山巡检。至顺二年(1331),赴选集京师,元文宗坐奎章阁,以所作小楷上,得召见。至元元年(1335)调常州儒学教授,升上海县主簿。著有《清容轩手钞》《乐善斋集》《古文韵选》《古印史》等。

四月,奉命为宣徽使、太保、定国忠亮公答失蛮作神道碑铭,后又作神道第二碑。

本集卷二四《宣徽使、太保、定国忠亮公(答失蛮)神道碑铭》："至正八年(1348)夏四月九日,上御兴圣殿西便殿,翰林学士承旨臣岳柱为奏请,命臣潜继元用为之铭,以赐其家俾刻焉。"

答失蛮(1258—1317)在职期间,直言不讳,有所作为。临终告其子:"人之陨其世业者,必自贪与奢始。汝等能兢兢自持,不苟取、不妄用,恒以忠君报国,尊祖睦族为念,吾死无憾矣。"

八月,由上京还大都,为上都大龙光华严寺作碑铭。

详见本集卷八《上都大龙光华严寺碑铭》。

八月四日,好友张枢卒。

本集卷三〇《张子长(枢)墓表》。

在桐庐,盘峰先生之孙孙裕来谒,作《盘峰先生墓表》。

详见本集卷三〇《盘峰先生(孙潼发)墓表》。

九月二十六日,江南诸道行御史台监察御史杜质之配贺氏卒,并作铭。

本集卷三九《宜人贺氏墓志铭》。

贺氏(1277—1348),有淑德,能诵四书,杜公贤内助,妯娌之间和睦无隙。为人不贪小便宜,虑事细心。

十月甲子朔,为上都御史台殿中司题名作记。

> 本集卷八《上都御史台殿中司题名记》:"御史台殿中司之有题名,始于至顺三年,率皆刓木为方板而书之。至正八年,今殿中御史埜仙护都、孛罗铁木而虑其久或蠹敝,乃命代以石,大书而深刻焉,且俾溍记其作始之自。"

十月癸亥,为平江路昆山州荐严寺作碑铭。

> 光绪《苏州府志》卷四三《昆山州荐严寺碑》。

十一月十八日,元顺帝御明仁殿,中书宰臣用今大司农达世帖睦尔之请,命黄溍为康里氏作先茔碑铭。

> 本集卷二八《敕赐康里氏先茔碑铭》。
>
> 阿沙不花(1263—1309),康里人。
>
> 亦纳脱脱(1272—1327),阿沙不花之弟,王阶至开府仪同三司,勋至上柱国,爵为冯国公,兼官为集贤使、仁虞使、中都留守司达鲁花赤、开宁路达鲁花赤,领崇福司、回回司天台、中卫、广武卫亲军都指挥使,赠推诚全德守义佐运功臣、太师、中书左丞相,阶、勋皆如故,追封和宁王,谥忠献。

十一月,作《丞相、冀宁文忠王(铁木儿达识)祠堂记》。

> 本集卷八《丞相、冀宁文忠王(铁木儿达识)祠堂记》:"八年春某月某日某甲子,建祠堂顺宁府宣平县宫家庄之景贤书院。冬十一月十二日甲辰,宰执大臣奏事明仁殿而退,谕上旨,俾臣溍撰其先茔碑铭,并以祠堂记命臣溍制其文……"

十二月,祖父赠嘉议大夫、礼部尚书、上轻车都尉、追封江夏郡侯。祖妣赠江夏郡夫人。

> 本集卷四〇《先祖墓铭石表记》:"葬以十年八月,赠封之制下,则至正七年十月八年十二月也。"

跋龚开画作。

> 本集卷二一《跋翠岩图》。黄溍在大德二年(1298)春拜谒龚开,五十年后,因观先生所为《孟浩然诗意图》,遂作跋。

为上都翰林国史院题名作记。

> 本集卷八《上都翰林国史院题名记》:"由至治元年(1321),逮今二十有七年,分院题名,岁各有记,于其职分之所当为,论之备矣。"由此可推知为至正八年(1348)所作。

为座主李孟作行状。

本集卷二三《元故翰林学士承旨、中书平章政事、赠旧学同德翊戴辅治功臣、太保、仪同三司、上柱国、追封魏国公，谥文忠李公行状》有记云，至治元年（1321）卒，其子李献请黄溍为之作状，以俟太史氏之采择，门生黄溍于至正八年（1348）状。

李孟（1255—1321），字道复，号秋谷，为延祐二年（1315）廷试监试官，与黄溍为座主关系。谥文忠。

作《佛真妙辨广福圆音大禅师、大都大庆寿寺住持长老鲁云兴公（行兴）舍利塔铭》。

本集卷四一《佛真妙辨广福圆音大禅师、大都大庆寿寺住持长老鲁云兴公（行兴）舍利塔铭》。

为将仕佐郎、台州路儒学教授致仕程端礼作墓志铭。

本集卷三三《将仕佐郎、台州路儒学教授致仕程先生（端礼）墓志铭》有记，程端礼卒于至正五年（1345）夏六月甲子，享年七十有五，以六年某月某日甲子，葬阳堂乡之陶奥。先生葬后二年，即至正八年（1348），门生徐仁、乐良奉宣文阁授经郎危素之状来谒铭。

程端礼（1271—1345），字敬叔，号畏斋，庆元（今属浙江宁波）人。年十五，能记诵六经，晓析大义。从史蒙卿游，传朱熹明体达用之旨，就学者甚众，曾官衢州路儒学教授。著有《畏斋集》。

徐一夔《始丰稿》卷一四《题黄文献公所著墓志铭初稿后》："右黄文献公所著墓铭初稿二纸，其一全篇，有涂、注字；其一仅存其半，乃四明乐君仲本。既得公铭其师程先生与其大父浃江府君之墓，并得其初所属稿，遂装潢成卷。盖以公之文翰发扬其父师之潜德，故敬重如此。王待制袆云：公凡为文脱稿，必命门生代书，而碎其初稿。公字画甚佳，以秘惜故，世多不传，此二纸诚不易得，乐君当宝藏之。"

为嘉议大夫、佥宣徽院事致仕孙伯颜作墓志铭。

本集卷三七《嘉议大夫、佥宣徽院事致仕孙公（伯颜）墓志铭》有记，至正八年（1348）孙伯颜之子以乡贡进士唐旂之状，介翰林国史院编修官王大本，请黄溍为之作铭。

孙伯颜（1284—1647），字元晋，精通译语，曾命监修国史译史，后为大司农司译史。

为金玉人匠总管府事傅进作墓志铭。

本集卷三八《奉议大夫、同知诸路金玉人匠总管府事傅（进）公墓志

《铭》有记，傅进既卒且葬三十六年，其孙傅亨、傅贞，尝从黄溍游，黄溍居国子学时，又适在弟子列，故奉状来征铭。

傅进（1252—1312），字仲典，开平（今北京）人。

奉召为大都大庆寿禅寺住持北溪智延作塔铭。

本集卷四一《荣禄大夫、大司空、大都大庆寿寺住持长老佛心普慧大禅师北溪延公（智延）塔铭》有记，至正八年（1348）春三月十九日，元顺帝在明仁殿，大司农笃麟铁穆尔进言，令翰林直学士黄溍为北溪禅师作塔铭，翰林学士宗瑞作书。夏四月十四日，宣政使臣巩卜班进言，命笃麟铁穆尔篆额。

奉召为中书右丞相拜住作神道碑铭。

本集卷二四《中书右丞相，赠孚道志仁清忠一德功臣、太师、开府仪同三司、上柱国，追封郓王，谥文忠（拜住）神道碑铭》："至正八年春正月五日，皇帝御兴圣宫便殿，中书省臣以故右丞相、郓文忠王神道之碑未建奏请，敕臣溍为之文，以赐其家，俾刻焉。"

札剌尔氏拜住（1298—1323），元世祖开国元勋木华黎家族之后，名相安童之孙。好儒学，通汉族传统礼仪。

为江浙行中书省平章政事，赠太傅、安庆武襄王（也速觯儿）作神道碑。

本集卷二四《江浙行中书省平章政事，赠太傅、安庆武襄王神道碑铭》："至正八年春正月二十日丁巳，诏赠故江浙等处行中书省平章政事也速觯儿推忠宣力守正佐理功臣、太傅、开府仪同三司、上柱国，追封安庆王，谥武襄。于是，王之薨五十年矣，皇上缵承鸿业，追念旧勋，不以存亡久近为间，涣颁异数，以照临之，甚盛德也。臣溍承乏词林，既推述圣意，形诸赞书。三月丁酉朔，上复用中书奏，敕臣溍考推功业，勒兹乐石。臣被命而退，谨即王之孙、今上都留守古纳剌访求王世系、官阀、行事之实，序而铭之。"

也速觯儿（1254—1298），原名铁木儿，成宗即位，避讳改名。资禀雄毅，沉重有谋。

奉召为辽阳等处行中书省左丞亦辇真作神道碑铭。

本集卷二四《辽阳等处行中书省左丞亦辇真公神道碑铭》有记，至正八年（1348）冬十月十三日，元顺帝御明仁殿，枢密院事臣阿吉剌、忽先、也先铁木儿与亦辇真的弟弟老章同列，奏请命黄溍为其作文，起岩书丹，礼部尚书泰不华篆额。

亦辇真（1296—1347），畏兀儿人。

为湖广等处行中书省平章政事刘国杰作墓志铭。

本集卷二五《湖广等处行中书省平章政事，赠推恩效力定远功臣、光禄大夫、大司徒、柱国，追封齐国公，谥武宣刘公（国杰）神道碑》："至正八年，监察御史忽都不花公之嫡孙脱欢之嗣子，念祖父为国世臣，已疏封赐谥，而墓隧之石，未有刻辞，乃上其功状于中书以闻。夏四月五日，上御兴圣便殿，诏使臣溍勒铭公碑。"

刘国杰（1234—1305），元世祖时期的名将，赐号霸都，意为勇敢无畏。

奉召为董守简作神道碑铭。

本集卷二六《御史中丞，赠推诚佐治济美功臣、荣禄大夫、河南江北等处行中书省平章政事、柱国，追封冀国公，谥忠肃董公（守简）神道碑铭》有记，黄溍奉命按苏天爵所述行状作碑铭，河南江北行中书省左丞守诚作书，礼部尚书期颐篆额。

董守简（1292—1346），字子敬。为官期行政有效、断案有法。

为苏天爵曾祖父苏诚作墓表。

本集卷三〇《处士苏公（诚）墓表》有记，苏诚卒于大德二年（1298），后五十年，苏天爵奉国子司业杨俊民之状来授黄溍作墓表。

苏诚（1221—1298），字诚夫，"生于戎马间，慷慨尚气节"；喜饮酒而不及乱；善治生而不求富。轻财好义，人有急则往赴之。

作《戴氏义塾记》。

见本集卷〇《戴氏义塾记》。

作《华亭黄君（允恭）墓志铭》。

见本集卷三九《华亭黄君（允恭）墓志铭》。

黄允恭（1253—1339），字敬翁，松江华亭（今上海）人。

作《倪君墓志铭》。

见本集卷三八《倪君墓志铭》。

作《赠从仕郎某官陈府君墓志铭》。

本集卷三六《赠从仕郎某官陈府君墓志铭》。

作《真定路总管府达鲁花赤致仕道家奴嘉议公墓志铭》。

本集卷三七《真定路总管府达鲁花赤致仕道家奴嘉议公墓志铭》。

编年文

《宣徽使、太保、定国忠亮公（答失蛮）神道碑铭》（本集卷二四；《黄溍全集》，第 647 页）；

《宣徽使、太保、定国忠亮公（答失蛮）神道第二碑铭》（本集卷二四；《黄溍全集》，第 651 页）；

《上都大龙光华严寺碑铭》（本集卷八；《黄溍全集》，第 406 页）；

《盘峰先生（孙潼发）墓表》（本集卷三〇；《黄溍全集》，第 719—720 页）；

《宜人贺氏墓志铭》（本集卷三九；《黄溍全集》，第 577—578 页）；

《上都御史台殿中司题名记》（本集卷八；《黄溍全集》，第 290 页）；

《昆山州荐严寺碑》（光绪《苏州府志》卷四三；《黄溍全集》，第 408，409 页）；

《敕赐康里氏先茔碑铭》（本集卷二八；《黄溍全集》，第 704—710 页）；

《丞相、冀宁文忠王（铁木儿达识）祠堂记》（本集卷八；《黄溍全集》，第 283 页）；

《跋翠岩图》（本集卷二一；《黄溍全集》，第 193 页）；

《上都翰林国史院题名记》（本集卷八；《黄溍全集》，第 289 页）；

《元故翰林学士承旨、中书平章政事、赠旧学同德翊戴辅治功臣、太保、仪同三司、上柱国，追封魏国公，谥文忠李公行状》（本集卷二三；《黄溍全集》，第 418—421 页）；

《堂试汉人南人策问》（本集卷二〇；《黄溍全集》，第 152 页）；

《佛真妙辨广福圆音禅师、大都大庆寿寺住持长老鲁云兴公（行兴）舍利塔铭》（本集卷四一；《黄溍全集》，第 608 页）；

《将仕佐郎、台州路儒学教授致仕程先生（端礼）墓志铭》（本集卷三三；《黄溍全集》，第 480—481 页）；

《嘉议大夫、金宣徽院事致仕孙公（伯颜）墓志铭》（本集卷三七；《黄溍全集》，第 539—540 页）；

《奉议大夫、同知诸路金玉人匠总管府事傅（进）公墓志铭》（本集卷三八；《黄溍全集》，第 556 页）；

《荣禄大夫、大司空、大都大庆寺住持长老佛心普慧大禅师北溪延公（智延）塔铭》（本集卷四一；《黄溍全集》，第 606—607 页）；

《中书右丞相，赠孚道志仁清忠一德功臣、太师、开府仪同三司、上柱国，追封郸王，谥文忠（拜住）神道碑铭》（本集卷二四；《黄溍全集》，第 639—640 页）；

《江浙行中书省平章政事，赠太傅、安庆武襄王神道碑铭》（本集卷二四，《黄溍全集》，第 644—646 页）；

《辽阳等处行中书省左丞亦辇真公神道碑铭》(本集卷二四;《黄溍全集》,第 648—650 页);

《湖广等处行中书省平章政事,赠推恩效力定远功臣、光禄大夫、大司徒、柱国,追封齐国公,谥武宣刘公(国杰)神道碑》(本集卷二五;《黄溍全集》,第 660—667 页);

《御史中丞,赠推诚佐治济美功臣、荣禄大夫、河南江北等处行中书省平章政事、柱国,追封冀国公,谥忠肃董公(守简)神道碑铭》(本集卷二六;《黄溍全集》,第 673—677 页);

《处士苏公(诚)墓表》(本集卷三〇;《黄溍全集》,第 722 页);

《戴氏义塾记》(本集卷一〇;《黄溍全集》,第 314 页);

《华亭黄君(允恭)墓志铭》(本集卷三九;《黄溍全集》,第 571 页);

《倪君墓志铭》(本集卷三八;《黄溍全集》,第 562 页);

《赠从仕郎某官陈府君墓志铭》(本集卷三六;《黄溍全集》,第 519 页);

《真定路总管府达鲁花赤致仕道家奴嘉议公墓志铭》(本集卷三七;《黄溍全集》,第 546 页)。

元惠宗妥懽帖睦尔至正九年己丑(1349)　七十三岁

时事

正月,瑶族起义军攻陷道州。

三月,黄河北溃。蜀江大溢,民大饥。

三月,杨维桢以松江吕辅之招,赴松江授《春秋》。

五月,张雨楷书题赵孟頫书《道经生神章卷》。

是年,张起岩任翰林学士承旨。

擢宋濂任将仕郎、翰林国史院编修官,然以亲老固辞。

事迹

四月二十日,进讲于明仁殿,奉诏为邓文原作神道碑铭。

　　本集卷二六《岭北湖南道肃政廉访使,赠中奉大夫、江浙等处行中书省参知政事、护军,追封南阳郡公,谥文肃邓公(文原)神道碑铭》。至正九年(1349)夏四月二十日,知经筵事臣朵儿直班、同知经筵事臣埜仙护都、臣溍等进讲于明仁殿,臣朵儿直班、埜仙护都奏:邓文原经筵旧臣,历事累朝,备极荣遇。兹又显受圣恩,赠封定谥。墓上之石,宜赐刻文。上既可其奏,命臣溍为之铭,别敕翰林学士承旨臣起岩篆其额,臣

埜仙护都请就令臣朵儿直班书丹，上复如其请，乃退，而以前史臣范椁
之状授臣溍。

四月，黄溍上递辞呈，未等批准，径自归家，皇帝派人在杭州武林驿追上
黄溍请回京师，官复原职。

《行状》："九年夏四月，溍上章求归田里，不俟报而行。上闻之，遣
使者追及武林驿，敦迫还京，复供前职。"

本集卷一九《陈乞依旧致仕咨文》云："伏念溍：误玷科名，叨尘官
使，幸获逃于瘝旷，每思戒于满盈。所以不待引年，自请纳禄，一归田
里，五阅星霜。夫何姓名犹存乎齿录之余，造化曲尽乎陶钧之妙。遂令
朽质，仍预清流。"

本集卷三二《奉训大夫、瑞州路总管府判官致仕黄公（顺翁）墓志
铭》："顷予与危君素同在史馆，……予辞以史事方殷，而返其赘，求已既
去，予亦以衰朽纳禄而归。抵家甫二日，俄有召还之命，暨至京师，素复
数以为言，予不得卒辞也。"

本集卷三四《应中甫（本）墓志铭》："中甫之殁也，予方告老，将退休
于田里，使者以召还之命追及予于钱塘，敦迫就道。"

本集卷三四《中宪大夫、淮东道宣慰副使致仕王公（艮）墓志铭》：
"公卒于至正八年正月，……公既葬之明年，溍以久居词林，老不任事，
纳禄而归。抵家甫一日，而有召还之命。"

闰七月十五日，为朱德润《存复斋文集》作序。

《存复斋文集》序："今年秋，予以久直词林，窃禄无补，乞身而退。
恩召还，假馆姑苏驿。泽民不鄙过予，遗以古文一帙，曰存复斋集者。
……至正九年秋闰七月十五日，金华黄溍书。"

作《胡侍郎（则）庙碑阴记》。

本集卷九《胡侍郎碑阴记》："庙之创造以至元二十六年，重兴以至
正九年。新庙告成，以记来谒于溍。"

约是年，作《平江承天能仁寺记》。

详见本集卷一二《平江承天能仁寺记》。

为友胡助夫人陈氏作《宣人陈氏墓志铭》。

详见本集卷三九《宣人陈氏墓志铭》。

作《跋曾大父除武学谕、武学博士朱公诰》。

详见本集卷二一《跋曾大父除武学谕、武学博士朱公诰》。

七月二十八日，黄溍同年进士应本（中甫）卒，作墓志铭。

详见本集卷三四《应中甫墓志铭》。

应本（1272—1349），字中甫，钱塘（今浙江杭州）人。与黄溍为同年进士，与杨载共学。

是年，由辽阳行中书省平章政事入为中政使的朵尔直班向黄溍出示元顺帝所赐翰墨"庆寿"二字，黄溍为之跋文。

本集卷二一《恭跋御书庆寿二大字》："今上皇帝改元至正之明年，翰林学士臣朵尔直班，尝一日侍燕闲于宣文阁，上亲御翰墨，作'庆寿'两大字以赐。后七年，臣溍以非才待罪翰林，臣朵尔直班由辽阳行中书省平章政事入为中政使，出以示臣溍，俾谨志之。臣溍钦惟皇帝陛下，以天纵之多能，圣学之余事，形于心画，如云汉之昭回在上，非下土愚臣所得而窥测。然窃闻之：皇极五福，以寿为先，兆民所赖，一人之庆。夫以勋贤贵胄，为国世臣，锡之眉寿，以保其家，宜也。乃若推广上恩，均庆于下，使八荒之人同跻寿域，岂非所谓彰君之赐乎？臣溍于名言之所不及者，既不敢强赞一辞，而属望之私，有不容自已者，谨以志于下方。"

朵尔直班（1314—1353），元蒙古札剌儿部人，字惟中。木华黎七世孙。元统元年（1333）擢监察御史。历任翰林学士、资正院使、辽阳行省平章等职。至正十一年（1351）拜中书平章，与丞相脱脱不合，遂出为陕西行台御史大夫。潜心经史，善诗书画。

应危素之请，为其之外大父黄顺翁作墓志铭。

本集卷三二《奉训大夫、瑞州路总管府判官致仕黄公（顺翁）墓志铭》："顷予与危君素同在史馆，素以僚友之契，状其外王父黄公之行，俾公曾孙求已奉赞来谒，……予辞以史事方殷，而返其赞。求已既去，予亦已衰朽纳禄而归，抵家甫二日，俄有召还之命。暨至京师，素复数以为言，予不得卒辞也。"

黄顺翁，生卒年不详，字济川，建昌南城（今江西抚州）人。

为杭州路富阳县尹致仕倪渊作墓志铭。

本集卷三二《承务郎杭州路富阳县尹致仕倪公（渊）墓志铭》有记，倪渊卒于至正五年（1345）夏六月二十九日，后四年，孙倪璘走京师，属黄溍为之作铭。

倪渊（1286—1345），字仲深，乌程（今浙江湖州）人。学于敖继公，明礼经易数之学。以荐为湖州儒学教授，改当涂县主簿。著有《周易集说》《易图说》《易卦说》。

为中宪大夫、淮东道宣慰使副使致仕王艮作墓志铭。

本集卷三四《中宪大夫、淮东道宣慰副使致仕王公（艮）墓志铭》有记，是年，黄溍"以久居词林，老不任事，纳禄而归。抵家甫一日，而有召还之命。于是，仲扬、仲庐相与谋来请文为铭。而使者与仲庐至同日，敦迫有严，未遑即如其请，载念溍纳交于公逾四十年，知公为深，不可以遂已也，乃以退直之暇，追记其所可知者，论次而显诗之以遗焉"。

王艮（1277—1347），字止善，绍兴诸暨人。尚气节，读书务明理以致用，不苟事言说。著有《止止斋稿》。

为承务郎、建德路建德县尹致仕徐沂之作墓志铭。

本集卷三七《承务郎、建德路建德县尹致仕徐君（沂之）墓志铭》有记，徐沂之卒于天历二年（1329），后二十年，其子徐任请黄溍作铭。

徐沂之（1256—1329），字圣与，衢州人。

为偰哲笃祖父合剌普华作神道碑铭。

本集卷二五《广东道都转运盐使，赠推诚守忠全节功臣、资德大夫、河南江北等处行中书省右丞、上护军，追封高昌郡公，谥忠愍合剌普华公神道碑》："至正九年春三月日，诏以工部尚书偰哲笃为参知政事，行省江浙。其祖、考高昌忠愍公之墓，实在所治境内，偰哲笃将奉加赠进封制书展告于墓次，中书宰臣因奏请赐以神道之碑，用广孝而劝忠。制可其奏事，下翰林，命臣溍为之铭，别敕中政院使臣朵尔直班、礼部尚书臣泰不华书篆以赐焉。"

合剌普华（1246—1284），其孙偰哲笃与黄溍为同年进士，公至孝，性纯笃，在南宋归附后，作"守成之策：存国体，厉士节，定官程，厚民生，昭旧族，拊新民"。后在平贼中遇害，誓死不降。

作《危母欧阳氏墓志铭》。

本集卷三九《危母欧阳氏墓志铭》有记："（至正）九年六月壬子，入见于慈仁殿，复被旨升御诊太医，禄足以丰其养，而夫人不及待矣。升将奉柩还金溪，卜以某年某月某日葬某乡某原。前期，以状来谒铭。"

按：子男一人，即危升。女四人，长适奎章阁侍书学士虞集。

为颍川郡伯陈芹之夫人江爱作墓志铭。

本集卷三九《颍川郡太君（爱）墓志铭》。江夫人其子爱穆柯使孙达奉状来谒铭。

江爱（1287—1349），善女工，能诵《孝经》《论语》《孟子》，而知其大意。侍奉夫君恭谨，居丧无违礼，抚育孩子严慈。

约是年作《恭跋赐名哈剌拔都儿御书》《恭跋命哈剌拔都儿充捧案官御笔》《恭跋御赐永怀二字》。

> 本集卷二一。
> 哈剌拔都儿,天历二年(1329)为礼部尚书,至正初累迁翰林学士承旨。

作《御史中丞,赠资政大夫、中书右丞、上护军,追封平阳郡公,谥文靖徐公(毅)神道碑铭》。

> 本集卷二七《御史中丞,赠资政大夫、中书右丞、上护军,追封平阳郡公,谥文靖徐公(毅)神道碑铭》有记:"公殁之岁,溍始举进士至京师,后三十五年,公孙俶以墓隧之碑未建,介翰林修撰王宗哲以铭来属。溍虽不及游公之门,而睹其光仪,聆其声欬,读公之书,而论其世君臣之际,何其盛哉! 序而铭诸,史臣之职也,曷敢以不敏辞?"
> 许毅(1254—1314),字伯弘,平阳赵城(今山西临汾)人。

编年文

《岭北湖南道肃政廉访使,赠中奉大夫、江浙等处行中书省参知政事、护军,追封南阳郡公,谥文肃邓公(文原)神道碑铭》(本集卷二六;《黄溍全集》,第 686 页);

《存复斋文集序》(《存复斋文集》卷首;《黄溍全集》,第 277 页);

《胡侍郎庙碑阴记》(本集卷九;《黄溍全集》,第 304 页);

《平江承天能仁寺记》(本集卷一二;《黄溍全集》,第 339 页);

《宣人陈氏墓志铭》(本集卷三九;《黄溍全集》,第 578 页);

《跋曾大父除武学谕、武学博士朱公诰》(本集卷二一;《黄溍全集》,第 189 页);

《应中甫墓志铭》(本集卷三四;《黄溍全集》,第 495—496 页);

《恭跋御书庆寿二大字》(本集卷二一;《黄溍全集》,第 175—176 页);

《奉训大夫、瑞州路总管府判官致仕黄公(顺翁)墓志铭》(本集卷三二;《黄溍全集》,第 465—466 页);

《承务郎杭州路富阳县尹致仕倪公(渊)墓志铭》(本集卷三二;《黄溍全集》,第 471 页);

《中宪大夫、淮东道宣慰副使致仕王公(艮)墓志铭》(本集卷三四;《黄溍全集》,第 497 页);

《承务郎、建德路建德县尹致仕徐君(沂之)墓志铭》(本集卷三七;《黄溍全集》,第 543—545 页);

《广东道都转运盐使,赠推诚守忠全节功臣、资德大夫、河南江北等处行中书省右丞、上护军,追封高昌郡公,谥忠愍合剌普华公神道碑》(本集卷二五;《黄溍全集》,第 654—657 页);

《危母欧阳氏墓志铭》(本集卷三九;《黄溍全集》,第 579 页);

《颍川郡太君江氏(爱)墓志铭》(本集卷三九;《黄溍全集》,第 576 页);

《恭跋赐名哈剌拔都儿御书》《恭跋命哈剌拔都儿充捧案官御笔》《恭跋御赐永怀二字》(本集卷二一;《黄溍全集》,第 176 页);

《御史中丞,赠资政大夫、中书右丞、上护军,追封平阳郡公,谥文靖徐公(毅)神道碑铭》(本集卷二七;《黄溍全集》,第 689—691 页)。

元惠宗妥懽帖睦尔至正十年庚寅(1350)　七十四岁

时事

是年,朵尔直班为资政院使,期颐、老老为治书侍御史,哈剌八都儿、拜拜为翰林学士承旨。

五月,张雨跋邓文原书《急就章》。

八月,杨维桢偕黄公望扁舟东西泖。黄公望写《铁厓图》以赠。十月十五日,杨维桢以《铁厓图》示唐棣。

十月,改钞法。废旧中统钞,发行中统交钞。

杜本卒。

事迹

夏四月,翰林学士承旨臣哈剌八都儿、臣拜拜请奏为翰林学士承旨脱脱先茔作碑铭,命下黄溍。

> 本集卷二八《翰林学士承旨致脱脱公先茔碑铭》。
>
> 脱脱(1314—1355),亦作托克托,亦作脱脱铁木儿,字大用,蒙古族。元统二年(1334),任同知宣政院事,迁中政使、同知枢密院事、御史大夫、中书右丞相。至元六年(1340)为中书右丞相,大改伯颜旧政,复科举取士。至正三年(1343),主编《辽史》《宋史》《金史》,任都总裁官。至正九年(1349)复出为中书左丞相,至正十年(1350)为中书右丞相,发行新钞票"至正交钞",并派贾鲁治理黄河,成绩斐然卓著,赢得民心,被赞誉为"贤相"。于至正十五年(1355),革职流放云南,后被中书平章政事哈麻假传元惠宗诏令自尽。至正二十二年(1362)昭雪复官。

四月六日,作《金台集题词》。

乃贤《金台集》(四库全书本,下同)卷首《金台集题词》:"今之言诗者,大抵祖玉溪而宗杨、刘。殊不思杨、刘诸公皆侍从近臣,凡所以铺张太平之盛者,直写其所见云尔。江湖之士置身风月寂寥之乡,而欲于暗中摸索以追逐之,用心亦良苦矣。葛逻禄乃贤易之,雅志高洁,不屑为科举利禄之文。平生之学,悉资以为诗。久留京师,出入于英俊之林,而习闻于朝廷之典礼、台阁之仪章,至于众大之区,纷华奢靡、宏丽可喜之观,亦有以开廓其心目。故其形于咏歌,言必发乎情,辞必称乎事,不规规焉务为刻雕藻饰,以追逐乎前人,而自不能不与之合也。因阅易之《金台集》,漫识其后,以俟览者详焉。至正十年四月六日,黄溍书。"

乃贤(1309—1368),字易之,号河朔外史。西域葛逻禄氏,汉姓马,名马易之,又称为葛逻禄易之,合鲁易之。《四库全书总目提要》称:"乃贤天才宏秀……视萨都剌无不及也。"历任翰林国史院编修官,曾主持东湖书院。至正二十四年(1364)奉帝命代祀,至正二十八年(1368)因误诊而卒。今存有《金台集》《河朔访古记》。乃贤与黄溍友善,有《题黄太史上京诗稿后》。

四月九日,奉召为大都大庆寿寺住持秋亭洪亨作道行碑铭。

本集卷四二《大庆寿禅寺住持秋亭禅师亨公道行碑铭》有记,夏四月九日,翰林学士承旨哈剌八都儿、拜拜进言,皇帝命侍讲学士黄溍为秋亭禅师作道行碑铭,好文书丹,集贤侍讲学士期颐篆额。

秋亭洪亨(1267—1350),俗姓孔,顺德綦阳镇(今属广东顺德)人。在大庆寿寺当住持四年后辞去,竹杖芒鞋,隐游小院,后宣政院多次相挽留,中书太师、右丞相、秦王伯颜多次劝请,也不起。"去富而就贫,真所谓高僧也。"

四月九日,奉诏为资德大夫、陕西诸道行御史台御史中丞董士恭作神道碑铭。

本集卷二六《资德大夫、陕西诸道行御史台御史中丞董公(士恭)神道碑铭》:"故陕西诸道行御史台御史中丞董公,既殁且葬二十年,而墓隧之石,未有刻辞。至正十年夏四月九日,皇帝御兴圣东便殿,治书御史臣老老奏请,命翰林侍讲学士溍为之铭,资政院使臣朵儿直班书其文,治书御史臣期颐篆其额,以赐焉。"

董士恭(1278—1332),字肃卿,真定藁城(今河北藁城)人。

四月十九日,奉诏为资善大夫、河西陇北道肃政廉访使凯烈拔实作神道碑铭。

本集卷二五《资善大夫、河西陇北肃政廉访使凯烈公(拔实)神道碑铭》:"至正十年四月癸卯,知经筵事、资政院使臣朵尔直班侍上于兴圣殿东便殿,以经筵旧臣故河西陇北道肃政廉访使拔实神道之碑未建奏请,敕翰林侍讲学士臣溍为之铭。上既允请,则谕旨于翰林知经筵官,以命臣溍。"

黄溍按危素所作《行状》为之作铭。

夏四月,黄溍告老还乡。过钱塘,友杨维桢以同年友荐举官杭州四务提举。并见之。杨作《金华先生避党辩》愤其不为引荐,以讥之。

《行状》:"十年夏四月,始得谢南还,行中书为言于朝,给以半俸终身。"

《墓志铭》:"自南京归时,予见于天竺山。谓予曰:'吾老且休矣,吾子《宋纪辨》已白于禁林,宋三百年纲目属之子矣。'"

黄溍致仕南归,张雨作诗以赠之。

张雨作《晋卿黄公以秘书少监四品致,继以三品学士入朝未升侍讲二品,乞身而归,足为近代希有之声盛,诗以赞之云》《黄公既归,予以诗赠公,既有作,未几,使者乘传趣召予复用韵以饯别》。(《句曲外史贞居先生诗集》卷五)

七月七日,作《先考墓志铭后记二首》(之二)。

本集卷四○。

七月,友张雨卒。

八月,为先祖作墓铭石表。

详见本集卷四○《先祖墓铭石表记》。

九月,跋赵孟頫《灵隐大川济禅师塔铭》。

《灵隐大川济禅师塔铭》一作,纵34.4厘米,横408.9厘米,塔铭由祖闿撰文。此卷墨迹健骨丰筋,体态修长,后有虞集、黄溍、郑元佑等众多名家题跋。黄溍题跋落款为"至正庚寅秋九月,金华黄溍谨赏"。现藏上海博物馆。

十月一日,为赵孟頫《春郊挟弹图》题诗。

《珊瑚网》卷三二《题子昂春挟弹图》:"至正十年十月一日,余过金华访隐,直雪,坐草堂上,有客自青城来,亦同居客邸。夜坐焚谭,出此挟弹图命题。雪寒笔冻,书不成字,见者掩口。黄溍题。"

为阿育王山广利禅寺承恩阁作碑铭。

本集卷八《阿育王山广利禅寺承恩阁碑铭》有记，阁庀役于九年冬，讫功于十年之春。禅寺住持比丘悟光使一状来，请书其岁月，刊之兹碑，以示永久。

为中大夫、延平路总管韩国宾作墓志铭。

本集卷三五《中大夫、延平路总管韩公墓志铭》有记，韩公卒于延祐七年（1320），后三十年，其家始奉孙婿江浙行中书省掾甘立之状来谒铭。

韩国宾（1254—1320），字君玉，河南信阳人。

为广福司提举周方平作墓志铭。

本集卷三六《广福司提举，封奉训大夫、太和州知州周公（方平）墓志铭》有记，此年，黄溍"方以老不任事，得谢而归"，其次子周九鼎至义乌请黄溍作铭。

周方平（1280—1344），江西庐陵人，仁宗时为广福监承，泰定元年（1324）为广福监提举。公在京师，与程钜夫、赵孟頫等人都有结交往来。

为承事郎、同知奉化州事叶应咸作墓志铭。

本集卷三六《赠承务郎、同知奉化州事叶府君（应咸）墓志铭》有记，黄溍得谢乡里，其子叶琛奉君妹婿松江府儒学教授练晦孙之状来谒铭。

叶应咸（1284—1335），字心可，处州（今浙江丽水）人。有《楼楼集》一卷，所为诗文，"其言务去健美而甘淡薄，不事华藻以谐世好"。

叶琛（1314—1362），字景渊。博学有才藻。历任歙县县丞、青田县尹、处州路总管府判官。

为秦士龙作墓志铭。

本集卷三九《秦君（士龙）墓志铭》有记，黄溍以老得归谢归卧林麓，其子秦德新以太常博士胡助之状来谒铭。

秦士龙（1293—1349），字仲翔，庆元路上元县（今属浙江宁波）人。

为鲁国公札剌尔（别里哥帖穆尔）作神道碑铭。

《朝列大夫、金通政院事，赠荣禄大夫、河南江北等处行中书省平章政事、柱国，追封鲁国公札剌尔公（别里哥帖穆尔）神道碑铭》。（本集卷二五）

别里哥帖穆尔（1286—1317），出生于贵胄之家，早孤，由母教以国书，家教甚严。为人气量宏达，被仁宗皇帝赞誉为"蒙古人中儒者也"。

作《云门集后序》。

本集卷一六《云门集后序》。

作《张子长（枢）墓表》。

本集卷三〇《张子长（枢）墓表》。许谦子许元以状来乞黄溍撰《墓表》。

为柳贯撰《翰林待制柳公（贯）墓表》。

戴良《九灵山房集》（四库全书本）卷五《柳待制墓表碑阴记》："先生殁后七年，其友乌伤黄公为著石表辞一通，凡若干言，良得而读之，未尝不叹公之深于知先生也。"

本集卷三〇《翰林待制柳公（贯）墓表》："卣我等复奉门人宋濂之状，属溍之表，揭于冢上。溍于公居同郡，学同志，辱游于公最久，知公为最深，所以图公于不朽，后死者实溍之责也。非溍其谁？是用弗让，书而授之，俾刻焉。"

作《半山报宁寺记》。

本集卷一三《半山报宁寺记》。

作《嘉议大夫、婺州路总管兼管内劝农事捏古觲公（忽都达而）神道碑》。

本集卷二七《嘉议大夫、婺州路总管兼管内劝农事捏古觲公（忽都达而）神道碑》。

东阳吕叔和（表字）携诗赴义乌，以贺南归，黄溍作《跋吕叔和诗》。

本集卷二二《跋吕叔和诗》。

作《山斋喻君（高）墓志铭》。

本集卷三六《山斋喻君（高）墓志铭》。

作《武略将军、海道漕运副使万户曹公墓志铭》。

本集卷三五《武略将军、海道漕运副使万户曹公墓志铭》。

为答禄乃蛮氏作先茔碑铭。

本集卷二八《答禄乃蛮氏先玺碑铭》，乃蛮氏因卒葬于天历三年（1330），后二十年，其子与权奉其女婿赵期颐所作行状来请黄溍作碑铭。

作《蓝田王氏先茔碑铭》。

本集卷二九《蓝田王氏先茔碑铭》："黄溍以衰谢跧伏于田里之际，

蓝田王武以奉政大夫、金浙东海右道肃政廉访司事分按婺之属邑,请黄溍为其先茔作碑铭。"

玄教第三代大宗师夏文泳卒后,奉状属作神道碑铭。

本集卷二七《特进、上卿、玄教大宗师、元成文正中和翊运大真人,总摄江淮、荆襄等处道教事,知集贤院道教事夏公(文泳)神道碑》有记,夏文泳弟子张德隆,袭掌教事后,奉状属黄溍作神道碑铭。

夏文泳(1277—1349),字明适,别号紫清。至大四年(1311)为仁宗皇帝的承应法师,扈从往来两京,出入禁卫无间。延祐七年(1320),张留孙预将教事付吴全节时,命夏文泳继吴之后嗣教。至顺二年(1331),吴全节告老,夏即遵嘱嗣教。至正六年(1346),其正式继任掌教。

作《玉山名胜集序》。

《铁琴铜楼藏书目录》卷二十三载:"前有至正十年金华黄溍序。"序见《玉山名胜集》(四库全书本)卷首。

编年文

《翰林学士承旨致脱脱公先茔碑铭》(本集卷二八;《黄溍全集》,第710—711页);

《大庆寿禅寺住持秋亭禅师亨公道行碑铭》(本集卷四二;《黄溍全集》,第630页);

《金台集题词》(乃贤《金台集》卷首,《金台集题词》;《黄溍全集》,第218页);

《资德大夫、陕西诸道行御史台御史中丞董公(士恭)神道碑铭》(本集卷二六;《黄溍全集》,第671—673页);

《资善大夫、河西陇北肃政廉访使凯烈公(拔实)神道碑铭》(本集卷二五;《黄溍全集》,第657—659页);

《先考墓志铭后记二首(之二)》(本集卷四〇;《黄溍全集》,第391页);

《先祖墓铭石表记》(本集卷四;《黄溍全集》,第388—389页);

《跋赵孟頫灵隐大川济禅师塔铭》(上海博物馆藏);

《题子昂春挟弹图》(《珊瑚网》卷三二;《黄溍全集》,第39页);

《阿育王山广利禅寺承恩阁碑铭》(本集卷八;《黄溍全集》,第407页);

《中大夫、延平路总管韩公墓志铭》(本集卷三五;《黄溍全集》,第503—505页);

《广福司提举,封奉训大夫、太和州知州周公(方平)墓志铭》(本集卷三六;《黄溍全集》,第520—522页);

《赠承务郎、同知奉化州事叶府君(应咸)墓志铭》(本集卷三六;《黄溍全集》,第 522—523 页);

《秦君(士龙)墓志铭》(本集卷三九;《黄溍全集》,第 572—573 页);

《朝列大夫、金通政院事,赠荣禄大夫、河南江北等处行中书省平章政事、柱国,追封鲁国公札剌尔公(别里哥帖穆尔)神道碑铭》(本集卷二五;《黄溍全集》,第 667—671 页);

《云门集后序》(本集卷一六;《黄溍全集》,第 231 页);

《张子长(枢)墓表》(文集卷三〇;《黄溍全集》,第 725 页);

《翰林待制柳公(贯)墓表》(文集卷三〇;《黄溍全集》,第 722 页);

《半山报宁寺记》(本集卷一三;《黄溍全集》,第 349 页);

《嘉议大夫、婺州路总管兼管内劝农事捏古觡公(忽都达而)神道碑》(本集卷二七;《黄溍全集》,第 697 页);

《跋吕叔和诗》(本集卷二二;《黄溍全集》,第 204 页);

《山斋喻君(高)墓志铭》(本集卷三六;《黄溍全集》,第 525 页);

《武略将军、海道漕运副使万户曹公墓志铭》(本集卷三五;《黄溍全集》,第 507 页);

《答禄乃蛮氏先茔碑铭》(本集卷二八;《黄溍全集》,第 711—715 页);

《蓝田王氏先茔碑铭》(本集卷二九;《黄溍全集》,第 718—719 页);

《特进、上卿、玄教大宗师、元成文正中和翊运大真人,总摄江淮、荆襄等处道教事,知集贤院道教事夏公(文泳)神道碑》(本集卷二七;《黄溍全集》,第 702—704 页);

《玉山名胜集序》(《玉山名胜集》卷首,四库全书本)。

元惠宗妥懽帖睦尔至正十一年辛卯(1351) 七十五岁

时事

三月初七,顺帝亲策进士八十三人,赐朵烈图、文允中进士及第,其余赐出身有差。

七月,广西大水。

八月,中兴地震。

事迹

作《重修月泉书院记》。

本集卷四《重修月泉书院记》。

作《嘉兴路天宁万寿禅寺记》。

详见本集卷一三《嘉兴路天宁万寿禅寺记》。

作《平江路大昭庆寺旃檀阁记》。

详见本集卷二九《平江路大昭庆寺旃檀阁记》。

作《上海县修学释氏舍田记》。

详见《正德松江府志》卷一三《上海县修学释氏舍田记》。

是年，为承直郎、庆元路总管府判官王奎作墓志铭。

本集卷三七《承直郎庆元路总管府判官致仕王君（奎）墓志铭》有记，王奎卒于元统二年（1334），后十七年，其子王明德请托黄溍为其父作铭。

王奎（1253—1334），字宿之，庆元（今浙江宁波）人。为人至孝，性端悫，不轻喜怒，议论依于宽厚。

是年，银青荣禄大夫、大司徒陈萍卒，为之作神道碑铭。

本集卷二七《银青荣禄大夫、大司徒陈公（萍）神道碑铭》有记，至正十一年，其子陈达爱以状请黄溍作碑铭。

陈萍（1269—1325），兰溪人。自幼刻苦好学。入元，忽必烈赐名辇真加剌思，令入侍东宫。成宗时，曾任吐蕃宣慰使。武宗朝，奉命抚宁边陲。官至大司徒，进银青荣大夫。

作《元叟行端禅师塔铭》。

详见本集卷四一《元叟行端禅师塔铭》。

约是年，宋濂至义乌拜谒黄溍，与王祎相见。为王祎作《华川书舍记》。

详见《潜溪前集》卷五。

约是年为《杜门傅氏宗谱》作序。

《杜门傅氏宗谱》序曰："我邑傅氏始于云黄，盛于台门，分而为庐陵、青岩、杏溪、爱头、钟墟。自晋及宋，衣冠蔚起，伟绩著于旂常，丰功勒于史册，有造于人国也，大矣！迄来南国杏溪季佩景文著公淹贯经史，博洽群书，上明周孔之心，下修董郑之阙，才足以匡时，泽足以遗后。溍尝仰止景行之，弗遑。况溍之师庐陵傅先生商佐，启沃乎溍者良多，即不敢忘其所。自而伯长允明复从余游，殷勤款接，雷陈而管鲍之。傅氏之懿，德美行闻之，悉而知之……前史官翰林侍讲学士同邑黄溍拜撰。"

《杜门傅氏宗谱》序言前虽有"皇庆二年（1313）癸丑序"，但此年傅藻尚未出生。从其序文内容和落款可知，系黄溍辞官归乡时所作。"伯长"即傅藻，惠宗年间与宋濂、王祎等受业于黄溍。杜门，今为义乌大陈镇杜门村，傅藻始建杜门书院之址。

是年前后，陈基归。

《王忠文公集》卷二有《十一月十日宿陈敬初馆中临别有作》诗云："托交同门已十载，蒙被教益开愚蠢。"按：王祎与陈基均受业于黄溍。此诗作于至正十一年（1351）。

编年文

《重修月泉书院记》（本集卷四，《黄溍全集》，第 361 页）；

《嘉兴天宁万寿禅寺记》（本集卷一三，《黄溍全集》，第 353 页）；

《平江路大昭庆寺旃檀阁记》（本集卷二九，《黄溍全集》，第 398 页）；

《上海县修学释氏舍田记》（正德《松江府志》卷一三，《黄溍全集》，第 402 页）；

《承直郎庆元路总管府判官致仕王君（奎）墓志铭》（本集卷三七，《黄溍全集》，第 545 页）；

《银青荣禄大夫、大司徒陈公（萍）神道碑铭》（本集卷二七，《黄溍全集》，第 699—702 页）；

《元叟行端禅师塔铭》（本集卷四一，《黄溍全集》，第 614 页）；

《杜门傅氏宗谱》序（《杜门傅氏宗谱》卷一）。

元惠宗妥懽帖睦尔至正十二年壬辰（1352）　七十六岁

时事

二月，郭子兴、孙德崖等起义，攻克豪州。

三月，贡师泰出使江浙，与杨维桢相会。杨作《吏部侍郎贡公平粜记》。

闰三月，朱元璋参加起义军，任九夫长。

六月，大名路三州十一县水旱蝗灾，饥民七十一万多。

义乌方天瑞（景云）将女丑姬许宋濂次子璲，结成姻家。

是年九月，诏命苏天爵为江浙行省参知政事。

事迹

春正月，为浦阳郑涛字辞作跋。

《黄文献集》卷一一《跋郑仲舒字辞》。

郑涛,字秉常,浦阳(今浙江浦江)人。柳贯按其家行辈,取字仲舒。

三月,游浦江左溪。门生王袆陪同黄溍至东阳访胡助,饮于越园,李唐在侧。作《次韵答胡古愚博士》。

《壬辰三月,游左溪。癸巳三月,游天宫。有感而赋》(本集卷六)

频年谒拜祖师庭,只有山光与水声。
尚想玄珠密相付,免令我漫肆讥评。

《次韵答胡古愚博士》(本集卷六)

麻衣草坐老仙翁,曾及清时侈际逢。
行殿晓趋开豹尾,禁林秋宴出驼峰。
休官尚想英游并,爱客何嫌异味重?
况乃东阳山水窟,主张风月有诗宗。

左溪在今浙江浦江县东。《读史方舆纪要》卷九三,浦江县:左溪在"县东二十五里。源出县南三十五里之白岩岭,与大阳岭水合流,一名双溪,东北注于浦阳江"。浦江左溪寺为天台宗八祖玄朗道场。天宫即为东阳天宫寺,为七祖慧威住锡之地,玄朗及九祖湛然均在此修学佛旨。

王袆《王忠文公集》卷二有《陪黄先生至东阳谒胡先生,有诗次韵(二首)》。

《陪黄先生至东阳谒胡先生,有诗次韵(二首)》

壮游回首各成翁,犹忆当年共际逢。
二老往来看鹤发,十年先后对鳌峰。
由来元白名相并,归去疏杨迹更重。
莫道山林足忘世,只今海内仰儒宗。

又

今代文名属两翁,况兼出处每相逢。
秋风官马泺阳道,春日肩舆岘首峰。
酒盏未空浑觉醉,罗衣初试已嫌重。
多应杖屦从容地,前辈风流得共宗。

李唐有《壬辰春陪待讲黄公太傅胡公及诸友饮于越园分韵得林字》。

《壬辰春陪待讲黄公太傅胡公及诸友饮于越园分韵得林字》

透迤翠巘麓,曲密云围深。

烟萝拂危石,野树鸣幽禽。

侍饮文章伯,燕坐松竹林。

高风振虚籁,末席分清阴。

雅咏亦闲发,嘉言心所钦。

岂无多闻友,及此欣盍簪。

拾韵讬余响,浩歌豁烦襟。

(《黄文献集》卷一二)

七月,红领军徐寿辉部攻陷杭州。

见本集卷九《绍兴路新城记》。

约是年,复吴长卿尺牍一封。

光绪《诸暨县志》卷五十四《书牍》载:"溍再拜禀复长卿聘除提举足下:比承遇顾,仰佩不鄙之盛心也。别后未久,具尺牍道谢,首辱贻书示及孝义宗谱,尤感用情。黄氏至金华分为孝义、丰城、监利、弋阳、分宁五派,而此谱正是详及分宁而遗丰城。谱又与丰城谱多不同,尚容作一题跋奉去,以备参考也。衰朽余生,苟存视息,所有委令,却当措思纳上也。金芽之惠,谨用拜嘉。纨扇一握,不敌腹施,率此占复,不及别奉。令甥宅之起处之闲,总冀恕亮,不宣。

按:此信系黄溍对诸暨州吴长卿的复信。黄溍自称"衰朽",说明已年老。

吴宗元(1281—1371),字长卿,号筠西先生。他轻财好义,"元季兵兴,避地者多依之,周给一无所吝"①。以创作古体七言诗为家训。吴氏有族人画《高元聚庆图》,而元末文士多吟诗唱和。光绪《诸暨县志》、《两浙名贤录》列其传。生平详见宋濂《故筠西吴府君墓碑》(浙江古籍出版社,2014年,第1406页)。

是年,为恩师王炎泽作墓志铭。

本集卷三三《南稜先生墓志铭》有记,王炎泽卒于至顺三年(1332)八月十三日,享年八十。其子王良玉在二十年后请讬黄溍作铭。

---

① 徐象梅:《两浙名贤录》(上),北京:书目文献出版社,1987年,第301页。

是年,为延福太监张观作墓志铭。

> 本集卷三五《延福太监张公(观)墓志铭》有记,张观卒于泰定五年 (1328),后二十四年,其子张世华奉状向黄溍谒铭。

> 张观(？—1328),字观道,自号湖山,江苏常熟人。有《湖山小稿》 二卷,《横溪唱和集》三卷。

跋方承奉墓志铭。

> 《黄文献集》卷四:"后虞公作铭一百有四年,是为今至正十二年,大 治曾孙道禅,以岁久铭文失其传,来访于某,谨录而归之。"

六月十八日,杨维桢跋黄溍《梦鹤铭》。

是年,友苏天爵卒。

> 九月,诏命苏天爵为江浙行省参知政事,总兵于饶,然以忧深病积, 遂卒于军中,年五十九。(参见《元史》本传)

方樗卒。

编年诗

《次韵答胡古愚博士》(本集卷六;《黄溍全集》,第86页)。

编年文

《跋郑仲舒字辞》(《黄文献集》卷一一;《黄溍全集》,第217页);

《壬辰三月,游左溪。癸巳三月,游天宫。有感而赋》(本集卷六;《黄溍 全集》,第105页);

《南稜先生墓志铭》(本集卷三三;《黄溍全集》,第482页);

《延福太监张公(观)墓志铭》(本集卷三五;《黄溍全集》,第502—503页);

《跋方承奉墓志铭》(《黄文献集》卷四;《黄溍全集》,第216页)。

元惠宗妥懽帖睦尔至正十三年癸巳(1353)　七十七岁

时事

正月,泰州盐民张士诚等十八人起兵克泰州。

三月,倪瓒题柯九思《墨竹图》。

五月,张士诚部连克泰州、兴化、高邮等地。自称诚王。

事迹

三月,游东阳天宫。

本集卷六《壬辰三月,游左溪。癸巳三月,游天宫。有感而赋》。

天宫寺位于婺州东阳(今浙江东阳)甑山北麓,始建于公元506年,曾为天台宗的"七世尊者道场",一度声誉极盛。

弟子朱廉、傅藻参加秋闱考试,未榜。

据《义乌志序》(金华丛书本)序尾落款:"至正十三年秋八月二十日","会两生(朱廉与傅藻)并赴秋闱",即指至正十三年(1353)乡试。

宋濂撰《杜门傅氏宗谱》序:"昔余与伯长同侍讲黄先生之门,先生老,以县志疏王子充祎与朱伯清廉,以二子赴秋闱,转属伯长。是志书七卷,始于侍讲,终于伯长。以大制作之才而修谱,必有异于寻常万万者。"

是年,义乌县达鲁花赤亦璘真、县尹承直郎周思泰属黄溍以元丰、咸淳旧志为基础,重新编订县志。弟子王祎、朱廉、傅藻等编纂《义乌志》成并付梓。

本集卷一九《义乌志序》:"国朝统一函夏,县地入于职方已七十有八年,官府之建置,人物之登用,风俗之趋响,户口之盈缩,贡赋之多寡,悉所登载,可不谓阙典欤。为政者,迫于薄书期会米监碎务,未遑有所咨访也。今县大夫操约驭详,而事无不理,爰以暇日,询山川形势,地之所生,语言土俗,博古久远之事,得元丰、咸淳二书,嘱溍重加诠次以传。溍衰朽荒疏,无能为役,乃俾王生祎、朱生濂合二书,而参之郡乘,删其繁冗,订其舛误,法当补书,则引类相从,而增入之,附以辩证,厘为七卷,仍以图冠于卷首。溍既辱视其成,因为之序。会两生并赴秋闱,遂俾傅生藻相与校正,归于执事者而刻。见大夫达鲁花赤、儒林郎亦璘真,畏兀而人;尹承直郎周思泰,许州襄城人。"

崇祯《义乌县志·旧序》记有"县人前史官黄溍序,至正十三年秋八月二十日"。

作《俞器之(时中)传》。

详见本集卷三《俞器之(时中)传》。俞时中,字器之,婺州浦江(今浙江浦江)人。当南宋末年为避兵乱而躲入山谷,其叔母刘氏被元兵掳去欲杀,时中挺身而出认为己母欲以身代之,军官赏识其言行,释放刘氏之后便挟持时中北行,至元都公卿皆为之叹服。后从罗朗中习医,因才华受嘉,被荐入翰林。后以编纂《本草》有功,授为太医令,迁都水监,调诸暨州判官。仕至庐江县尹。光绪《金华县志》之卷八"人物三卓行"、《诸暨县志》卷二十一"人物志"等有记。

作《婺州路新城记》。

本集卷九《婺州路新城记》曰:"凡城之役,起至正十二年春闰三月己亥,讫其年秋七月乙酉,积日为百有七;壕之役,起是年冬十月丁卯,讫明年夏五月甲申,积日为百九十有八而毕。"

作《绍兴路新城记》。

本集卷九《绍兴路新城记》有记:"始事于是年秋八月,而讫功于明年春三月。"

作《送郑仲舒还朝序》。

苏伯衡《跋黄侍讲送郑仲舒序》:"公为此文时,年已七十有七,孟子所谓达、尊,盖兼之矣。"(《苏平仲文集》卷一〇)

《黄文献集》卷五《送郑仲舒还朝序》:"浦阳郑仲舒,以才学受知今太师丞相,有布衣入经筵为检讨。会参赞官阙,即命摄其官。予与仲舒同里闬,而托三世之契,至是,又以官联而申僚友之好。休暇过从尤密。暨予以老得谢而退休田里,仲舒亦以外艰南归。服除,当还朝,朋友咸为赋诗,而征予以序赠言之首。"

《宋学士全集》卷十四《跋黄文献公送郑检讨序》云:"予友太常博士郑君仲舒,黄文献公之高弟也。公悬车家食之时,仲舒以外艰服除,复入经筵为检讨。濒行,公造序稿一通,亲加窜改,持至浦阳江上,与仲舒言别,且致饩焉。仲舒既嘱缮书者入卷,乃收序稿秘藏惟谨。"

十二月二十七日,为外舅公王桂墓表作记。

本集卷四〇《外舅王公(桂)墓记》:"至正十三年冬十有二月二十七日庚申,婿翰林侍讲学士、中奉大夫、知制诰同修国史、同知经筵事黄溍谨记。"

王桂(1252—1339),字仲芳,号月溪,浙江东阳人。初署处州丽水县主簿,受而不赴。为文有前辈典刑,尤工于歌诗乐府,骈四俪六之语。善楷书,端劲方严,得颜、柳遗法。王氏长女即为黄溍妻。

为项炯(诇)作墓志铭。

本集卷三四《项可立(诇)墓志铭》:"予为项君可立铭其大父墓后六年,而君卒,又九年而葬。又三年,而君之子师周以状走京师,问铭于予,会予方有史事。及得谢而归又三年,乃克为之。"故为此年作。黄溍与项炯有交集,曾作《游西山同项可立宿灵隐西庵》。

《游西山同项可立宿灵隐西庵》

薄游厌人境,振策穷幽躅。理公所开凿,遗迹在岩麓。
秋杪霜叶丹,石面寒泉绿。仰窥条上猿,攀萝去相逐。
物情一何适,人事有羁束。却过狼峰回,遥望松林曲。
前山夜来雨,湿云涨崖谷。缥缈辨朱甍,禅房带修竹。
故人丹丘彦,抱被能同宿。名篇聊一咏,异书欣共读。
蹉跎未闻道,黾勉尚干禄。夙有丘壑明,吾居几时卜?

十一月戚崇僧卒,为其作墓志铭。

《文献集》卷九下《戚君(崇僧)墓志铭》,其子戚莞复奉朱廉之状来请铭。

是年,干文传卒,作神道碑铭。

本集卷二七《嘉议大夫、礼部尚书致仕干公(文传)神道碑铭》。干公卒葬后,其子干旗奉甥吴洪之状来请传。黄溍与干文传曾同在史馆,撰修《后妃、功臣传》。

干文传(1276—1353)与黄溍同为延祐二年(1315)进士,为文务雅正,不事浮藻。著有《仁里漫稿》。

编年诗

《壬辰三月,游左溪。癸巳三月,游天宫。有感而赋》(本集卷六;《黄溍全集》,第 105 页)。

编年文

《义乌志序》(本集卷一九《义乌志·序》;《黄溍全集》,第 271 页);
《俞器之(时中)传》(本集卷三;《黄溍全集》,第 414 页);
《婺州路新城记》(本集卷九;《黄溍全集》,第 299 页);
《绍兴路新城记》(本集卷九;《黄溍全集》,第 301 页);
《送郑仲舒还朝序》(《黄文献集》卷五;《黄溍全集》,第 274 页);
《外舅王公(桂)墓记》(本集卷四;《黄溍全集》,第 392 页);
《项可立(训)墓志铭》(本集卷三四;《黄溍全集》,第 487—489 页);
《戚君(崇僧)墓志铭》(《文献集》卷九下;《黄溍全集》,第 584—585 页);
《嘉议大夫、礼部尚书致仕干公(文传)神道碑铭》(本集卷二七;《黄溍全集》,第 694 页)。

元惠宗妥懽帖睦尔至正十四年甲午(1354)　七十八岁

时事

正月,张士诚自称诚王,国号大周。

三月初七,廷试进士六十二人,赐薛朝晤、牛继志进士及第,余出身有差。东阳李贯道中进士。

十一月,刘贞题赵孟頫《黄庭经卷》。

黄公望卒,年八十六。

吴镇卒,年七十五。

事迹

门生傅藻邀游金华法华山,楼文翁等同游,次日又至楼之居所宴谈。作《法华山回,宿楼氏书房。遥望嵩头陀智者国师道场上清、五云、龙寿诸山,而未及至其处,赠同游傅生国章》二首。

《楼文翁墓志铭》:"今年春傅生来自君所,邀予同游金华之法华山,升高望远,徘徊久之。明日,还过君家,止予宿,张灯洒酒,促席道旧故,追计之,不至君家,已二十有六年。又明日,欲复与游嵩头陀智者国师道场上清、五云、龙寿诸山,予以兴尽,留诗为别而归,孰知遂成永诀乎。"(《文献集》卷九下)

《法华山回,宿楼氏书房。遥望嵩头陀智者国师道场上清、
五云、龙寿诸山,而未及至其处,赠同游傅生国章》

其　一

故庐湖水曲,门对法华山。
百里空荒外,三峰掩霭间。
倦游烦汲引,阔步强跻攀。
老怯高寒境,非缘兴尽还。

其　二

小憩虚斋夕,何人笑语同?
青云一才子,白发两衰翁。
节物逢春好,名区有路通。
未能穷胜践,健走愧儿童。

正月十六日，宋濂作《〈日损斋笔记〉序》。

序云："世之为士者，贵于立言。然言不可以徒立也，必依乎经史而为之辨证，虽或未遑竭其终始，而具释全书，所以发越其光晶而疏通其晦塞者，其为来学窬疑辨惑之助，而功不既多矣乎？汉魏以来，艺文之流，伸其独见而成一家言者，亡虑数百。原其所志，亦未必不由于斯道也。奈何俗学纷纭而莫之有定，骛高远者，宗恍惚而谈玄虚；尚靡丽者，骋浮辞而矜缛制。譬诸金贝、珊瑚、木难、火齐可珍之物，出橐而分蔽，升榠而回萦，非不烨烨可观也，然而寒焉不足为之衣，饥焉弗能为之食，求其若菽粟布帛之济于用者，曾何如哉？呜呼，弊也久矣！金华侍讲黄公潜，以文辞冠于一代，藏诸金匮，勒于乐石，既已播厥中外。晚又出其绪余，随笔志之，号曰《日损斋笔记》，凡经史奥旨，味者显之，汩者订之，虽优柔不迫，而难决之疑、久蔽之惑，皆涣然而冰释。其据孔氏之传而以八卦为《河图》，辨僧莹之妄而知熙陵为仁君，此尤超然自得之见。揆之于用，殆犹布之与帛，菽之与粟者欤！其异可珍之物，名虽贵而实有不足者欤！非揽之于至博而约之于至精者，不可以与于此欤！昔者宋景文公祁尝著《笔记》一编，以释俗、考古、杂说析为三门，而上虞李衎指其瑕疵者七条。近代紫阳方公回亦著《笔记》一百六十余则，而河南张恒时斥其非。二公素称该洽，而其所失有如斯者。无他，博焉而不能精之故也。呜呼！必若公之此书，然后庶几无遗憾哉！所可惜者，公之胸中所存宜不止此，而耄年之加，厄于求文者之胶葛，竟不能有以尽笔之也。虽然，味沧海者一滴而知咸，采邓林者一章而知材。苟能因公之所尝言而推见其所不言，斯可谓善学者已。濂从公游者最久，既受此编以归，乃私序卷端，置诸箧衍而择善学授焉。至正甲午春正月望日，门人同郡宋濂谨序。"（《宋濂全集·黄誉刻补辑》，第2021页，《〈日损斋笔记〉序》）

五月，为常熟钱伯广息游藏修之所《城南斋》作记，楷书跋《朱熹城南唱和诗卷》。

《朱熹城南唱和诗卷》，纸本手卷，纵31.5厘米，横275.5厘米，共64行，计462字。首题"奉同敬夫兄城南之作"，此诗卷是朱熹为和张栻城南诗20首所作，现藏故宫博物院。《城南斋记》云，至正甲午之夏，钱伯广在干渊之子的介绍下求黄潜作记。（《铁网珊瑚》卷四）

按：干渊尝得朱熹手书《城南二十咏》，并将之送予伯广，伯广宝爱之，以斋居匾曰"城南"，并以"城南"自号。从诗卷题跋可知，朱熹《城南唱和试卷》一直由朱氏家族珍藏，至元末朱氏五世孙朱光赠与干文传。

作《松溪县新学记》。

　　本集卷一四《松溪县新学记》。

是年,为江浙行中书省左右司员外郎陈遘作墓志铭。

　　本集卷三八《江浙行中书省左右司员外郎致仕陈君(遘)墓志铭》有记,陈遘卒于至正四年(1344),葬于至正九年(1349),在君葬后五年,即至正十四年(1354),其子陈模以君甥婿黄池税课副使杨孝原之状来谒铭。

　　陈遘(1296—1344),字谨之,台州临海人。为人外刚方而内和易,为官任职中于理,"故其驭吏,使不可范而已;莅民,则思有以便安之。喜周人之急,而不自表见,鲜有知之者"。

青梿居士郑钦卒后第二年,为其作墓志铭。

　　《文献集》卷九下《青梿居士郑君(钦)墓志铭》有记,郑钦之子郑涣奉胡助之状来征铭。

　　郑钦(1291—1353),字子敬,为人外严内慈,尚气节,至孝,因父死哀捆不已,因致病卒。

是年,为楼如浚作墓志铭。

　　《文献集》卷九下《楼文翁(如浚)墓志铭》有记,楼如浚卒于至正甲午(1354)五月十二日,享年八十五。其子楼国华等以黄溍门生傅藻之状来征铭。

　　楼如浚(1270—1354),字文翁,婺州义乌(今浙江义乌)人。君性本宽厚,有雅量,好周人之急,善治学,人莫不乐与之交。中岁颇好道。

是年,为东阳许熊作墓志铭。

　　《文献集》卷九下《许君(熊)墓志铭》有记,许熊卒葬于至正十一年(1351),在葬后三年,其子许忻等以婺州路儒学学正王龙友之状来谒铭。

　　许熊(1288—1351),字吉甫,婺州东阳(今浙江东阳)人。自号樵隐,性孝友,"每诵昔人宁人负我,无我负人之语,故与物无忤,乐道人之善,而不欲指摘其过"。

编年诗

《法华山回,宿楼氏书房。遥望嵩头陀智者国师道场上清、五云、龙寿诸山,而未及至其处,赠同游傅生国章》(本集卷五;《黄溍全集》,第52页)。

编年文

《城南斋记》（《铁网珊瑚》卷四；《黄溍全集》，第 394—395 页）；

《松溪县新学记》（本集卷一四；《黄溍全集》，第 361 页）；

《江浙行中书省左右司员外郎致仕陈君（遘）墓志铭》（本集卷三八；《黄溍全集》，第 560 页）；

《青樁居士郑君（钦）墓志铭》（《文献集》卷九下；《黄溍全集》，第 591—592 页）；

《楼文翁（如浚）墓志铭》（《文献集》卷九下；《黄溍全集》，第 585—586 页）；

《许君（熊）墓志铭》（《文献集》卷九下；《黄溍全集》，第 586—587 页）。

元惠宗妥懽帖睦尔顺帝至正十五年乙未（1355）　七十九岁

时事

二月，刘福通迎立韩林儿为皇帝，号小明王，国号宋。建都豪州，建元龙凤。

六月，朱元璋拔采石、取太平。

七月十六日，胡助卒。

八月二十五日，汪泽民卒。

十二月，天下兵起，帝下罪己诏。脱脱被贬云南，被毒死。

宋濂作《乌伤破贼歌》。

王祎为郑涛所编《潜溪集》（十卷）作序。

事迹

正月十五，应虞集从孙虞堪之请，作《道园遗稿序》。

《道园遗稿》共六卷。此集为虞集从孙虞堪所补辑。按虞堪之识语，此集为补《道园学古录》《翰林珠玉》等而作。书前有至正二十年（1360）正月十五金华黄溍序。但黄溍卒于至正十七年（1357），该序又见于朱存理《珊瑚木难》卷二，落款为："至正十五年正月十五日金华黄溍序。"

虞堪，字克用，一字胜伯，别字叔胜，号青城山樵。长洲（今苏州）人。虞集从孙，"好学有文，能世其家"。元至正中隐居不仕，避兵笠泽，吴兴施绍创义塾，延以为师。洪武十年（1377）为云南府学教授。

五月十日，跋《洪舜俞道场诗并札卷》。

　　《式古堂书画汇考》卷十五有黄溍跋《洪舜俞道场诗并札卷》："天目洪忠文公游道场，何山诗与眉山苏文忠诸作，先后相映真若，所谓山倚诗重者矣，忠文此诗当时已摹勒入石，自端平甲午迄今已一百二十二年，而真迹宛然犹在，诚可宝也。至正十五年乙未五月十日，金华黄溍观于中天竺因书其后识岁月。"（明孙凤《孙氏书画钞》［涵芬楼秘笈影印抄本］蔬香亭清课有记）

洪咨夔《小雪前三日钟冠之约余侍老人行山舟发后洪人》

何山如幽人，道场如大家。　　穰穰衲子脚，刺刺骚翁牙。
扶隽控寒飔，披光蹑晨霞。　　危颠矫窣堵，平畴略污邪。
岩泉跑虎涌，径松髯龙拏。　　钟梵破深寂，金碧开要葩。
修廊步履峻，杰阁望眼赊。　　山势佩玦蛊，湖光镜奁衺。
清苕杳霭入，古弁空濛遮。　　列翠不可唾，群籁无敢哗。
坐我旃檀林，酌之枪旗茶。　　宇定岫出云，语妙天雨华。
吾生久堕甑，昔游惯乘槎。　　夷犹庐阜阳，宿留岷江涯。
高曾凌峤栈，卑或搜崖窊。　　昨梦难历省，此行足雄夸。
老亲八十健，闲俦二三嘉。　　拍浮一叶渺，收揽万景奢。
富贵上蔡犬，贫贱东陵瓜。　　未须笑落铎，谁能苦觛沙。
候门占噪鹊，旋桡趁归鸦。　　奇事恐汲汲，举诗属僧伽。

　　端平甲午秋九月庚申，追记壬辰小雪前奉亲游道场诗，书以遗住山舟老。古潜洪咨夔舜俞。

　　按：中天竺寺在浙江杭州西湖西面，在天竺山和灵隐寺之间。

　　洪咨夔（1176—1236），字舜俞，号平斋。於潜（今属浙江临安）人，南宋诗人。嘉泰元年（1201）进士，授如皋主簿，累官至刑部尚书、翰林学士，知制诰，加端明殿学士。卒谥忠文。著有《平斋文集》三十二卷、《平斋词》一卷等。清毛晋将其刊入《宋六十名家词》。见咸淳《临安志》卷六七"洪咨夔传"。

　　道场山、何山均为赵孟𫖯家乡湖州的名山。历代名人留下诸多诗篇，苏轼《游道场山何山》诗便是其中名作之一。《洪舜俞道场诗并札卷》后还有赵孟𫖯、钱惟善等人的跋文。

五月十三日，与贡师泰同游杭州灵隐寺。

　　释至仁《澹居稿》（日本宽文甲辰刊本）有诗题云："至正十五年五月十三日，翰林学士黄公晋卿、福建廉使贡公泰甫访予灵隐莲峰堂。"

五月，贡师泰赴任途中道出金华兰溪，于王袆处得危素所编《金华黄先生文集》，作《黄学士文集序》。后请三山学官刊刻文集，以惠后学。

朱镳《贡师泰年谱》："至正十五年乙未，升福建康使，六月任。"

万历丙午《兰溪县志》卷七《杂志类》"遗事"载："至正十五年乙未五月，宣城贡公师泰为闽海廉访使，道经兰溪。"

贡师泰《玩斋集》卷六《黄学士文集序》："翰林侍讲学士《金华黄先生文集》，总四十三卷。其初稿三卷，则未第时作，监察御史临川危素所编次；续稿四十卷，则皆登第后作门人王袆、宋濂所编次也。先生之文章，刮靡澡雪，如明珠白璧，藉之缫绮，读者但见其光莹而含蓄，华缛而粹温，令人爱玩，叹息之不已，而不知其致力用心之苦也。故其见诸朝廷简册之纪载，山林泉石之咏歌，无不各得其体，而极其趣，以自成一家之言。余尝论之：文章与世运同为盛衰，或百年或数十年，辄一见。先生当科目久废之余，文治复兴之日，得大肆力于学，以擅名于海内，虽其超见卓识，有以异于人，其亦值世运之盛也。譬诸山川之风气，草木之花实，息者必复，悴者必荣，盖亦理势之必然，夫岂偶然而已哉？先生领延祐甲寅乡荐，先文靖公实为考官，于师泰有契家之好。其后，同居史馆，又同侍经筵，交谊尤笃。比廉问闽南，过金华，得先生之集于王袆，故叙而授之三山学官，俾刻梓以惠来学。先生登进士第，授仕郎、台州宁海县丞。历石堰场监运，诸暨州判官，浮沉州、县几二十年，始入翰林应奉文字。寻丁外艰，服除，改国子博士。居六年，以太夫人春秋高乞外补，遂提举江浙儒学。年六十有四，竟辞禄归养，以中顺大夫、秘书少监致仕。及复召入翰林侍经筵，数告老，不许，久乃得谢去。今年七十有九，犹康强善饮啖，援笔驰骋如壮岁云。至正十五年十月既望，朝散大夫福建闽海道肃政廉访使宣城贡师泰序。"

贡师泰自兰溪离别之际，黄溍门生王袆作《贡宪使持节闽中过兰溪有诗留别次韵》。（《王忠文公集》卷一）

七月，胡助卒，作《寿胡古愚》。胡助曾作《和黄晋卿北山纪游八首》《九日会晋卿，同乡友小饮，既而往饮晋卿所》《戏呈黄晋卿博士》等诗。

《寿胡古愚》（本集卷五）

千军笔阵凛英风，爆直难淹秃发翁。
坐久无毡如郑老，年堪入社似温公。
夜深虚室生纯白，春在酡颜借晚红。
九十冯唐才不仕，锦衣归去莫怱怱。

《和黄晋卿北山纪游八首》

灵 源

山中念昔游，曾借僧房宿。
灵濑洗幽耳，孤灯悬佛屋。
晨兴访隐者，杖履沿涧曲。

草 堂

上方极清邃，人世有此景。
水木围燕坐，翛然吟骨冷。
涧谷云窈深，何止三万顷？

三 洞

洞府县珠泉，山木舞蛟翠。
游屐印苍苔，来往窥神秘。
凡骨谅难仙，山中空久迟。

鹿 田

云深山寺幽，树石尽苍古。
行行穿蒙密，衣滴松上雨。
俗驾宁少留？清景忌多取。

宝 峰

春阴雨时作，山险多沮洳。
鱼游一泓泉，藤络千年树。
偶此会禅心，坐久不能去。

潜 岳

蕙帐生春寒，幽栖擅云壑。
岩阿有长松，时见晴雪落。
怀古心郁纡，清风散寥漠。

山 桥

书堂翳荒榛，石磴攀萝上。
阴崖少行踪，空谷闻樵响。
勿谓古人远，千载有司赏。

宝　石

北山夜来雨，春泉流满路。

招提水石会，忆我曾游处。

老衲不出山，长年卧云雾。

（胡助《纯白斋类稿》卷四）

《黄晋卿同游灵隐天竺》

灵鹫飞来古，清游兴颇浓。

泉音穿积石，云影翳长松。

好友常难约，高僧岂易逢？

更寻天竺去，山水翠重重。

（胡助《纯白斋类稿》卷四）

《九日，会晋卿，同乡友小饮，既而往饮晋卿所》

佳节莫虚掷，黄花开满枝。约我乡中友，薄言饮一卮。

亦有西江客，邂逅同襟期。小窗媚秋色，献酬鳌可持。

醉来兴未已，借马俱北驰。从容博士席，盘馔罗珍奇。

采石风味高，笑谈益淋漓。西望搔白发，青山没斜晖。

出门日云夕，微月光在衣。酩酊复酩酊，相携徒步归。

（胡助《纯白斋类稿》卷四）

《戏呈黄晋卿博士》

壁水西听国子师，天街遇雨独归迟。

岂知不与朝参者？正是微吟睡足时。

（胡助《纯白斋类稿》卷四）

七月既望，跋《贤首国师手札》。

　　贤首为唐代高僧法藏大师，为佛教宗派华严宗创立人，尊为华严宗三祖。此墨迹经岳雪楼收藏，收录于孔广陶《岳雪楼书画录》，纸本，高33.7厘米，长33.8厘米，行书21行，计310字。内有元明时期刘基、高明、黄溍、贡师泰、程文、杨翮、乃贤、宇文公谅、陈廷言、陈世昌、钱宰、危素等十二位名人跋，另有吴荣光、朱昌颐、孔广陶题跋。有正书局于民国十一年（1922）发行《唐贤首国师墨宝》一书，为狄葆贤据自藏贤首真迹珂罗版印行，《日本墨迹大成》有收载。黄溍跋曰：
"唐华岩宗主贤首国师，讳法藏，康居国人而姓康氏，犹支谦月支人而姓支,宝藏安息人姓安。贤首其字也。国师初与新罗义想法师受经于云华和尚,想东还本国已久,法师始具录和尚微言妙旨,勒成义记而传示之。仍遗以手帖后。有携其帖归于中土者,今藏于越之宝林住山,同公所盖华岩之学,至清凉疏主而发明无余蕴矣。然其立宗判教实本于国师,故学者称之曰贤首教云。同公出示此帖,因述其师友源流,俾览者有所于考,苟徒取其笔札之工,则非所敢知也。至正十五年季秋七月既望,金华黄溍记。"

此跋文虽未见文献记载,然观其文书迹,人书俱老。钤"黄溍"印,故补录。

八月甲子(十一日),为贡师泰作《贡侍郎文集序》。

详见本集卷一九《贡侍郎文集序》。

是年,为屏山处士王琰作墓志铭。

本集卷三七《屏山处士王君(琰)墓志铭》有记,王琰在至正十三年(1353)卒,后二年,其内弟前进士诸暨州判官许汝霖状其行,代诸孤请黄溍作铭。

王琰(1295—1353),字汝圭。堂曰"屏山",虞集曾为其书。生产家事,悉任奴隶,井条有序。尝曰:"理家犹理国,失其术,则纲目紊矣。"性好施舍,乐周人之急。临终言:"吾平生不信僧道、巫觋,我且死,勿以此为我累,一遵士礼治丧事。"有《双清稿》若干卷。

是年,应句容县教谕李思齐之请,为其父李谦亨作墓志铭。

本集卷四〇《东阳李君(谦亨)墓碣铭》有记,李君葬于至正六年(1346)十二月二十四日,葬后九年,其子李思齐以君内弟陈士元之状来谒铭。

李谦亨(1295—1345),字伯让,自号卧云道人,婺州东阳(今浙江东阳)人。仕宦之家,至君不慕仕进,以诵读先人遗书,教子诗书,躬耕田亩为业。有《卧云小稿》若干卷。

五月十日,跋《苏文忠公诗》。

《铁网珊瑚》卷四《跋苏文忠公诗》。

作《绍兴路重修学记》。

《两浙金石志》卷一八。

是年,夫人王氏卒。

详见谱首。

编年诗

《寿胡古愚》(本集卷五;《黄溍全集》,第 78 页)。

编年文

《道园遗稿序》(《黄溍全集》,第 276 页);

《跋贤首国师手札》(《岳雪楼书画录》卷一,《唐贤首国师墨宝》,有正书局民国十一年版);

《贡侍郎文集序》(本集卷一九;《黄溍全集》,第 272 页);

《屏山处士王君(琰)墓志铭》(本集卷三七;《黄溍全集》第 548 页);

《东阳李君(谦亨)墓碣铭》(本集卷四〇;《黄溍全集》第 601—602 页);

《跋苏文忠公诗》(《铁网珊瑚》卷四;《黄溍全集》,第 218 页);

《绍兴路重修学记》(《两浙金石志》卷一八;《黄溍全集》,第 396 页)。

元惠宗妥懽帖睦尔至正十六年丙申(1356)　八十岁

时事

二月,张士诚自高邮进驻平江,改名隆平府。立省院六部百司。三月改称周王,开弘文馆。

三月,朱元璋克金陵。

十二月,倪文俊攻克岳州,杀威顺王子。

事迹

是年,为庆元路兴修儒学作记。

见《敬止录》(民国伏跗室校钞本,第四册)收录之《庆元路兴修儒学记》。

是年,为同郡吴景奎作墓志铭。

《药房樵唱和集》(四库全书本,下同)附录有《故处士吴君(景奎)墓志铭并序》,吴景奎卒于至正十五年(1355)三月,后之明年,其子仙居县儒学教谕吴履以书来请黄溍作铭。

吴景奎(1292—1355),字文可,兰溪(今属浙江金华)人。

编年文

《庆元路兴修儒学记》(《敬止录》第四册;《黄溍全集》,第 395 页);

《故处士吴君(景奎)墓志铭并序》(《药房樵唱和集》附录;《黄溍全集》,第 594—595 页)。

元惠宗妥懽帖睦尔至正十七年丁酉(1357)　八十一岁

时事

二月,杨维桢为宋濂作《潜溪后集序》。

张士诚降元,授为太尉。

三月,朱元璋克常州。

十二月,欧阳玄卒,享年七十六岁。

事迹

宋濂代黄溍作《康里公渊神道碑铭》。

见《宋文宪公文集》卷八十一"年谱上"。

二月,作《无见睹禅师语录序》。

《无见睹禅师语录》两卷,由无见先睹撰,智度等编,又名《天台无见睹禅师语录》或《妙明真觉无见睹和尚住华顶善兴禅寺语录》。本书为其住天台山华顶善兴禅寺之语录。序言落款为:"至正十七年,岁在丁酉二月甲子。中奉大夫前翰林侍讲学士知制诰同修国史同知经筵事黄溍撰。"

七月,受江浙左丞相之邀,黄溍任咨议省事,以病力辞。

《行状》:"十七年秋七月,今江浙左丞相,金紫公达世帖穆迩方承制司黜陟之柄,移书起先生咨议省事,以疾力辞。"

闰九月五日,卒于义乌绣湖私第,享年八十有一。十七日,门人王袆、金涓、屠性、宋濂、朱廉、傅藻等祭悼黄溍。十八日,葬义乌县东北三里崇德乡东垫之原。卒后赠中奉大夫、江西等处行中书省参知政事、护军,追封江夏郡公,谥文献。

《行状》:"闰九月五日,薨于绣湖之私第,享年八十有一。学士大夫闻之,俱流涕曰:黄公亡矣,一代文章尽矣。弟子刘(金)涓、王袆、宋濂、傅藻等，咸来相治后事，以是月十八日葬于县东北三里崇德乡东之原。"

《王忠文公集》卷二十三《祭黄侍讲先生》："惟至正十七年，岁次丁酉闰九月壬寅朔，越十有七日戊午，门人金涓、屠性、宋濂、王祎、朱濂、傅藻等，谨以清酌庶馐之奠，致祭于元故侍讲修史先生黄公之灵。"

闰九月五日，杨维桢为黄溍作墓志铭。

十月一日，宋濂作《故翰林侍讲学士中奉大夫知制诰同修国史同知经筵事金华黄先生（溍）行状》。

编年文

《无见睹禅师语录序》。

元惠宗妥懽帖睦尔至正十八年戊戍（1358）　卒一年

危素作《大元故翰林侍讲学士中奉大夫知制诰同修国史同知经筵事赠中奉大夫江西等处行中书省参知政事护军，追封江夏郡公，谥文献黄公（溍）神道碑》。

《日损斋笔记》附录："明年，以门人翰林国史院编修官同郡宋濂之状至京师，属临川危李全名其神道之碑"。

参考文献

一、史籍类

（宋）陈振孙：《直斋书录解题》，上海：上海古籍出版社，1987 年。

（宋）朱熹：《晦庵集》，四库全书本。

（元）陈旅：《安雅堂集》，四库全书本。

（元）戴良：《九灵山房集》，四库全书本。

（元）顾瑛：《草堂雅集》，四库全书本。

（元）黄溍：《文献集》，四库全书本。

（元）黄溍：《黄文献集》，金华丛书本。

（元）黄溍：《金华黄先生文集》，四部丛刊本。

（元）黄溍：《日损斋笔记》，四库全书本。

（元）柳贯：《柳待制文集》，四部丛刊本。

（元）宋褧：《燕石集》，四库全书本。

（元）苏天爵：《滋溪文稿》，四库全书本。

（元）脱脱等撰：《宋史》，北京：中华书局，1985 年。

（元）王士点、商企翁编次：《秘书监志》，四库全书本。

（元）危素：《危学士全集》，四库全书存目丛书本。

（元）危素：《云林集》，四库全书本。

（元）吴景奎：《药房樵唱》，四库全书本。

（元）吴莱：《渊颖集》，四库全书本。

（元）吴师道：《敬乡录》，续金华丛书本。

（元）吴师道：《吴礼部集》，续金华丛书本。

（元）吴师道：《吴礼部诗话》，续金华丛书本。

（元）吴师道：《战国策校注》，四库全书本。

（元）许谦：《白云集》，四库全书本。

（元）许谦：《诗集传名物钞》，四库全书本。

（元）许谦：《许白云先生文集》，四部丛刊续编本。

（元）许有壬：《至正集》，四库全书本。

（元）杨维桢：《东维子集》，四库全书本。

（元）姚燧：《牧庵集》，四库全书本。

（元）虞集：《道园学古录》，四库全书本。

（元）虞集：《道园遗稿》，四库全书本。

（元）张铉：《至大金陵新志》，四库全书本。

（元）张养浩：《归田类稿》，四库全书本。

（元）张雨：《句曲外史集》，四库全书本。

（元）张雨：《句曲外史贞居先生诗集》，四部丛刊初编影元刊本。

（元）张翥：《蜕庵集》，四库全书本。

（明）冯从吾：《元儒考略》，四库全书本。

（明）胡翰：《胡仲子集》，四库全书本。

（明）李贤等撰：《明一统志》，四库全书本。

（明）凌迪知辑：《万姓统谱》，四库全书本。

（明）刘昌：《中州名贤文表》，四库全书本。

（明）毛凤韶：《（嘉靖）浦江志略》，四库全书存目丛书本。

（明）宋濂：《浦阳人物记》，四库全书本。

（明）宋濂：《文宪集》，四库全书本。

（明）宋濂：《元史》，北京：中华书局，1976 年。

（明）陶宗仪：《南村辍耕录》，四库全书本。

（明）陶宗仪：《书史会要》，四库全书本。

（明）汪砢玉：《珊瑚网》，四库全书本。

（明）王崇：《池州府志》，上海古籍书店据宁波天一阁藏明嘉靖刻李影印，1962 年。

（明）王祎：《王忠文公集》，四库全书本。

（明）徐象梅：《两浙名贤录》，北京图书馆藏明天启徐氏光碧堂刻本。

（明）应廷育：《金华先民传》，续金华丛书本。

（明）郁逢庆：《书画题跋记·续书画题跋记》，四库全书本。

（明）郑柏：《金华贤达传》，续金华丛书本。

（明）朱存理：《铁网珊瑚》，四库全书本。

（清）卞永誉：《式古堂书画汇考》，四库全书本。

（清）陈焯：《宋元诗会》，四库全书本。

（清）高其倬等：《江西通志》，四库全书本。

（清）顾嗣立：《元诗选》，四库全书本。

（清）顾祖禹：《读史方舆纪要》，北京：中华书局，1955 年。

（清）黄本骥：《历代职官表》，上海：上海古籍出版社，1980 年。

（清）黄宗羲：《宋元学案》，北京：中华书局，1986 年。

（清）嵇曾筠等：《浙江通志》，四库全书本。

（清）觉罗石麟：《山西通志》，四库全书本。

（清）柯邵忞：《新元史》，开明书店二十五史本。

（清）李清馥：《闽中理学渊源考》，四库全书本。

（清）鲁铨、洪亮吉：《（嘉庆）宁国府志》，续修四库全书本。

（清）倪涛：《六艺之一录》，四库全书本。

（清）秦簧：《（光绪）兰溪县志》，光绪十三年（1887）刻本。

（清）王崇炳：《金华征献略》，雍正金律刻本。

（清）王懋德、陆凤仪：《（万历）金华府志》，四库全书存目丛书本。

（清）魏源：《元史新编》，光绪三十一年（1905）邵阳魏氏慎微堂刻本。

（清）吴荣光编：《历代名人年谱》，上海：上海书店，1989 年。

（清）岳濬等：《山东通志》，四库全书本。

（清）张廷玉等：《明史》，四库全书本。

（清）赵宏恩等：《江南通志》，四库全书本。

二、谱牒类

《双溪戚氏宗谱》，清光绪元年乙亥（1875）重修、光绪三十年甲辰（1904）刊刻本。

《杜门傅氏宗谱》，民国丁亥（1947）重修本。

《洞门黄氏宗谱》，民国丁丑（1937）重修本。

三、研究专著、论文

查洪德、李军：《元代文学文献学》，北京：中国社会科学出版社，2002 年。

陈高华：《元代画家史料》，上海：上海人民美术出版社，1980 年。

陈衍著，李梦生校点：《元诗纪事》，上海：上海古籍出版社，1987 年。

傅抱石：《中国美术年表》，香港：中华书局，1973 年。

傅增湘：《藏园图书经眼录》，北京：中华书局，1983 年。

郭味蕖：《宋元明清书画家年表》，北京：人民美术出版社，1982 年。

洪焕椿：《浙江方志考》，杭州：浙江人民出版社，1984 年。

李修生：《全元文》，南京：江苏凤凰出版社，2004 年。

梁廷灿等：《历代名人生卒年表》，北京：北京图书馆出版社，2002 年。

刘正成：《中国书法全集》，北京：荣宝斋出版社，2015 年。

孙楷第：《元曲家考略》，上海：上海古籍出版社，1983 年。

唐圭璋：《词话丛编》，北京：中华书局，1986 年。

唐圭璋:《全金元词》,北京:中华书局,1979 年。

王重民:《中国善本书提要》,上海:上海古籍出版社,1983 年。

吴海林、李延沛:《中国历史人物生卒年表》,哈尔滨:黑龙江人民出版社,1981 年。

吴文治:《中国文学史大事年表》,合肥:黄山书社,1993 年。

谢巍:《中国历代人物年谱考录》,北京:中华书局,1992 年。

徐邦达:《改定历代流传绘画编年表》,北京:人民美术出版社,1994 年。

徐永明:《元代明初婺州作家群研究》,北京:中国社会科学出版社,2005 年。

杨镰:《元代文学编年史》,太原:山西教育出版社 2005 年。

杨镰:《元诗史》,北京:人民文学出版社,2003 年。

杨亮:《袁桷年谱》,桂林:广西师范大学出版社,2004 年。

张国淦:《中国古方志考》,北京:中华书局,1962 年。

周群:《刘基评传》,南京:南京大学出版社,1995 年。

兹波:《黄潽评传》,上海:上海人民出版社 2015 年。

后　记

　　开始关注元代硕儒黄文献公纯粹是兴趣使然。2009 年 9 月本人从学校转岗到文联,偶然间看到一件黄公写给德懋学正的行书尺牍(《六月十一日帖》),笔法娴熟精妙,清健雅致,晋人气象跃然纸上,令人惊叹。经寻查,知该帖亦称《出郊帖》,为清内府旧藏,《石渠宝笈初编》卷一“养心殿”著录,辑入《元名家尺牍册》第二十九帖,《三希堂法帖》卷二十四、潘仕成《海山仙馆藏真》帖卷十四、张珩《木雁斋书画鉴赏笔记》等均有收录,现藏故宫博物院。

　　由此,再搜寻黄公其他书法之作,惜传世墨迹甚少,仅为诗文碑帖之题跋。览观故宫博物院、上海博物馆等专业机构所藏之黄公书迹,虽无宏篇巨作却精致雅健——或为日常文辞之往来,或为名家作品之史证,文辞与书法相得益彰。随之读到黄公诸多诗文,更见雅正清灵之气,自然清新之美,林泉高士之风。然而搜寻后人研究黄公的文章,引用其文的多,深入研究的少,作为同邑甚感遗憾。如此种种,探究意念愈加强烈。

　　黄公生于义乌,卒于义乌。这个地处浙江中部的世界“小商品之都”,历史悠久,商贸繁荣,文教昌盛,英杰辈出。被明代王祎誉为“一代之儒宗,百世之师表”的黄公留下了八百余篇文章,六百余首诗。翻开《金华黄先生文集》,先生之理学思想、学术追求、艺术涵养等都可从其诸多诗词唱和以及传记序文中得以充分体现,不愧为元代“儒林四杰”之一,而先生之书名被文声所淹耳。

　　十年磨一剑,然欲此剑锋芒铮亮,尚须常磨常用,方能永得。志年谱,苦于资料匮乏,难以穷源竟流。故常常为一丝线索,搜罗百家,费尽心思。现对黄公的年谱编纂仅见浙江大学徐永明教授《元代至明初婺州作家群研究》,其他均为简略梳理其生平事迹或学术脉络。要在原有年谱之中有新突破,还要进一步爬罗剔抉,要从其大量诗文题跋中梳理出创作思想与实践经验,以及风格源流与历史沿革,甚至谱主与时代、社会之关系等等。为使人物更加丰满完整,考证谱主诗文创作历程,充分利用现代数字检索平台,增加背景时事以及相关人物传记,并结合《义乌县志》《洞门黄氏宗谱》等地方志谱,特别是对黄公诗文书画方面资料的分析比较,推测考证,在一项项侦探式持久性的"苦活"中,从一页页繁杂的文辞中找到蛛丝马迹,再寻根盘节,旁引曲证,使谱主形象更为全面完整,丰满鲜活。

一个人的声望、地位会随着历史的冲洗而日益清晰、凸显。查洪德先生在《理学背景下的元代文论与诗文》中评价黄公:"在元代是一位值得重视的学者、文论家和诗文作家,元代的学术史、文论史和诗文史上都应有他的位置。"的确,黄公是一位复合型的文化界泰斗!

"为君留此有声画,题作扁舟烟雨图。"在黑云密布大雨将至时,黄公与友人章德茂踏一叶孤舟于苕溪,迎风破浪、击舷而歌。这不仅是孤舟烟波中的闲情逸趣,更是他齐物达观、萧散磊落的人生追求,是一种俯仰天地、荣辱皆忘的精神境界。这不正是苏轼的"一蓑烟雨任平生"吗?人生如画。在一次次持续深入地解读、品读黄公之诗文中,犹如聆听其教诲,感悟其人生,高山仰止,景行行止。正如孟子所言:"以友天下之善士为未足,又尚论古之人。颂其诗,读其书,不知其人,可乎?是以论其事也。是尚友也。"

感谢浙江省社会科学界联合会,使本课题有幸列入"2019 年度浙江省社科规划后期资助课题"。感谢著名书法家金鉴才先生题写的书名,感谢吴潮海、傅健、金国桢、黄济建、黄乃银、金佩庆、吴振华等师友的资料相助与智力支持。感谢浙江古籍出版社李景文先生,浙大出版社宋旭华、徐凯凯等编辑为本书的出版付出的辛勤劳动。

由于本人文史功底浅薄,信息存储匮乏,必然有纰漏或差错,望诸位行家批评指正。

作者于荷风草堂

2020 年 11 月 18 日